いちばんうまくなる!

バドミントンの新しい教科書

基本動作を完全マスター!

竹俣 明

●Akira Takemata

日本文芸社

はじめに

教えることが多すぎるスポーツ

バドミントンは摩訶不思議な魅力にあふれたスポーツです。私のまわりにもバドミントンの魅力に惹かれた（憑りつかれた）老若男女の多くの選手が、少しでも上達したいと日々練習に励んでいます。コートの広さ、ネットの高さ、ラケットやシャトルの重さと形状、ルールなど、それらが少しでも違えば、バドミントンに対するおもしろさや興味がなくなってしまいます。その点を考えると、バドミントンは絶妙なバランスの上に成り立っている、特異なスポーツといえます。

バドミントンは他のラケット競技に比べ、打点やストロークの種類が多く、ラリーはスリリングでスピードや変化に富み、そのぶん指導者にとっては教えることが多すぎるし、選手にとっては教わることが多すぎる、なんとも厄介なスポーツなのです。どうしたら選手を強くできるのか、どのような言い方をすれば選手が理解しやすいか、どんな練習が効果的か、などを考えると指導者としての、興味が尽きることがありません。

話は変わりますが、強化の方程式というのをご存知ですか。「強化＝指導者の質（指導力）×選手の素質×練習内容×練習時間×練習環境×周囲の理解」です。どれか1つでも欠ければ強化は難しくなりますが、その中でも指導者の質（指導力）が強化のもっとも大切なポイントで、それは練習内容にも密接に関係してきます。選手の素質が一番大切なポイント、と思っている人が多いのですが、選手の素質は「1対1対8」の比率です。最初の「1」は、誰が指導しても上手になる選手。2番目の「1」は、残念ながら誰が指導しても上手にならない選手。最後の「8」は、指導によって大きく変わる選手です。指導によって「9」にもなるし、「2」で終わってしまうこともあり、バドミントンの上達に指導は大きく関わってくるのです。

やさしいことを難しく指導するのが四流の指導、難しいことを難しく指導するのが三流の指導、やさしいことをやさしく指導するのが二流の指導、難しいことをやさしく指導するのが一流の指導、という言葉を耳にします。指導と選手の関係は、添え木とアサガオの関係に似ています。指導が添え木で選手がアサガオです。きれいな花を咲かせるアサガオは、添え木につるを巻きつけながら上へ上へと伸びていきます。指導という添え木が斜めなら、当然、選手というアサガオも斜めに伸びてしまい、また、指導という添え木が短ければ、アサガオは地面に落ちてしまいます。

アサガオが1メートルになったらそれ以上、2メートルになったらそれ以上と、指導のほうも上へ上へと指導力を伸ばしていかなければなりません。繰り返しになりますが、バドミントンは教えることや教わることが多すぎるので、いくら選手の素質があっても、よい指導がなければ伸びていかないのです。

世界に通じる指導法を学び勉強する

バドミントンに限らず、ワールドプレーヤーの育成は、どのスポーツ関係者も抱える大きな課題です。水泳、体操、卓球、バレーボール、レスリング、柔道などは1970年代まで、「日本のお家芸」と言われるほど世界にその実力を誇り、バドミントンも女子の全英選手権（当時の世界最高峰の個人戦）の単複連覇やユーバー杯（女子の国別対抗戦）3連覇など、長く世界の王座に君臨してきました。ところが、1980年に中国がＩＢＦ（国際バドミントン連盟＝現ＢＷＦ）に加盟すると、時を同じくするように日本の低迷が始まりました。

しかし、2014年にインドのニューデリーで行われたトマス杯（男子の国別対抗戦）で悲願の初優勝、ユーバー杯で準優勝、個人戦では2015年に全英選手権の女子単複優勝、ＢＷＦワールドスーパーシリーズの男女シングルス優勝など、日本バドミントン界に復活の兆しが見えてきています。同じように水泳、体操、卓球、レスリングなども世界を舞台にトップレベルの戦いを繰り広げ、再び黄金期を迎えようとしています。

いま、日本のスポーツ界は、2020年の東京オリンピック開催を契機に大きな盛り上がりを見せていますが、時代の流れとともにバドミントンも大きく変化してきました。ラケットが軽量化され反発も良くなったことで、最近のゲームは飛躍的にスピードアップしました。当然のことながら技術、戦術、練習法、そして指導の変化がそれに伴っていかなければなりません。指導者は世界に通じるバドミントンの指導法を学び、勉強しなければならないのです。

私は1974年から中国・韓国・インドネシア・マレーシア・台湾・ベトナムなどのアジアの強国に行き、それらの国の指導法を参考にしながら、オリジナルなコーチングや練習法を考えてきました。それらを参考に1998年に指導書、2004年に指導ＤＶＤとバドミントン強国の中国で技術入門図解を刊行し、その後の十数年間にわたり指導法に改良に改良を加え、今回、大幅にグレードアップした指導書を、読者の皆様にご紹介することができました。ジュニア選手を始め、各年齢層のプレーヤーの手助けや参考になれば、と思っています。私のこれ以上はないと自負している自信作を、ぜひ手にとってお読みください。

いちばんうまくなる!

バドミントンの新しい教科書

◉基本動作を完全マスター!

CONTENTS

★第4章
ストローク

★第5章
パターン練習

★第6章
ユニークな練習法

★第7章
ノック

◆トスノック

◆ラケットノック

バドミントンの特徴

●バドミントンはどのような特徴を持つ競技か、どのような意識で練習や試合に臨むかを考えてみましょう。

❶対人競技

相手のストロークやコースなどを素早く予想し、逆に自分は相手に読まれない（読まれにくい）ストロークやコースを打つことを心がけましょう。それには相手に読まれない（読まれにくい）フォーム、ラケットワーク、フェイントなどが大切になります。

❷他のラケット競技に比べて打つポイントが多い

どこにシャトルが飛んできても返球できる、小さく・鋭い・弾くようなコンパクトなスイングをしましょう。それを可能にするには合理的な美しいフォームが基本になります。

❸動きが激しく速い

バドミントンは動きが激しく速いのは、アキレス腱の損傷などケガが多いことでもわかります。ストレッチやクーリングダウンをしっかり行うことでケガの防止、トレーニングで脚力、瞬発力、反射神経などを養い、フットワークなどの激しい体の使い方をしなければなりません。

❹ラケット競技の中でもフェイントが多い

ラケットワーク、フォーム、ボディアクション、時間差、それらの複合と、これら５つのフェイントをマスターしましょう。フェイントはフットワークやリズムを崩す、高度なバドミントン技術です。

❺ストロークの種類が多い

同じラケット競技のテニスや卓球に比べ、ストロークの種類が圧倒的に多いのがバドミントンの特徴です。フォームをしっかり完成させてから多彩なラケットワークをマスターし、ラリーを簡単に相手に読まれない(読まれにくい)組み立てを目指しましょう。

❻ネット前の攻防がゲームを左右する

ラケット競技はネット前の攻防がゲームを大きく左右します。できるだけ高い打点でシャトルをとらえ、スピンネット、アタックロブ、フェイントのロブやヘアピン、クロスネットなどネット前の技術をマスターしましょう。また、低い打点のときでも正確にヘアピンで返球できるコントロールを身につけなければいけません。

❼ミスによる得点や失点が多い

ネットへ引っかけるミス、ラインを外すミス、甘い球の返球ミス、これら３つのミスを合わせると、ゲームの得失点は、約 80 ～ 90 パーセント以上になります。スマッシュなどの攻撃よりミスによる得点や失点が圧倒的に多いのです。フットワーク、ボディバランス、フォームやラケットワーク、集中力などミスの原因は多くあります。バドミントンはミスの競い合い、という意識を強く持ちながら普段の練習に取り組みましょう。

❽フットワークに方向転換が多い

同じラケット競技のテニスや卓球に比べ、圧倒的に斜めの動きが多いのがバドミントンです。腰やひざの鋭いひねり、重心（体

重）移動、素早い第一歩、次動作への戻りなど、フットワークを強化しなければ速い連続動作に対処できません。

❾サービス自体に威力がない

バドミントンのサービスは、同じラケット競技のテニスや卓球に比べ、サービス自体に変化や威力はありません。つまりサービスでエースを狙えないのです。コントロールを磨くことが、サービスの唯一の威力なのです。

❿高低や左右の角度がポイント

テニスや卓球は横の角度の打ち合いで、バドミントンのように高低を使う頻度が高くありません。ラリーが立体的なので高い打点を求め、ジャンプ力を強化しなければなりません。男子はジャンプスマッシュ、女子はドロップ（カット）の高低が上達のポイントになります。また、クロスの返球は相手を横切るので、横の角度（コントロール）にも十分注意しなければなりません。コースや高さが甘いと、カウンターでエースを奪われてしまいます。

強化のプロセス

●選手の実力を着実に伸ばしていくためには、指導者がしっかり段階を踏まえていかなければなりません。「強化のプロセス」について紹介しましょう。

❶到達目標 ➡ ❷練習計画 ➡ ❸練習分解 ➡ ❹コーチング ➡ ❺習熟度の把握 ➡ ❻問題点の把握 ➡ ❼フォローの徹底

❶到達目標

コーチングが終わったときにできるレベルで、「いつまでに」「何を」「どの程度まで」の3つのポイントを設定します。

❷練習計画

到達目標をクリアーするために、どのような練習をどの期間やるか、どのような練習法でコーチングするかを決めます。練習計画には、年間計画、期別計画、月間計画、週間計画などがあります。

❸練習分解

コーチングの前に、練習内容とチェックポイントの2つの面から分析整理します。

❹コーチング

数あるコーチングの中から、もっとも効果的な指導を実践します。

❺習熟度の把握

到達目標と実際のプレーを比較して、習熟度のレベルを把握します。

❻問題点の把握

選手の知識、技術、理解度、体力、態度、意欲などの、どれが問題点かを把握します。把握の方法としては、選手を観察する方法と選手との対話の2つがあります。

❼フォローの徹底

問題点をなくすためのコーチングを続ける上で、どの部分を矯正するかを把握することで、フォローの着眼点は次のとおりです。

●練習に取り組む姿勢や態度を観察し、どの点が未熟（悪い）かを考える。

●練習分析やコーチングマニュアルなどから、どのような点が未熟（悪い）かを観察する。

●チェックポイントの反復不足か、選手の理解不足かを考える。

●未熟点（悪い点）を説明し、「やってみせ」「やらせてみせる」。

●選手との話し合いで、チェックポイントを再確認し共通認識とする。

強化の進行表

●指導者は、練習目的やチェックポイントを明確に選手に伝えながら指導を行わなければなりません。この練習がどのような目的や効果があるかを選手が知らないで、やみくもに練習しているケースが多いのです。トレーニングを例にとってみましょう。バドミントン強国・中国のジュニア強化は、その発達段階に合わせ、明確な指針が年齢によって定められています。

◆年齢別のトレーニング項目

7～9歳　柔軟性の強化
10～13歳　スピードとコーディネーション強化（体を自分のイメージどおりに操り、力の効率の良い動作を行う）
13～14歳　敏捷性の強化
15～16歳以後　筋力強化
17～18歳以後　持久力の強化

●以下では強化の進行表を6つのステージに分類し、それぞれの到達目標と練習分解の指針を表しています。

◆強化の第1ステージ（到達目標と練習分解）

3つの基本動作（❶～❸）をマスターしましょう。この3つの基本動作のハードルを越えられず、伸び悩む選手が多くいます。単調な反復練習になりますが、これをクリアーすれば将来の強化は間違いありません。

❶グリップ
コンチネンタルグリップ、イースタングリップ、イースタンバックハンドグリップなど

❷フォーム
オーバーヘッド、アンダーハンド(ロブ)、サイドアーム、バックハンド、ハイバックハンド、スマッシュレシーブ（ロングリターン）など

❸フットワーク
シャセA、シャセB、シャセC、ランニングステップ、クロス（交差）ステップ、1歩動、準備体勢（構え）、ポジショニング、ピボットなど

❹ラケットを使うステップワーク
シャセAの前進・後退、サイドジャンプの前進・後退など

❺ラケットを使わないステップワーク
ダッシュ、ジャンプ、チャイナステップ、変化走、ハムストリングスの強化、敏捷性など

❻体幹
ひざ、前腕、腕立て伏せ、仰向け、スタンディングなどいろいろな姿勢で

❼柔軟性
回す、伸ばす、ストレッチなど

◆強化の第2ステージ（到達目標と練習分解）

3つの基本動作のマスターが終わったら、次はストロークです。いろいろなストロークを3つに分類して練習すると効率的です。

❶オーバー系

クリアー、ドロップ（カット）、スマッシュ

◆素振り（フォームづくり）を徹底的に行い、美しく合理的なフォームを身につけましょう。一度悪いクセがついてしまうと、正しいフォームに直すのに苦労します。フォームができたなら、指導者によるトス（手投げ）ノックやラケットノックで、フォームどおりに打てるかを確認しましょう。遠くへ飛ばそうという意識が、フォームを悪くする最大の原因となります。

❷レシーブ系

ロブ、スマッシュレシーブ、プッシュレシーブ

◆指導者によるトスノックで、小さく・鋭い・弾くようなコンパクトなスイングをマスターしましょう。レシーブ系のストロークは、大振りになりやすいので注意しましょう。

❸その他

サービス、ドライブ、プッシュ、ヘアピン、バックハンドなど

◆素振り（フォームづくり）、トスノック、ラケットノックだけの練習ですと、早い段階で選手はバドミントンが嫌いになってしまう恐れがあります。それを避けるためには、その他のストロークは選手同士で打たせるようにしましょう。もちろん、トスノックやラケットノックでストロークをマスターすることも大切です。

◆強化の第3ステージ（到達目標と練習分解）

このステージはストロークの威力のアップとフットワークの技術マスターにポイントを置きましょう。ストロークとフットワークのレベルアップが目標です。

❶カッティング技術のマスター

ドロップ（カット）、ロブ、スピンネット、チョップショットなど

❷フットワーク技術のマスター

ランジング姿勢（ネット前の体勢）、バック奥の2種類の上体の使い方と右足の使い方、フォア奥のサイドジャンプの2種類の着地、スマッシュレシーブの腰のひねりなど

◆強化の第4ステージ（到達目標と練習分解）

いろいろなパターン練習で、ストロークのバージョンアップとコントロールのアップを目指し、実戦感覚を磨きましょう。

❶パターンA
❷パターンB
❸クリアーのパターン練習
❹ドロップ（カット）のパターン練習
❺スマッシュ交互
❻ドロップ（カット）交互
❼ラリーを途中で交代するパターン練習
❽ストロークやコースを制限するパターン練習
❾攻撃と守備のパターン練習
❿ダブルスのパターン練習

◆強化の第5ステージ（到達目標と練習分解）

ストロークの5つの威力［スピード、コントロール、変化、角度、相手に読まれない（読まれにくい）］をアップします。また、よりフットワークのスピード化を目指し、高度な練習法を取り入れます。

❶2点対3点返球
❷1点返球
❸2点返球
❹3点返球
❺クロス返球
❻目隠しノック
❼負荷を伴う練習

◆強化の第6ステージ（到達目標と練習分解）

シングルスとダブルスに勝利するには、どのようにしたらよいかを考えます。

❶ゲーム中のチェック項目
❷ゲーム中のリズム
❸ゲーム中の予測
❹ゲームの流れ
❺ゲーム中の観察
❻ラリーポイントの戦略
❼シングルスとダブルスの相手を崩す球

バドミントンコートについて考える

●バドミントンはコートの広さ、ネットの高さなどが絶妙なバランスの上に成り立っていることは、巻頭でも述べました。このコートの広さを意識することが、上達へのポイントになるのです。ここでは、バドミントンコートについて考えてみましょう。

❶いかに半面のスピードを前面に移行させるか

コート数や人数の関係で、練習では半面を使用することが多いと思います。半面の面積はシングルスの面積の58.88パーセントで約60パーセントです。半面のフットワークは縦の移動がほとんどですが、約40パーセントがプラスされたシングルス全面になると、斜めの動きが加わり極端にフットワークのスピードが落ちてしまいます。腰やひざのひねり、いろいろなステップ法と歩数などが加わるからです。いかに半面のスピードを全面に移行させるかがポイントになりますが、徐々にラインテープで横幅を広げていく練習法があります。10パーセントで約52センチ、慣れてきたら再度10パーセントの約52センチと計4回広げていくのです。このコートを広げる練習法は、シングルスのフットワーク強化に絶大な効果があるので、ぜひ試してみましょう。シングルスは34.706平方メートルを1人でカバーしなければならない大変な競技なのです。

❷意識的に約10パーセントアップさせる

シングルスのストレートを「1」とするならば、クロスは1.07で約1.1倍の長さになります。これはダブルスにも当てはまり、クロスへ返球する場合はパワーやグリップの握り込みを、意識的に約10パーセントアップしなければなりません。シングルスのクリアーやダブルスのスマッシュレシーブのクロスへの返球が甘くなるのは、この長さの意識が不足しているからです。

❸ミスを意識しながらプレーする

バドミントンは、ミスの競い合いという一面があります。サイドアウト、バックオーバー、ネットへ引っかける、甘い返球などのミスと合わせると90パーセント以上の確率で、ミスが得失点に絡みます。ゲームでは4つのミスのうち、何が多いのかを絶えず意識しながらプレーしなければなりません。

バドミントンコート

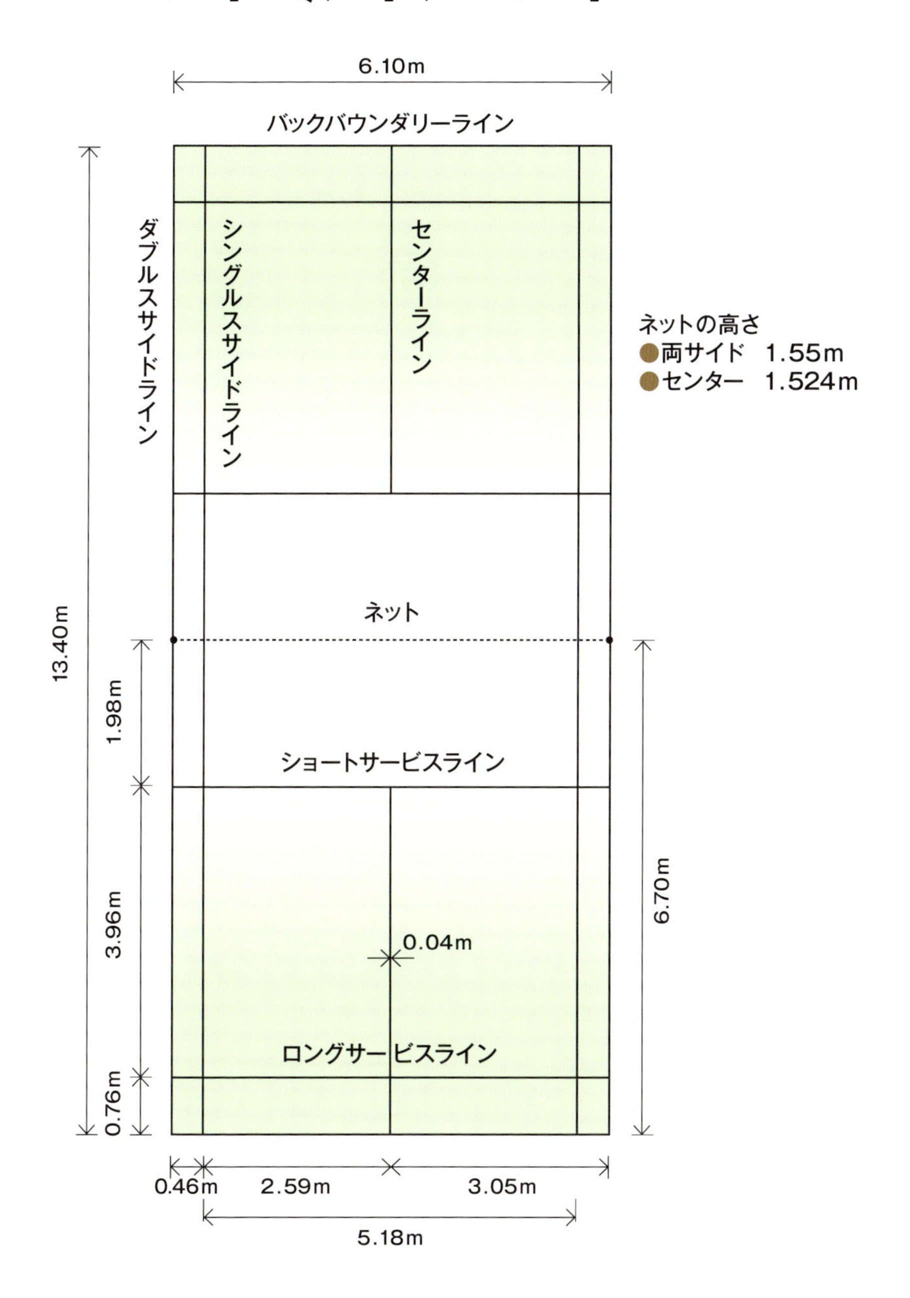

6.10m
バックバウンダリーライン
ダブルスサイドライン
シングルスサイドライン
センターライン
ネットの高さ
●両サイド　1.55m
●センター　1.524m
13.40m
ネット
1.98m
ショートサービスライン
6.70m
3.96m
0.04m
ロングサービスライン
0.76m
0.46m
2.59m
3.05m
5.18m

クロスへの返球について考える

●ストレートとクロスの距離の違いを意識しながら返球やフットワークをしないと、甘い返球やフットワークでノータッチになってしまいます。

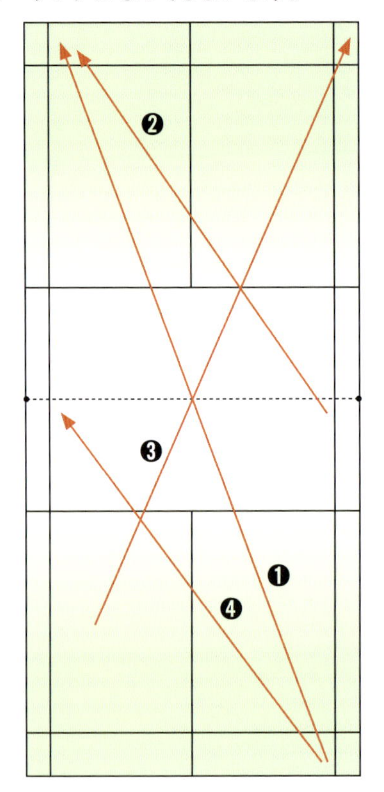

❶フォア奥からのクロスのクリアーは、ストレートを「1」とすると約1.1倍になります(バック奥からのクロスのクリアーも同様)。
❷フォア前からのクロスのロブは、ストレートを「1」とすると約1.3倍になります（バック前からのクロスのロブも同様)。
❸バックサイドからのクロスへのロングリターンは、ストレートを「1」とすると約1.1倍になります（フォアサイドからのクロスへのロングリターンも同様)。
❹フォア奥からバック前へのフットワークは、ストレートを「1」とすると約1.3倍になります（バック奥からフォア前へのフットワークも同様)。

第1章

バドミントンとフォーム

ジュニア期で大切なことは、ストロークのフォームをつくることです。もちろん、バドミントンのフォームは、こう打たなければならないという決まった打ち方はありません。極端に言えばフォームが悪くても、とにかく相手コートにシャトルを打ち返せばよいのです。確かにバドミントンは、体操やフィギュアスケートのように美しさで点数を競うスポーツではありません。しかし、美しく合理的なフォームがストロークの威力を生み、ゲーム結果に直接結びついてきます。スピードが出ない・コントロールのミスが多い・コースを読まれやすいなど、プレーの欠点の大部分はフォームに欠陥があるからです。ラケット(道具)を使い、スイングをともなう競技はフォームが大切なのです。美しい合理的なフォームは、ムリ・ムダ・ムラ(3つのム)がなく、そこからスピードやコントロールなどストロークの威力が生まれてきます。プレーの良し悪しを左右するグリップから紹介していきましょう。

グリップ

なぜグリップの良い悪いが、プレーを左右するのか

●ラケットワーク・フォーム・フットワークなどラケットや体の正しい使い方は、ジュニアのときにしっかりマスターしなければ、その後の進歩が望めません。その基本となるのがグリップです。グリップが悪いとラケットワーク・フォーム・フットワークなどに悪影響を与え、スピードやコントロールなどストロークの威力もつきません。つまり、グリップの良い悪いがバドミントンのプレーを左右するのです。ラケット性能の進歩によってバドミントンのプレーがより高度化・技術化しました。それに伴い指の操作がしやすいグリップが、将来のプレーを形作る大きな要因となります。

グリップは何を基準に分類するか

●バドミントンのグリップは、次の2つの位置がどこにくるかで分類します。

❶親指と人差し指の間にできる「V」の字

❷小指の延長線上の手のひら「ヒール」と呼ばれる部分

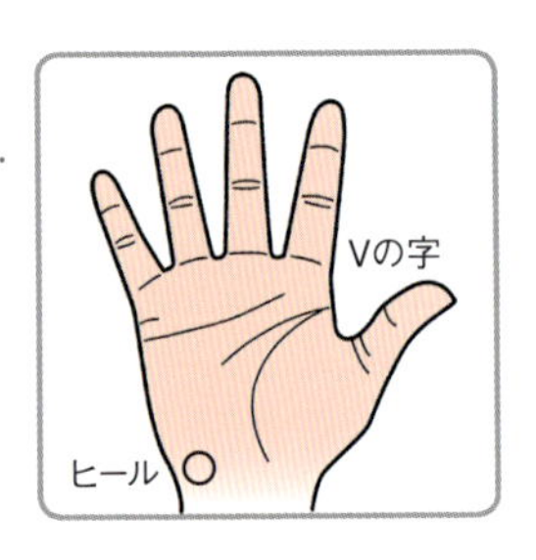

イースタングリップ

❶Vの字の位置	1～2の真ん中から2～3の上部まで
❷ヒールの位置	2～3の面か3のあたり、コンチネンタル・グリップを少し右へずらす
❸特徴	■一般的に使われているが、コンチネンタル・グリップに比べ指の操作がしにくい

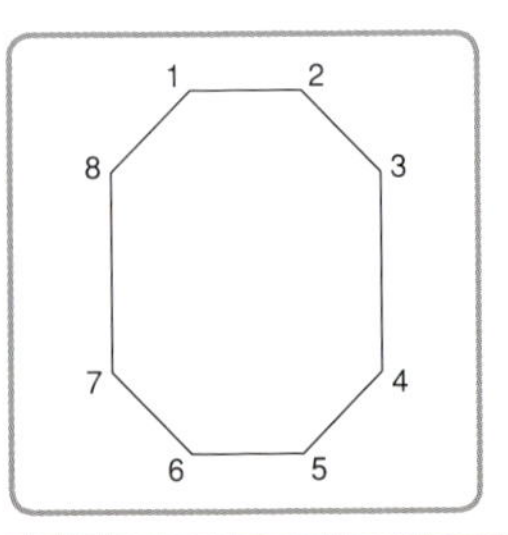

コンチネンタル・グリップ

❶Vの字の位置	1から1～2の真ん中まで
❷ヒールの位置	1～2の面
❸特徴	■親指と人差し指を使ったラケット操作がしやすい

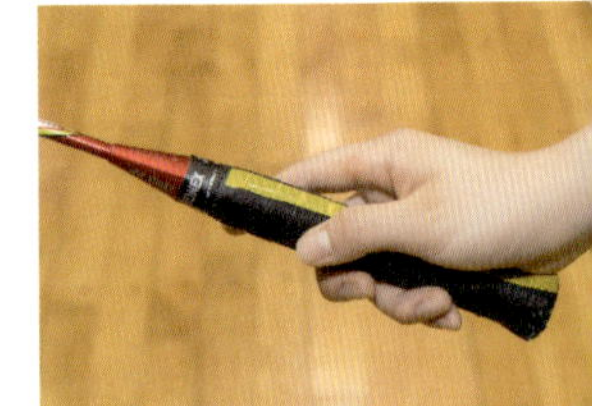

将来の強化を目指すならコンチネンタル・グリップ

●今まではイースタングリップの定義が曖昧で、Vの字の位置が1～2の面にあればよいというのが通説でした。その結果、Vの字の位置が2の位置にあるセミウェスタン・グリップの選手が多く見受けられましたが、これでは親指と人差し指の操作が難しく、スピンネットなど指による多彩なラケットワークが望めません。バドミントンは対人競技なので、いくら威力のあるストロークを打っても、相手に球種やコースを読まれていては簡単に返球されてしまいます。対人競技のバドミントンで読まれない（読まれにくい）プレーをするには、わかりにくいフォームと指の操作による多彩で変化に富んだラケットワークが必要です。そのため、将来の強化を目指すなら指の操作のしやすいコンチネンタル・グリップが不可欠になります。

コンチネンタル・グリップの指導法

◆8に親指のAの部分をつける。
◆4に人差し指のBの部分をつけ、人差し指を軽く曲げ伸ばし親指より前の位置にする。
◆Vの字は1から1～2の中間にし、Vの字が1に近いほど指の操作が容易になる。
◆Vの字とグリップは、指1～2本分の空間をあけインパクトの瞬間に握り込む。
◆インパクトのとき、人差し指の第一関節と第二関節の部分を3～4の部分につけると、ラケット面の感触を感じコントロールがアップする。
◆スマッシュをハードヒットする場合、インパクトの瞬間に人差し指を中指につけるように強く握り込むと、スピードが大きくアップする。

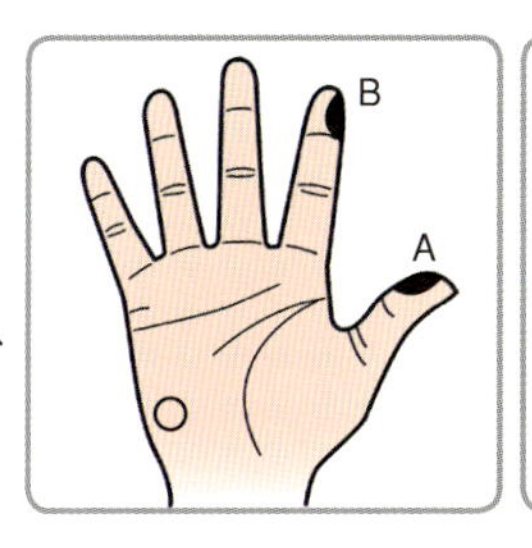

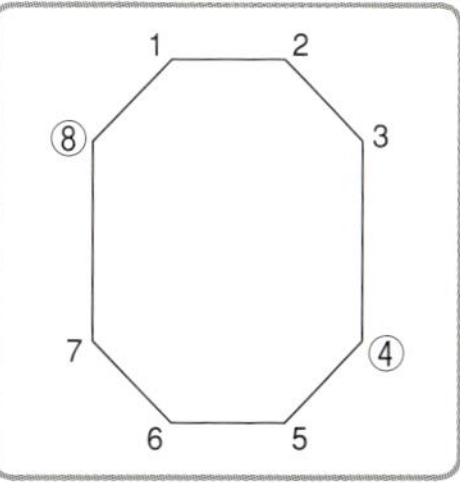

イースタン・バックハンドグリップ

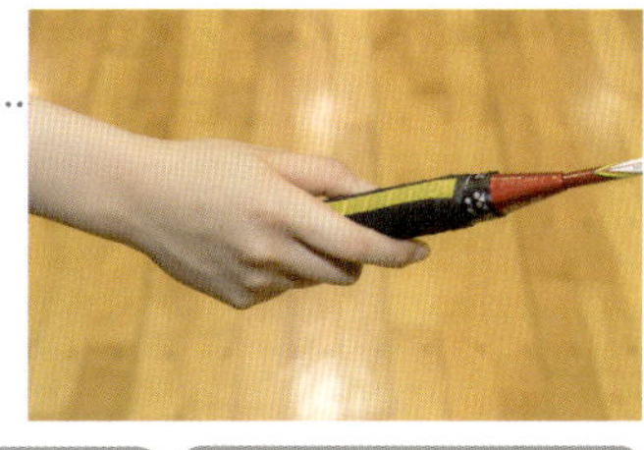

❶Vの字の位置　1～8の面
❷ヒールの位置　1～2の面
❸親指の位置　1～8の面
❹特徴
■ラケット面の感触を感じとることができ、バックハンドに強さと安定感が生まれる
■手首の可動域が広い
■Vとグリップの空間による、インパクトの瞬間の握り込みが容易になる
■スピンネットやクロスネットなど、技術を要するストロークの操作がしやすい

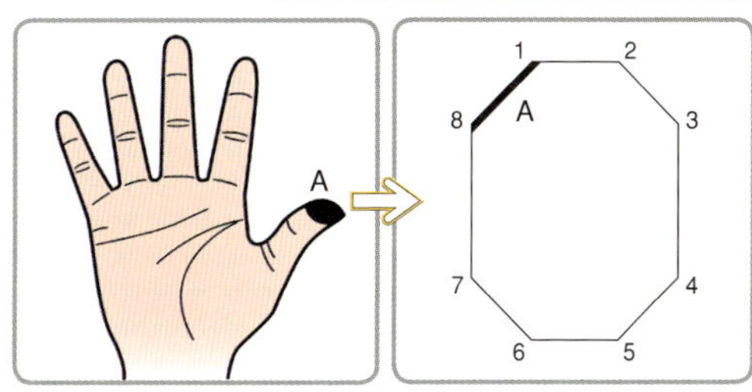

ウェスタン・バックハンドグリップ

❶Vの字の位置　7〜8の面
❶ヒールの位置　1〜8の面
❶親指の位置　7〜8の位置
❶特徴
■イースタン・バックハンドグリップより、バックハンドに強さと安定感が生まれる
■正面でのドライブが打ちやすい
■手首の可動域が狭い
■スピンネットやフェイントなどの技術には適さない

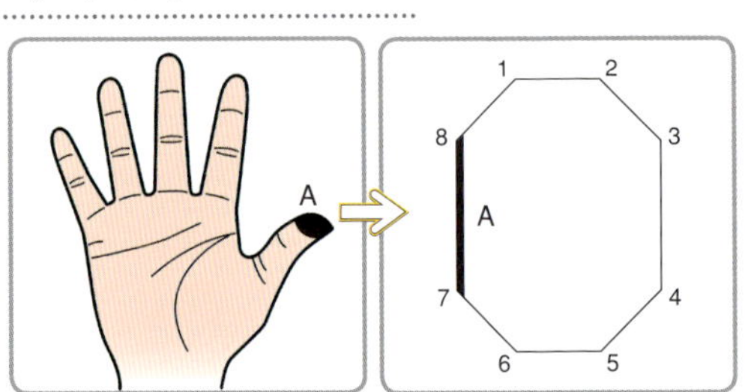

グリップの注意点

◆グリップの基本は小指と薬指の2本の指でラケットを支え、それ以外の3本の指を軽く添えるようにします。
◆指で物をつまむとか箸を使うような「指の動作」は、人差し指が親指より前の位置になければうまくいきません。スピンネットやフェイントなどの多彩なラケットワークをするためには、人差し指を軽く伸ばし親指より前のグリップの2本の指の操作が必要です（※写真❶）。
◆フォアハンドのロブやオーバーヘッドからのクリアーとドロップ（カット）は人差し指、バックハンドは親指、と指の感触でコントロールします。
◆スマッシュなどのハードヒットのときは、やや伸ばした人差し指をインパクトの瞬間に中指につけるようにすると、スイングの鋭さがアップします。
◆バックハンドは、親指を伸ばして支えをつくる「サムアップ」がラケット面の感触を高め、スイングに強さと安定感が生まれます。
◆グリップは強すぎず弱すぎない、ちょうど生卵を持つような感じで握るのが理想です。手のひらの面で握るのではなく、指先の点で握るようにしましょう。Vの字とグリップの間に指が1〜2本入るくらいの空間ができるのが理想的で、インパクトの瞬間に強く握り込むことが強いパワーを生み出します（※写真❷／❸→❹）。
◆ドライブやプッシュのように速いテンポの連続

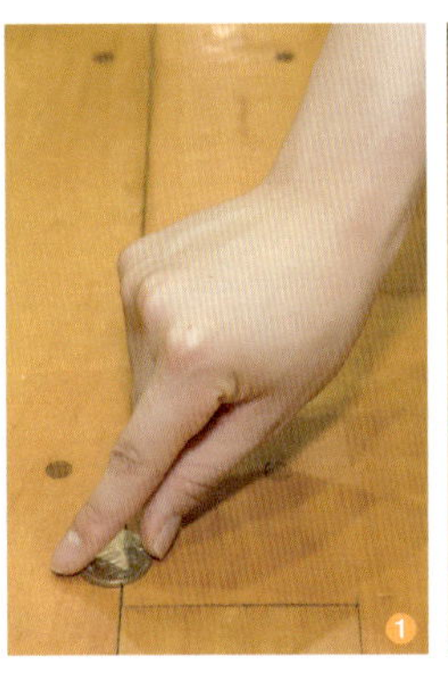
❶

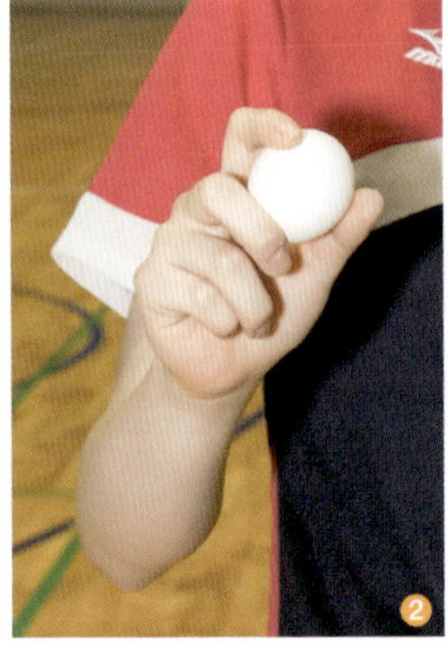
❷

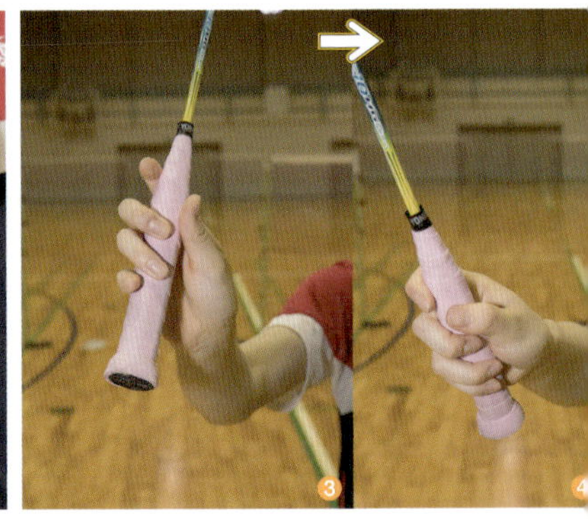
❸ ❹

動作では、親指と人差し指の2本でラケットを支え、ヒールがグリップにつかないようにします。インパクトのとき強く握り込む打ち方は、バックスイングとフォロースルーが小さいので、速い打ち合いに効果的です。また、このグリップを握り込む打ち方はクリアーにも応用できます。

◆インパクトの瞬間にラケットを握り込むことができるかできないかで、プレーに大きな違いが出てきます。上級者は力を入れるときと力を抜くリラックスするときのグリップのメリハリがはっきりしています。

◆ダブルスの前衛で素早く相手の返球に反応するときは、意識してグリップを短く握るとラケットが扱いやすくなるので、自分のイメージしたタイミングで遅れずにスイングできます。

グリップの注意点

ハンマーグリップ（がっちり握り）

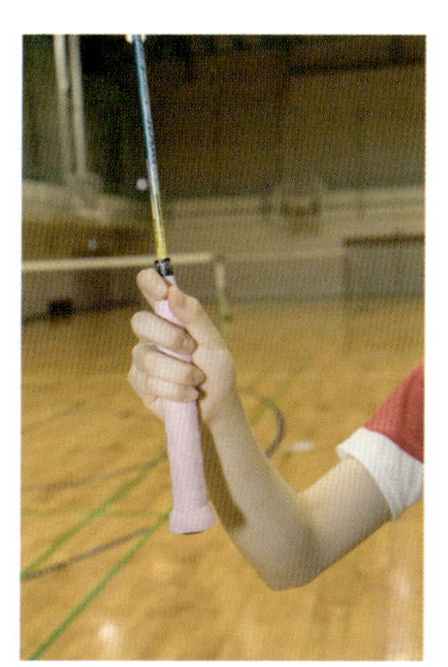

短く握る

長く握る

人差し指を伸ばす

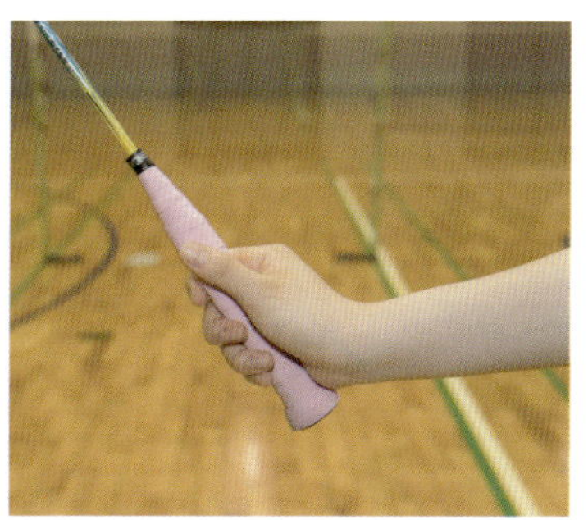

人差し指が親指より下にある

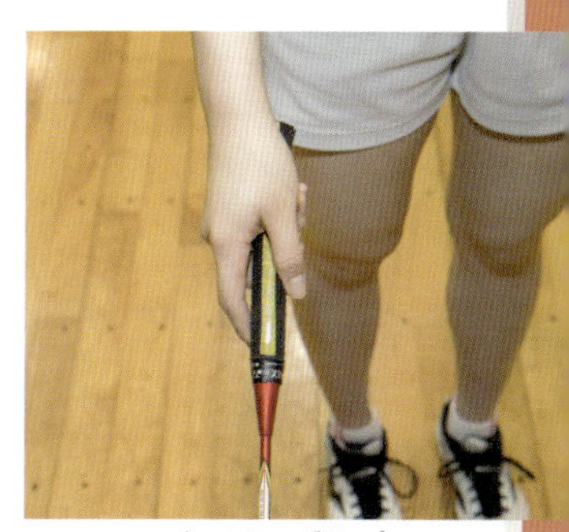

ウェスタン・グリップ

バドミントンとオーバーヘッド

●ラケット競技は、威力［スピード・コントロール・変化・角度・相手に読まれない（読まれにくい）］のある多彩なストロークを厳しいコースへ打つことが勝利につながります。その中でもバドミントンはストロークの種類が多彩で、変化やスピードがあり打つポイントが無数にあることが特徴です。このことを考えると、他のラケット競技のテニスや卓球に比べ、プレーに占めるフォームの比重が大きいことがわかります。また、立体空間を打ち合うので、ラリーの中でのオーバーヘッドからのストロークの頻度が高いことも特徴です。そのため、オーバーヘッドのフォームの良否がプレーに大きな影響を与えます。オーバーヘッドのフォームが悪いため、伸び悩んでいる選手を多く見かけますが、オーバーヘッドのフォーム練習を徹底的に行い、理想的なフォームをマスターすることが上達の近道です。シングルスは約60～70パーセント、ダブルスも40～50パーセントがオーバーヘッドのストロークなので、オーバーヘッドの良否がゲームの勝敗を左右します。

オーバーヘッドのフォーム

●フォームは、❶テークバック（写真❶）→❷フォワードスイング（写真❷❸）→❸インパクト（写真❹）→❹フォロースルー（写真❺）の4つに分類されます。その中でも❶のテークバックと❷のフォワードスイングで、オーバーヘッドのフォームの良否の大部分が決まってしまいます。

テークバック

●テークバックの下半身は、両足を肩幅より大きく広くとり、両肩をネットに対し直角にして、重心(体重)を右足の拇指球(親指裏の付け根でふくらんだ部分)にかけひざを軽く曲げます。両足の向きは時計の9時か10時10分(逆ハの字)で、左手を高く上げやや体の内側に入れて右ひじを隠します。テークバックのスタートは大きく分けて(1)腰の位置からのスタート、(2)胸の位置からのスタート、(3)あごの近くを横切り直線的にテークバックの完了形の3種類があります。どの位置からのスタートでもフォワードスイング直前のテークバックの完了形で、「前腕と上腕の角度」のAを45度、「上腕と体側の角度」のBを90度にするのが理想です。Aが45度以上だとひじが開く状態で肩を使いすぎるドアスイングの原因になり、インパクトでパワーを集中するのが難しくなります。また、Bが90度以下だとひじを下げた状態になり、こちらも肩を使いすぎる大振りのスイングになってしまいます。最近のテークバックのスタートは、(1)の腰の位置からのスタートが多い傾向にありますが、小さく・鋭い・弾くようなコンパクトなオーバーヘッドのスイングが理想なので、(2)の胸の位置からのスタートか、(3)のあごの近くを横切り直線的にテークバックの完了形の2つのどちらかをテークバックのスタート位置にしましょう。また、テークバックの完了形では、前腕とラケットを一直線に保つようにします。

テークバックのスタート

(1)腰の位置からのスタート

(2)胸の位置からのスタート

(3)あごの近くを横切り、直線的にテークバックの完了形に

テークバックの完了形

- ネットに対して直角に構える。
- 足の間隔を肩幅より広くとり、両足のつま先方向を時計の9時か逆ハの字（10時10分）にして、右足（軸足）に重心（体重）をかける。
- 左手を伸ばし右ひじを隠す。
- 右足の拇指球に重心（体重）をかけ、右ひざを軽く曲げる。
- グリップは肩の上に、このとき手首を曲げたり反らしたりしない。
- 前腕とラケットを一直線にする。
- 頭とグリップの間隔は、こぶし1個分くらい開ける。
- 右ひじを引き、左肩と一直線にする。
- 右ひじを背中の方向に入れすぎない。
- 前腕と上腕の角度を45度、上腕と体側の角度が90度を理想とする。

テークバックの自己診断

❶テークバックの完了形で胸を張り、ひじが背中方向に入りすぎる

テークバックの完了形で胸を張ると、ひじが背中方向に入りすぎ、インパクトのとき横打ちになる原因になります。また、肩に余分な力が入り、肩→ひじ→手首の運動連鎖が難しくなります。

❷テークバックが不十分

テークバックは上体のひねりを生み出しますが、不十分なときはスイングに欠かせない運動連鎖ができず、砲丸投げのような肩を押し出す手打ちのフォームになります。弓を射るときのイメージで、左肩と右ひじが一直線になるようにしましょう。

❸左腕を曲げすぎ

オーバーヘッドのフォームは、ラケットを持たない左腕の使い方が大切です。左腕が伸びていないと相手にプレッシャー（威圧感）を与えることができません。相手に読まれない（読まれにくい）ストロークやコースへ打つには、左腕で右ひじを隠すことが大切です。また、左腕を勢いよく左腰の近くに振り下ろす動作が、速いスマッシュを生み出します。もちろん、左腕を直線的に伸ばしすぎてもいけません。

❹右足に重心（体重）を移動できない

右足のひざが伸びていると、体をひねることや重心（体重）をかけることができません。両足の間隔が狭いのと同じく、足の使い方の悪い例ですが、右足の拇指球に重心（体重）をかけ、右ひざを軽く曲げるようにしましょう。また、右足のつま先と右肩をタテに結んだ線で軸をつくります。上体が後ろへ反りすぎないことも大切です。

❺肩に力が入り、リラックスしていない

テークバックの完了形でグリップや肩に力が入りすぎると、スムーズな運動連鎖のスイングができず、インパクトでパワーが集中できません。鋭いスイングをするには、テークバックでのリラックス（脱力）が大切です。

❻ラケットヘッドが下がる

頭よりラケットヘッドを高くしましょう。前腕とラケットを一直線にすることもテークバックの完了形で大切です。小さい・鋭く・弾くようなコンパクトなスイングをするには、ラケットヘッドを上げることがポイントになります。

⑦両足の間隔が狭い

両足の間隔が狭いと下半身が不安定になり、右足の拇指球による鋭い蹴りができません。右足に十分な重心（体重）をかけるには、両足の間隔を肩幅より大きくしなければなりません。

⑧右足のつま先方向が悪い

右足のつま先方向は、真横の12時か逆ハの字の10時10分にしましょう。ネット方向の内側に向いていると右足に重心（体重）の移動ができず上体が不安定になり、腰のひねりと右足の蹴りによるパワーが生まれません。また、打球後に腰が後ろに残り、次動作が遅くなります。

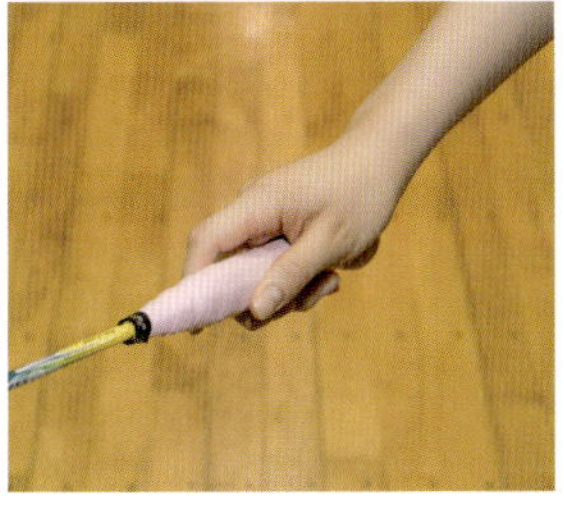

⑨グリップが悪い

グリップの良否がストロークの威力［スピード・コントロール・変化・角度・相手に読まれない（読まれにくい）］を左右します。グリップは強すぎず弱すぎない、ちょうど生卵を持つ感じで握るのが理想です。手のひら全体ではなく、指先の点で握るようにしましょう。リラックスしたグリップが、強いインパクトを生み出します。

⑩あごが上がる

オーバーヘッドが不安定な選手は、体のバランスが悪いことに原因があります。上半身と下半身のバランスが悪いと体幹が崩れ、スピードやコントロールに悪影響を与えます。テークバックの完了形であごが上がる欠点は、左肩の上にあごを乗せる意識で改善されます。

⑪右ひじが下がる

右ひじが下がると肩を使いすぎるフォワードスイングになり、それがオーバーヘッドの大振りの原因になります。大振りのスイングは、スピードはでますがコントロールがつきません。肩に担ぐような大きなオーバーヘッドは、避けるようにしましょう。もちろん、右ひじの位置が高すぎるのも、パワーをロスする原因となるので、注意しなければいけません。

⑫テークバックの完了形でラケット面をひねる

このラケット面は、テークバックの完了形で手首をひねることが原因です。オーバーヘッドのスイングが内転運動ではなく、外転運動になってしまいます。野球のピッチャーによく見られる腕の使い方ですが、バドミントンのオーバーヘッドでは一般的ではありません。

⑬テークバックが大きい

ラケットが軽量化や高反発など、高性能になってプレースタイルが大きく変わりました。昔のように遠心力を利用した、肩を中心とする大きなテークバックは必要ありません。前腕の伸展力と強い握り込みを生かし、小さく・鋭い・弾くようなコンパクトなスイングをしましょう。

⑭ネットに対して直角になっていない

ネットに対し体がタテにならないと、右ひじが見え相手にストロークやコースが読まれやすくなってしまいます。また、右足の拇指球に重心（体重）がかからず、スイングに強いパワーが生まれません。オーバーヘッドは弓と同じで、タテに構えないとパワー不足になります。

フォワードスイング

●フォワードスイングとは、テークバックの完了形からインパクトまでのことです。テークバックの完了形は、体の向き(両肩の向き)がネットに対し直角にしましょう。そこからフォワードスイングのスタートまで約45度、右足の強い蹴りと腰の速いひねりで、上腕・前腕そしてラケットを動かさずに移動させます。この間に左肩を開きスイング動作に入ってしまうと、体が早く開きストロークとコースが読まれやすいオーバーヘッドになってしまいます。また、体のタメを早くなくしてしまうので、インパクトのときパワーを集中することができません。この45度のフォーム理論は、野球のバッティングやゴルフのスイングにも共通しています。フォワードスイングではひじが天井を向き、ラケットヘッドが床を指す内転運動を使いましょう。このとき、ひじをただ曲げるだけでなく意識してひねるようにします。このひねりを戻す動作と肩→ひじ→手首の運動連鎖がインパクトのときの大きなパワーを生み出します。写真は上腕と前腕をひねっているため、①のラケット面が大きく写っています。運動連鎖を使ったオーバーヘッドのフォームをつくるには、腕の各関節の柔軟性が欠かせません。ひじを手首より先行させ意識的にラケット面を遅らせ、そこから前腕の伸展力で鋭く前に振り出します。野球の投手のピッチングフォームをイメージすれば、わかりやすいと思います。フォワードスイングは腰の強いひねりを使い、より速く体を入れ替えることも大切です。

フォワードスイングの運動連鎖と内転(回内)運動

●ボクシング選手は、パンチをヒットする瞬間に腕をひねり、パワーアップするようにします。野球のバッターも打つ瞬間に手首を返し、スイングにひねりを加えボールを遠くへ飛ばしますが、これらの腕の動作がKOパンチやホームランを生み出すのです。ここでスイングスピードと腕の使い方について考えてみましょう。振り子の糸を途中で止めると、そこから先の糸とおもりの動きがそれまでより速くなります。スイングスピードも同じで、肩の動きを止めることで肩から先のスイングスピードが速くなり、次にひじの動きを止めることでスイングスピードが速くなります。肩→ひじ→手首の関係を順序よく加速させることで最大のスピードが得られますが、これを運動連鎖と言います。オーバーヘッドは、支点を肩からひじに移動させ、次にひじを支点に前腕を鋭く前に振り抜きましょう。しかし、これだけでは最大のスイングスピードは得られません。この運動連鎖の中に、腕のひねりを加えるのです。フォワードスイングでひじが天井を向き、ラケットヘッドは床を指すようにします(写真❶)。このとき、ひじはただ曲げるだけでなく、右方向にひねるようにしましょう。そしてひじ・手首・指の順に、そのひねりを戻して腕を90度内転させ、インパクトの瞬間にラケット面をフラットにします(写真❷)。フォロースルーでは親指が下になり、ちょうどスタートから180度ラケット面をひねったことになります(写真❸)。これを内転(回内)運動と言い、両方がプラスされて大きなパワーを生み出します。それを可能にするには、腕の各関節の柔軟性と指の操作が必要になってきます。

フォワードスイングの自己診断

❶スタートで手首を曲げる

フォワードスイングのスタートで手首を曲げると、肩→ひじ→手首の運動連鎖が使えません。腕の内転運動ができないため、インパクトのスイングパワーが弱くなり、一般的に言われる「手打ち」になってしまいます。前腕・上腕・ラケットを動かさず、約45度移動させてからフォワードスイングをスタートさせましょう。

❷ドアスイング

フォワードスイングは、肩・上腕・前腕・手首・そしてラケットを、約45度動かさずに移動させます。それには鋭い右足の蹴りと腰のひねりが必要です。この間にフォワードスイングに入るとドアスイング（ラケットが遠回りするスイング）になり、ひじを支点とする前腕の鋭い振りが難しくなります。運動連鎖によるムチや釣り竿の先端のような、腕のしなりでラケットをスイングすることが大切です。

❸ひじが先行し、運動連鎖がない

フォワードスイングは肩が先行し、次にひじ→手首→指先と順に使っていきます。この運動連鎖と言われるスイング動作が、インパクトのとき大きなパワーを生み出します。腕の関節が硬いとこの動作は難しく、ちょうど硬い釣り竿がしならないのと同じです。腕の関節の可動域をストレッチなどで、広げるようにしましょう。

❹手首の反りが不十分

肩→ひじ→手首とパワーを順に伝える運動連鎖の中で、最後の手首を十分に使えなければ、スイングスピードにパワーが生まれません。フォワードスイングは、内転運動による前腕のひねり、手首の反りと柔軟性が大切なポイントになります。

❺内転運動がない

フォワードスイングには、腕の内転運動が不可欠です。ひじと手首を使いラケット面にひねりを加え、ボクシングのパンチと同じですが、このひねりがインパクトのときの大きなパワーを生み出します。写真は「ベタ打ち」や「砲丸投げ」と呼ばれるスイングですが、これではパワー不足に陥ってしまいます。

❻左肩の開きが早い

テークバックの完了形で、体をタテにして上体をひねっても、フォワードスイングで上体の開きが早ければ、右足の拇指球にためたパワーが失われてしまい、インパクトでパワーを効率的に使うことができません。左肩をネットに向け、インパクトの瞬間まで早く開かないように意識しましょう。

⑦左足を引きつけすぎ

ジャンプでの両足の入れ替えは、左足の引きつけがポイントになります。左足の引きつけで右足の拇指球へ重心（体重）の移動を行い、これが右足で床を鋭く蹴り出す要因となります。左足を引きつけすぎると、右足を前に出す蹴りが不足し、打点が後ろになり、バランスが崩れフォロースルー後の次動作が遅くなります。

⑧左足が早く開く

ジャンプの左足の理想的な引きつけは、大きく開いた両足の間隔の半分くらい引きつけ、右足の拇指球に重心（体重）をかけ、その鋭い蹴りで斜め前方に跳び出し、体を入れ替えます。左足が早く開き横方向に流れると、右足の拇指球にパワーをためることができず、また着地のとき左足が大きく後ろに流れて、フットワークのロスになります。

⑨左足のひざを曲げて引きつける

ジュニア選手に多く見られる左足の引きつけで、これでは右足に十分に重心（体重）が移動しません。

⑩左足を伸ばして引きつける

これもジュニア選手に多く見られる左足の引きつけで、右足への重心（体重）移動ができません。左足を軽く曲げ右足の方向へ引きつけるようにしましょう。

⑪肩中心のフォワードスイング

肩を使いすぎるフォワードスイングは、スピードはついてもコントロールがつきません。コントロールをつけるには、フォワードスイングでダーツのように、ひじを支点に前腕を振り抜きましょう。大振りのオーバーヘッドの原因は、テークバックのとき肩やひじが下がり、ラケットを肩で担ぐような状態になるためです。

インパクト

●オーバーヘッドのフォームの良否は、テークバックとフォワードスイングでほぼ決まると言っても過言ではありません。インパクトは一瞬ですが、人差し指でラケット面を感じるようになれば、コントロールがアップします。インパクトのポイントは、打点とラケット面です。打点は右耳をこするように右肩の真上よりやや前で、肩関節を大きく伸ばしできるだけ高い打点でシャトルをとらえます。ラケット面は人差し指でフラットに当てることからスタートし、次に面を変化させるカッティング技術をマスターしましょう。

インパクトの自己診断

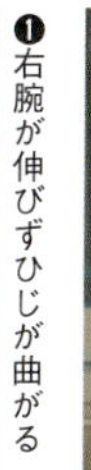

❶右腕が伸びずひじが曲がる

❷ラケット面が不安定

❸打点が頭の真上

❹打点が斜め横（スリークォーター）

❺打点が前すぎ

❻打点が後ろすぎ

フォロースルー

●フォロースルーの良否が動作のスピード、つまりフットワークに大きな影響を与えます。フォロースルーは、できるだけコンパクトにしましょう。

フォロースルーの自己診断

❶ジャンプの着地で腰を落とす

❷ジャンプで左足が後ろへ流れる

❸フォロースルーですぐにひじが曲がる

❹フォロースルーが大きすぎる

❺フォロースルーで前傾姿勢にならない

❻ジャンプの着地で右足を上げる

❼ジャンプの着地でひざが内側に入る

オーバーヘッドのフォームづくり

❶新聞投げでフォームづくり

新聞をラケットと同じくらいの重さ(3～4枚)に丸め遠投します。シャトル投げやボール投げより効果があります。

❷シャトルをひじで挟むフォームづくり

前腕と上腕の角度が約45度、上腕と体側の角度が約90度の理想的なテークバックの完了形をマスターしましょう。素振りや新聞投げと併用するとより効果がアップします。

❸内転運動のマスター

体の前で部分的な素振りを行い、内転運動の感覚をマスターしましょう。

❹パイプイスを使い前腕の伸展力強化

最初は1脚で、パワーがついたら2脚で行いましょう。

❺バレーボールのスパイクでフォームづくり

バレーボールを床に思い切り叩きつけましょう。オーバーヘッドの理想はバレーボールのスパイクです。

❻ジャンケン・ポンでフォームづくり

2人で向き合い、インパクトの位置でジャンケンします。

❼手叩きでフォームづくり

左手をインパクトの位置に置き、右手のひらをラケット面に見立て、オーバーヘッドのスイングをしながら叩きましょう。

❽旗打ちでフォームづくり

もっともポピュラーなオーバーヘッドのフォームづくりです。

オーバーヘッド

❾ひじのしなりを意識するスイング

1～2キロの鉄アレイかラケット2本を使い、前後にひじのしなりを意識しながら速く振ります。1セット15～20回が適当です。

❿トスノックでフォームづくり

床に鋭く叩きつけるバウンドスマッシュは、ラケット面が不安定だったりスイングスピードが不足したりすると、高く大きくバウンドしません。

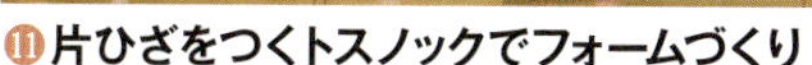

⓫片ひざをつくトスノックでフォームづくり

ラウンドザヘッドが苦手な選手やハイバックハンドのマスターにも効果があります。

⓬シャトルを落下させるフォームづくり

シャトルが同じ位置に落下するので、初心者向きのオーバーヘッドのフォームづくりと言えます。

⓭イスを使うフォームづくり

イスに斜めに腰かけ、トスされたシャトルをクリアーで返球します。

⓮左右のバウンドスマッシュによるフォームづくり

前出の⑩を今度は左右に跳びつき、バウンドスマッシュします。特にバック奥のジャンプで、ラケットが後ろから出てくる大振りのスイングに注意しましょう。

⓯フォア奥の苦しい体勢を想定したフォームづくり

苦しい追い込まれた体勢から、いかに強い球で返球できるかが上のレベルになるほどポイントになってきます。オーバーヘッドの良否はフォア奥でよくわかります。

⓰肩甲骨を押さえ運動連鎖をマスター

2人1組で行い、1人が肩越しに肩甲骨を押さえ、ひじが先に出るのを遅くさせます。

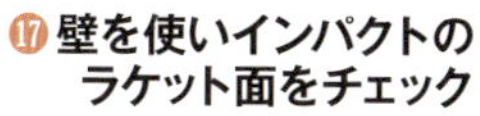

⓱壁を使いインパクトのラケット面をチェック

インパクトのラケット面が不安定な選手に、最適な矯正法です。

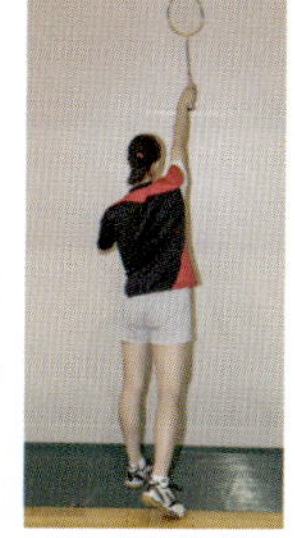

⓲サンドイッチ状態で大振り防止

フォワードスイングのスタートが横に流れる、インパクトが横、フォロースルーが大きすぎる、などの大振り防止に効果があります。

素振りでオーバーヘッドのフォームづくり

❶無呼吸でフォームづくり

⬅呼吸を止め10〜15回をオーバーヘッドで速くスイング。

❷両肩入れ替えでフォームづくり

⬇ジャンプしながら両肩を空中で180度入れ替える。

❸両足ジャンプでフォームづくり

両足ジャンプのその場跳びで、10〜15回をオーバーヘッドのスイング。

❹スクワットジャンプでフォームづくり

連続のスクワットジャンプで5〜10回をオーバーヘッドのスイング。

❺4点ジャンプでフォームづくり

ワン・ツー・スリー・フォーのリズムで、10〜15回ジャンプしながら空中で体の入れ替えを行う。

❻逆Vの字の4点ジャンプでフォームづくり

フォア奥、バック奥へ交互に1セット10〜15回を逆Vの字の4点ジャンプで行う。

ロブのフォーム

●相手を後ろへ深く追い込むストロークには、クリアーとロブがあります。特にシングルスでは、クリアーやロブで相手を後ろへ追い込み、スマッシュやドロップ（カット）でエースを狙う戦法が効果的です。一般的に、オーバーヘッドは熱心にフォームの練習をしますが、ロブやヘアピンなどネット前のストロークは、フォームにあまり注意が払われていないように思います。ネットを挟んで打ち合う競技は、ネット前の攻防がゲームを大きく左右します。トップ選手は、ネット前から多彩なロブで相手を幻惑し、ゲームを有利に展開します。パワーをそれほど必要としないストロークなので、弾くようなラケットワークのフォームが大切になってきます。しかし、深い大きな滞空時間の長い逃げのロブを打つときは、右ひじを曲げ体全体を使う大きなスイングで返球します。この2つのロブを、状況に応じて使い分けるようにしましょう。

逆Vの字をなぞるようにスイング

●ロブを小さく鋭く弾くように打つには、斜めVの字をなぞるようにスイングしましょう。Vの字を逆さまにして、先端部分を前に押し斜めにするイメージです。ラケット面を斜めに立てながらシャトルを待ち、フォアは人差し指、バックはグリップを握り込みながら親指で強く押します。シングルスは相手にインパクトの直前までロブをヘアピンと思わせる、ノーバックスイングからのロブがポイントになります。手首を曲げながらロブを大きなスイングで打つ選手を多く見かけますが、私はこれを「ロブのヒゲ」と呼んでいます。シングルスやダブルスでは、苦しい体勢や低い打点での深く大きいロブの返球のときだけ使うようにしましょう。

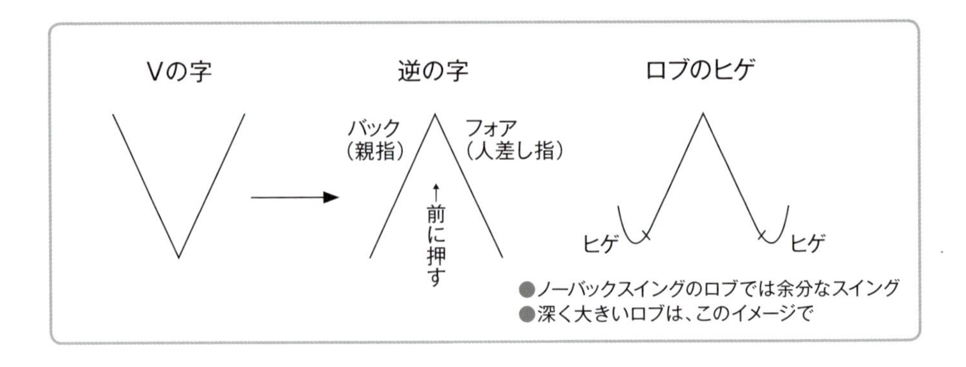

●ノーバックスイングのロブでは余分なスイング
●深く大きいロブは、このイメージで

ネット前の入り方

❶ロブやヘアピンで大切なポイントは、できるだけ高い打点でとらえることです。左足の拇指球で床を鋭く蹴り、最後の1歩を大きく踏み出しましょう。
❷ネット前にラッシングした勢いをストップさせ、姿勢を安定させるために、着地はかかとから入りましょう。かかとからつま先に体重移動させることにより、ひざのクッションを使ったロブやヘアピンが打てます。
❸左手は体のバランスをとる他に、相手にプッシュと思わせるプレッシャーを与える効果があります。高い打点でロブやヘアピンをするときは、左ひじを曲げ、手首の位置が高いフェンシングのポーズを、低い打点でロブやヘアピンをするときは、右腕と左腕を一直線に伸ばしたバレリーナのポーズを使いましょう。
❹シャトルを迎えに行くつもりでフットワークを速めましょう。高い打点でとるには、背中を伸ばし右肩から前に入り込むような意識で、上体をやや傾けて足を運びます。
❺右ひじは「曲げすぎず、伸ばしすぎず」を意識してください。ひじに少しだけ遊びを持たせ、インパクトの瞬間に親指と人差し指でコントロールします。
❻インパクトの瞬間まで、相手にストロークを読まれないようにラケット面を立てて入りましょう。私は床に対して45度くらいの角度で入るように指導しています。

インパクトの直後

❼左足を右足に引きつけすぎると、その分戻る距離をロスしてしまいます。低い球をとる苦しい体勢以外は、できるだけ左足を残すようにしましょう。この左足のテクニックは、中国のトップ選手が多く使っています。
❽左ひざを床の方向に向けると、インパクトの瞬間に体が沈み込みすぎて、打点が落ちてしまいます。左足と右足を結ぶ線に対して、フォア前、バック前ともやや外側に向けるようにしましょう。
❾高い打点でロブやヘアピンをするときは、ひざの角度を135度くらいにするとよいでしょう。ひざのバネを使わない分、戻りが速くなります。低い打点のときでも、90度以下にするとバランスが崩れてしまうので、注意しましょう。
❿打点と目線の高さを一定に保ちましょう。その間隔が離れすぎたり、高低に差があると、ミスをする大きな原因となり、特に低い打点のときはミスが多くなります。目線を床に落とさないことにも、注意しましょう。
⓫ラケットを軽く振り、力まないことを心がけます。ヘアピンは微妙なコントロールと、繊細なラケットワークが要求されます。グリップの握りは強すぎず、弱すぎず。生卵を持つ感覚で握ってみてください。
⓬ロブやヘアピンの打点を左足と右足の延長線上か、やや内側にしましょう。打点が外側だとコントロールがつかず、またネットに体が近づくことになり、フットワークにロスが生じます。

ロブのチェックポイント

ひざの屈伸

バドミントンは激しくひざを使うスポーツです。ひざが強く使い方の上手な選手は、ロブの進歩も早くなります。そのひざをうまく使えない選手の多くは、股関節が硬いことが原因です。まず股関節を柔らかくしてからロブの練習に取り組みましょう。では、股関節を柔らかくするひざの屈伸練習をご紹介します。

❶開脚の柔軟運動(左右・前後)(※写真❶・❷)
❷2人組みの片足を肩に乗せる柔軟運動(※写真❸・❹)
❸スクワット(※写真❺・❻)
❹ジャンピングランジ
❺2人組みの足持ち前進(※写真❼)
❻イスを使うシャトル拾い(※写真❽)
❼ランジング姿勢の上体起こし

左腕のバランス

❶フェンシングのポーズ(打点が高く、攻撃的なストロークを打つとき)(※写真❾)
❷バレリーナのポーズ(打点が低く、守備的なストロークを打つとき)(※写真❿)

左足の引きつけ

❶ジュニア選手や女子選手は筋力不足なので、ネット前で左足を引きつける指導を多く見かけます。しかし、左足を引きつけるとランジング姿勢のバランスを崩したり、ホームポジションへの戻りが遅くなってしまいます。意識的に左足を引きつけない練習をすると、オンコートでの

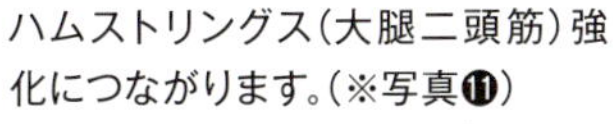

ハムストリングス(大腿二頭筋)強化につながります。(※写真⓫)
❷打点の高低にかかわらず、余裕があるときは左足を残しましょう。
❸打点が低く余裕がないときや筋力の不足している選手は、状況に応じて左足を引きつけます。左足を引きつけるポイントは、右足と左足の最大間隔の男子は3分の1、女子は2分の1を目安にします。
❹床から離れての左足の引きつけ、足の内側全体を接触面にする左足の引きつけ、かかとを上げすぎる左足の引きつけ、は避けるようにしてください。(※写真⓬)
❺左足の引きつける方向(ひざの向き)は、左足と右足を結ぶ線に対して、約45度の方向にします。ひざの向きを床方向に向けると、インパクトの瞬間に上体が沈み込みすぎて打点が落ちてしまいます。(※写真⓭)

右足のつま先方向

右足のつま先方向は、左足と右足の延長線上かやや外側が、ひざの屈伸を容易にします。ひざの屈伸は着地のショックを和らげると同時に、右足の鋭い蹴りでホームポジションに速く戻る役目があります。悪い右足のつま先方向は、❶右足のつま先がネットに直角、❷右足のつま先方向がネットに平行に近い、の2種類ありますが、いずれも捻挫など足のケガの原因となるので注意しましょう。(※写真⓮・⓯)

ロブの練習法

❶ひもを使う

⬅荷造り用のビニールひもをラケットに結びつけ、もう一方の端を左足で固定して素振りをします。

❷障害物を置いてトスノック

⬇トスされる落下点の後ろに障害物を置きます。大きいスイングだと障害物にぶつかるため、コンパクトなスイングになります。選手を立たせ、お尻にぶつけないようにスイングする方法もあります。

❸イスを使用してシャトル拾い

➡左足の引きつけを矯正する練習です。左足をイスに乗せ、右足を踏み出してシャトルを拾って戻り、再びできるだけ大きく右足を踏み出してシャトルを置きます。

④2人組みで左足を残す

⬅2人組みで左足を交差させ、右足を踏み込んでロブの素振りをします。左足を残す練習です。

⑤イスに左足を乗せトスノック

➡左足をイスに乗せたままネット前のトスノックをロブで返球します。これも左足を残す練習です。

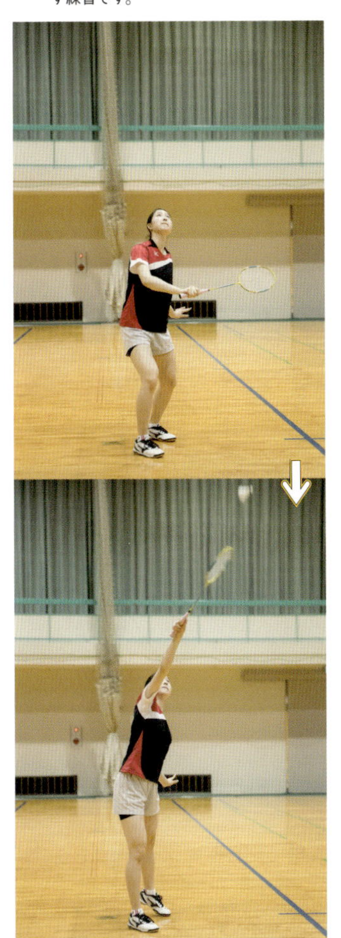

⑥天井打ち

⬅フォア、バックともコンパクトなスイングで天井に向けてシャトルを打ち上げます。

⑦速いテンポのトスノック

⬇できるだけ速いテンポでトスノックを行います。より早く1歩を踏み出す練習です。

サイドアーム

①テークバック

●サイドアームからのドライブは、スマッシュに次ぐスピードがありますが、簡単なようで実は難しいストロークと言えます。サイドアウトやネットに引っかけるなど、コントロールが不安定になりやすいからです。テークバックは右足に重心（体重）をかけ、右足のつま先方向はややサイドライン方向にします。腰と上体をひねり、左手はネット方向を指します。ちょうどオーバーヘッドと同じような要領で構え、前腕（ひじから先）とラケットを一直線にします。このときひじの位置が下がらないようにし、またひじが背中方向に入りすぎないよう注意しましょう。ポイントはひざの高低で打点をコントロールすることです。肩の高低で打点を調整すると、前のめりの不安定なバランスになってミスが多くなります。

②フォワードスイング

●テークバックの完了から、腰→肩→ひじ→手首→ラケットの順でスイングします。ポイントは鋭い腰のひねりを使いスイングすることです。サイドアームは、いろいろなスイングのフォームの中でもっとも腰の回転を必要とします。鋭い腰のひねりが、スイングをリードする意識でフォーム練習を行いましょう。また、フォワードスイングでの手首の反りや返しが不十分だと、インパクトのときのパンチ力が生まれません。

③インパクト

●打点は真横よりやや前でインパクトしましょう。フォワードスイングのスタートでラケット面をつくり、インパクトの瞬間に強く手首を返します。インパクトの手首の使い方でドライブのコースが変化し、手首を強く返さなければストレート、手首を強く返すとクロスのコースになります。このインパクトのラケット面が悪いと、ネットへ引っかけたりポップアップ（浮く）するので、打点とネットとの角度を意識したスイング練習をしなければなりません。サイドアームのフォームづくりには、トスノック練習を取り入れると効果的です。

④フォロースルー

●自然に体の前で止め、次動作に向け大振りしないように注意しましょう。手首を利かせるとフォロースルーがコンパクトになります。

バックハンド

❶テークバック

どのストロークにも言えますが、十分なテークバックがないとストロークやコントロールがつきません。バックハンドのテークバックの右足の踏み込みには2種類あります。

(1)打点が体から遠いときは、腰をひねってから落下点に跳び出し、右足をクロスさせてネットに背中を向けます。
(2)打点が体から近いときは、左足を踏み込み上体をやや正面に向けます。

一般的には、打点の遠近によって使い分けますが、この他に余裕の有無やフットワークのスタートの位置でも違ってきます。最初にこの2種類の右足の踏み込みを使い分け、踏み込んだ足をしっかりと安定させることがバックハンドの上達の第一歩です。
●右足の踏み込みと同時に、ひざのクッションを使って前傾姿勢をとり、肩を中心に上体をひねります。このとき大切なのは上体だけでなく、腰のひねりを使うことです。バックハンドは腰のひねりがスイングをリードすることを意識しましょう。
●相手にコースを予想されにくいバックハンドを打つには、テークバックのひじの位置がポイントになります。ひじをへその近くまで移動し、背中でひじを隠しながら上体をひねります。バックハンドが弱いのは、ひじを隠さないで(上体をひねらないで)テークバックのとき脇を開けてしまうことに原因があります。また、この脇を開けたテークバックは、ひじが最初から見えてしまうため、相手に返球コースを簡単に読まれてしまいます。
●前腕とラケットを一直線にし、親指のつめと左肩の骨が接触するような感覚でテークバックしましょう。ラケットを立てすぎたテークバックだと、インパクトまでのスイングの軌跡が大きくなり、振り遅れの原因となります。
●テークバックのとき、上体をいかにリラックスさせるかが大切です。背中を少し丸め加減にすると、インパクトまでパワーをためることができ、また上体が早く開くことを防止できます。

❷フォワードスイング

テークバックのひねりを腰→肩→ひじ→手首の順に、一連の運動連鎖によって最後にラケットを振り出しましょう。腰のひねりはスイングスピードをアッ

プする原動力になり、腰を先行させるフォームでなければ、スイングにパンチ力が生まれません。バックハンドが苦手な人は、腰ではなく肩や右腕が先行するフォワードスイングになりがちですが、これでは強い威力のあるバックハンドを打つことができません。腰をひねっている間は、オーバーヘッドと同様に腕やラケットを動かしてはいけません。この間に腕やラケットが動き打つ動作に入ってしまうと体が早く開き、スイングスピードが出ないドアスイングになってしまいます。ドアスイングは相手にコースが読まれやすく、またインパクトの瞬間にパワーを集中することができません。スイングが波打ったりラケット面が不安定な選手は、イースタン・バックハンドグリップへのグリップチェンジや前腕のパワー不足にその原因があります。切ったグリップやラケットカバーをつけたスイング練習、前腕強化のトレーニングなどで小さく・鋭い・弾くようなコンパクトなフォワードスイングをマスターしましょう。バックハンドのフォワードスイングは、フォアのサイドアームより肩の開きを抑え気味にしましょう。真横のやや前あたりの位置で肩の動きを止め、ひじを支点に前腕の鋭い振り出しで打つようにします。

❸インパクト

フォームの中でもバックハンドは、力任せに大振りするケースがかなり多いようです。しかし、これではスイングが遅くなり、かえってスピードやコントロールがつきません。インパクトのとき強くグリップを握り込む、小さく・鋭い・弾くようなコンパクトなスイングで打ちましょう。ドライブ系のバックハンドは打点の高低によって、インパクトのときのラケット面が違ってきますが、インパクトのラケット面を、指先で感じるようになればコントロールが格段にアップします。また、目線と打点が離れすぎないようにするとミスが防止できます。

❹フォロースルー

バックハンドに限らずフォロースルーが大きいと、次動作が遅くなります。バドミントンは、速く激しい連続動作の繰り返しなので、プレーの強化には、フォロースルーの振りすぎ防止がポイントになります。バックハンドの振りすぎの原因は、肩やひじの視点が大きく動くからです。ピタッと止めるような感覚でスイングすると、小さく・鋭い・弾くようなコンパクトなフォロースルーになり、次動作が速くなります。

※50ページに「バックハンドの2種類のラケットワーク」を解説

ハイバックハンド

◆一般的にバック奥からの返球は難しいので、当然相手から狙われることも多くなり、返球が甘くなってしまいます。このようなとき、ハイバックハンドでクリアーやスマッシュを自由自在に打つことができれば、バック奥に追い込まれても簡単に危機から脱出できます。もちろん、バック奥はオーバーヘッドかラウンドザヘッドで返球するのがベストです。しかし、ハイバックハンドも打てるがラウンドザヘッドで打つ場合と、ラウンドザヘッドでしか打てない場合とでは、相手のプレッシャーが大きく違ってきます。バックハンドもフォアハンドと同じように打てるのが理想ですが、バックハンドの苦手意識を取り除くためには、早い段階でハイバックハンドのフォームづくりに取り組まなければなりません。

❶テークバック

●背中がネットと平行になるくらいまで、肩を中心に上体をひねります。このとき大切なのは上体だけでなく、腰の鋭いひねりを利かせることがポイントです。

●右足（軸足）に重心（体重）を移動し軽くひざを曲げますが、このひざのクッションがスイングにパワーを与えます。ハイバックハンドは追い込まれた苦しい体勢のケースが多いので、やや後ろ気味の返球体勢でフォーム練習をしましょう。トップレベルの選手は、下半身や足の踏み込みに関係なく、強烈な手首の返しやグリップの強い握り込みで返球しますが、初・中級レベルの選手は、右足をしっかり床につけ体全体を使ってスイングしましょう。

●相手に予想されにくいストロークやコースにハイバックハンドを打つには、テークバックのひじの位置が大切です。ひじをへその近くまで移動させ、相手から見えないようにしましょう。グリップはイースタン・バックハンドグリップで握り、手首を左肩に近づけ肩越しにシャトルをとらえるようにします。

●上体をいかにリラックスさせるかが、テークバックのポイントです。ハイバックハンドが苦手な人は、テークバックのときすでに力が入り、スムーズなスイングができなくなってしまいます。テークバックでリラックスするには、背中を少し丸めるようにするのが有効です。この動作がインパクトの瞬間までパワーをためるポイントになり、同時に体が早く開くことを防止します。

●ハイバックハンドの弱い選手は、テークバックのとき脇を開けてしまうことに原因があります。脇を開けるとひじが最初から相手に見え、ストロークやコースが読まれやすくなり、またパワーを十分にためることができません。

❷フォワードスイング

●テークバックでひねった上体を戻すのは、腰を回転させることからスタートします。腰の動きに従って肩が先行し、腰→肩→ひじ→手首の順に一連の運動連鎖を使い、最後にラケットを振り出します。ハイバックハンドが苦手な選手は、腰ではなく肩や腕が先行するフォワードスイングになりがちですが、これでは手打ちになり飛距離が出ません。

●腰をひねると同時に、右足で床を鋭く前方上に向けて蹴り、ひじを折りたたんだまま、肩を勢いよく前へ振り出します。腰→肩→ひじ→手首の運動連鎖のメカニズムが狂うと、インパクトでのパワーが生まれません。

●ハイバックハンドのラケットワークは、ひじを支点とする外転（回外）運動で、肩を内側にひねり

ラケット面を180度返す、ラケット面を返さずに押し出す、の2種類です。どちらかというと前者は女子選手に多い打ち方で、後者は男子選手に多い弾くような打ち方ですが、後者のほうがスイングの軌跡が少ないぶん難しい打ち方と言えます。

●ひじの下から上への鋭い突き上げがスイングスピードを高めます。曲げていた右足のひざを勢いよく伸ばし、ラケットヘッドがもっとも下がった状態から、ひじを勢いよく振り上げます。リラックスした状態から一気にパワーをラケット面に伝えるようにしましょう。

●フォワードスイングで肩からひじに支点を移しスイングします。これが外転運動と呼ばれているもので、オーバーヘッドの内転(回内)運動の逆と考えるとわかりやすいと思います。

❸インパクト

●ハイバックハンドは、追い込まれた苦しい体勢で使われることが多いので、どうしても打点が体の後ろになってしまいます。できるだけ体の前でシャトルをとらえるように意識しましょう。

●体の前の打点のときは、ラケット面を180度返す外転運動のラケットワークでも良いのですが、体の後ろの打点だと、外転運動が難しくなります。このとき、ラケット図(16ページ参照)の1～2と5～6をそれぞれ親指と人差し指で支え、強い握り込みでグリップの広い部分に押しつけるラケットワークが効果的です。この2つのラケットワークのいずれの場合も、グリップを強く握り込みながら弾くように打ちます。インパクトの後、すぐにラケット面を引き戻すような感覚で打つようにしましょう。

●ハイバックハンドは、打点が体から離れて打つケースが多いので、コントロールが難しくなります。インパクトのときラケット面を指で感じ取れるようになれば、ストレートとクロスの打ち分けが自由自在になります。

❹フォロースルー

指でグリップを強く握り込めば、フォロースルーは必然的にコンパクトになります。ひじの支点が上下に動くと、どうしても大振りになってしまいます。ハイバックハンドは、苦しい体勢からの返球が多いので、フォロースルーをできるだけ小さくし次動作に備えなければ、相手にハイバックハンドの返球をスマッシュなどで簡単に決められてしまいます。また、ラケット面を180度返す外転運動のラケットワークは、ラケット面が外側に流れがちになりサイドアウトの原因となるので、内側の方向にラケット面を返すようにしましょう。

バックハンドの2種類のラケットワーク

❶ひじを支点とする外転(回外)運動で、ラケット面を180度返す
❷ラケット面を返さず、そのままの面で押し出す

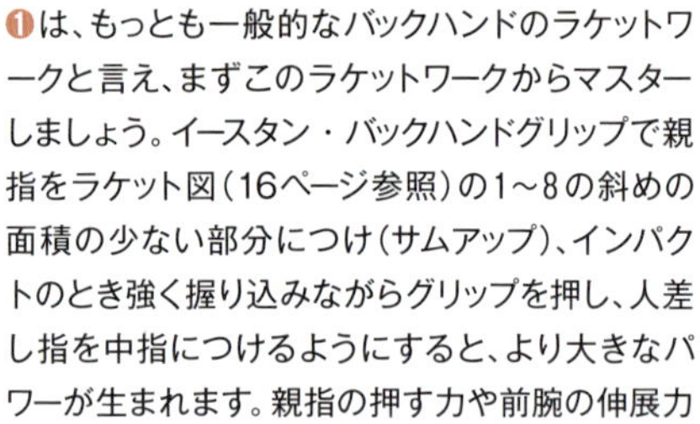

❶は、もっとも一般的なバックハンドのラケットワークと言え、まずこのラケットワークからマスターしましょう。イースタン・バックハンドグリップで親指をラケット図(16ページ参照)の1～8の斜めの面積の少ない部分につけ(サムアップ)、インパクトのとき強く握り込みながらグリップを押し、人差し指を中指につけるようにすると、より大きなパワーが生まれます。親指の押す力や前腕の伸展力が弱いと、180度にラケット面が返りません。まずは45度くらいラケット面を斜めに立てた状態から、バックハンドのラケットワークをスタートさせましょう。バックハンドはひじを支点に、前腕を鋭く振り出さなければスピードが速くなりません。その感覚をマスターするには、写真のように右ひじを左手で押さえ支点がブレないようにして、180度ラケット面を返す練習が効果的です。

❷は、比較的余裕がある、打点が体に近い、テークバックに時間的余裕がない、打点が低い、などのときに多く使われます。左足を踏み出し上体がやや正面を向く体勢から、親指を押しグリップを強く握り込みながら打ちます。腰をひねり右足をクロスさせるときの打ち方は、低い打点のときに多くなりますが、小さいコンパクトなスイングで打つようにしましょう。大振りはコントロールの大敵です。

第2章

バドミントンの基礎トレーニング

バドミントンのプレーを向上させるためには、体幹やコーディネーション（調整力）の強化が欠かせません。また、バドミントンの基本動作（体の使い方）を身につけることも大切です。体幹のトレーニングやコーディネーション強化に役立つ縄跳び、フットワーク強化につながるチャイナステップとステップワークをご紹介しましょう。

体幹トレーニング

ひざを床につける

●左手と右ひざで体を支え、右手と左足を一直線に伸ばす

●右手と左ひざで体を支え、左手と右足を一直線に伸ばす

●左手と左ひざで体を支え、右手と右足を一直線に伸ばす

●右手と右ひざで体を支え、左手と左足を一直線に伸ばす

前腕を床につける

●左手の前腕と右足で体を支え、右手と左足を一直線に伸ばす

●右手の前腕と左足で体を支え、左手と右足を一直線に伸ばす

●左手の前腕と左足で体を支え、右手と右足を一直線に伸ばす

●右手の前腕と右足で体を支え、左手と左足を一直線に伸ばす

◆体幹の強化はプレーの向上に欠かせません。体幹は特にバック奥のラウンドザヘッドの苦しい体勢のときに大きな影響を与えます。打ったあとの体勢が崩れ次動作が遅くなってしまうからです。すべての種類を行うとかなりの時間を要するので、バドミントンのプレーの向上に必要なものを厳選してご紹介します。1回を15～20秒かゆっくり15～20数えましょう。応用はゆっくりのスピードで腕や足を上下・左右に動かしましょう。

腕立て伏せの姿勢で

●左手と右足で体を支え、右手と左足を一直線に伸ばす

●右手と左足で体を支え、左手と右足を一直線に伸ばす

●左手と左足で体を支え、右手と右足を一直線に伸ばす

●右手と右足で体を支え、左手と左足を一直線に伸ばす

スタンディングの姿勢

●左足で体を支え両手を横に伸ばし、頭と右足が一直線のフィギュアスケートのポーズをとる

●右足で体を支え両手を横に伸ばし、頭と左足が一直線のフィギュアスケートのポーズをとる

●左ひざを曲げ、右足を後ろでクロスし横に伸ばす

●右ひざを曲げ、左足を後ろでクロスし横に伸ばす

縄跳び

【動きの伴う縄跳び】

●（1）2重跳び（①前進・②後退）
※正しい姿勢で行うこと

●（2）両肩入れ替え（①前進・②後退）

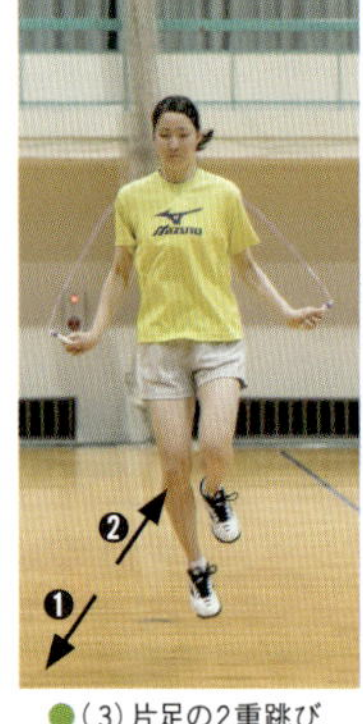

●（3）片足の2重跳び（①前進・②後退）

●（4）左右開閉ステップ（①前進・②後退）

●（5）前後ステップ（①前進・②後退）

●（6）クロスステップ（①前進・②後退）

●（7）もも上げ（①前進・②後退）

●（8）V字（①前進・②後退）

◆動きを伴う縄跳びと動きの伴わない縄跳びの2種類を行いましょう。2重跳びは1分間に120回が目標です。動きを伴う縄跳びは、コーディネーション（調整力）の強化に役立ちます。ラリーが長くなると自分からミスをする選手は、コーディネーション不足に原因があります。1重跳びと2重跳びの動きを伴う縄跳びで克服しましょう。

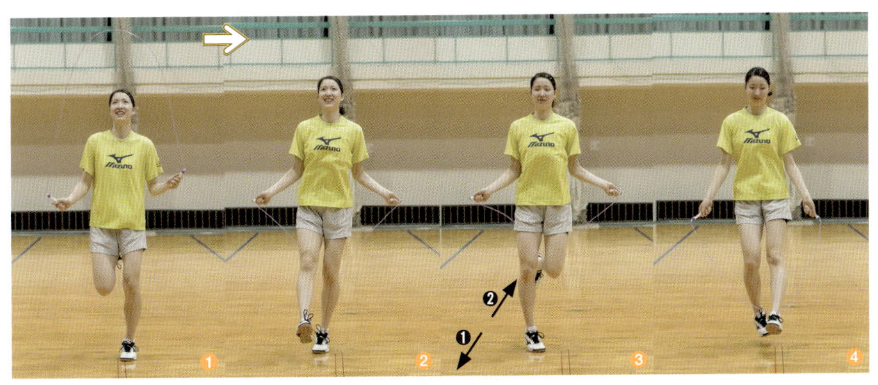

●（9）ボクシングステップ（①前進・②後退）

【動きの伴わない縄跳び】

（1）2重跳び［1分間に120回以上で5～10セット］
（2）3重跳び［連続30回以上が目標（女子も含む）］
（3）コーディネーション跳び［動きの伴わない縄跳び（10）を参照。回数をランダムに設定すると、より練習効果がアップします］
（4）1歩前進・2歩後退（2歩前進・1歩後退）
（5）4方向への1歩目
1=フォア前　2=バック前　3=フォア奥　4=バック奥
（6）左右の開閉ステップ［動きの伴う縄跳び（4）を参照］
（7）前後ステップ［動きの伴う縄跳び（5）を参照］
（8）V字［動きの伴う縄跳び（8）を参照］
（9）クロスステップ［動きの伴う縄跳び（6）を参照］
（10）ボクシングステップ［動きの伴う縄跳び（9）を参照］
（11）もも上げ［動きの伴う縄跳び（7）を参照］
（12）両肩入れ替え［動きの伴う縄跳び（2）を参照］
（13）左足を軸に右足の前後入れ替え（※写真最下段1.2）
（14）右足を軸に左足の前後入れ替え［（13）を参照］

●（10）2重跳びと1重跳びを交互のコーディネーション跳び（①前進・②後退）

チャイナステップ

◆チャイナステップは、バドミントンの基本動作(体の使い方)やフットワークの強化に最適ですが、リズム感を養う上でも効果があります。縄跳びと同様に速い、遅いの2つのリズムを使い分け練習しましょう。

●(1)右奥への片足交互ステップ

●(2)左奥への片足交互ステップ

●（3）拇指球を使う足の左右開閉

●（4）片足交互の前後ステップ

●（5）両足の前後入れ替え（ジャンピングランジ）

●（6）左右斜め前へ両足ジャンプ

●（7）両足のクロスステップ

●（8）左右へ大きくサイドスプリット

●（9）足の間隔が広いツイストステップ

●（10）足の間隔が狭いツイストステップ

●（11）両足ジャンプによる体の入れ替え

●（12）両足のツイストステップ

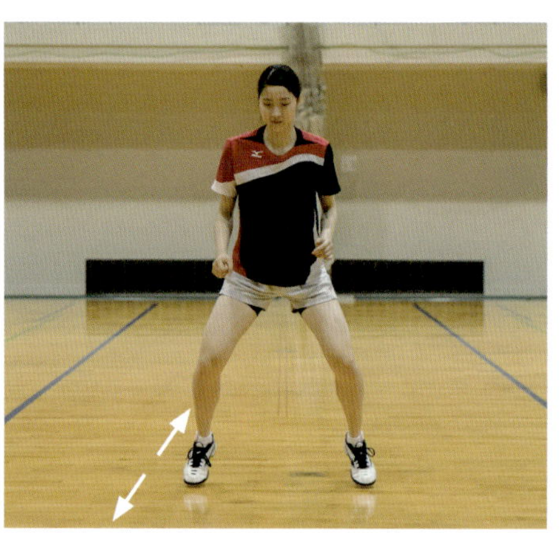

●（13）前後に小さく速いジャンプ

●（14）前方へリズミカルに蹴りだすステップ

●（15）斜め横へリズミカルに蹴りだすステップ

●（16）スクワットから左右へサイドスプリット

●（17）ももを上げ前でツイスト

●(18) ももを上げ後ろでツイスト

●(19) 左足を軸に右足を前後に入れ替えるツイストステップ

●(20) 右足を軸に左足を前後に入れ替えるツイストステップ

ステップワーク

◆シャセ（送り足）やランジング姿勢の前進・後退、スキップ、もも上げなどのステップワークは、チャイナステップ同様にフットワークの強化に最適で、リズム感を養う上でも効果があります。フットワークの前段階で、ステップワークをしっかり行うと、各種のステップをフットワークに自由自在に取り入れることができます。

●（1）両足を開閉するシャセA、写真は左方向への横移動ですが、右方向・斜め前進・斜め後退も同様に行います。

●（2）両足の間隔を一定に保つシャセ、写真は左方向への横移動ですが、右方向・斜め前進・斜め後退も同様に行います。

●（3）クロスビハインドステップ（後ろで交差）の後退

●(4)もも上げ回し前進

●(5)もも上げ回し後退

●(6)両足の間隔が狭いジャンピングツイスト、写真は前進ですが、後退も同様に行います。

●(7)両足の間隔が広いジャンピングツイスト、写真は前進ですが、後退も同様に行います。

●(8)両肩入れ替え、写真は前進ですが、後退も同様に行います。歩幅を小さく・歩幅を大きくの2種類を使いましょう。

●(9)ランジング姿勢、写真は前進ですが、後退も同様に行います。

●(10)スクワットの横移動（カニ歩き）

●(11)バスケットバランス（片足沈み込みバランス、写真は斜め前進ですが、斜め後退も同様に行います。

●(12)大きい歩幅のダッシュ

●(13)ランニングステップで右足着地のダッシュ

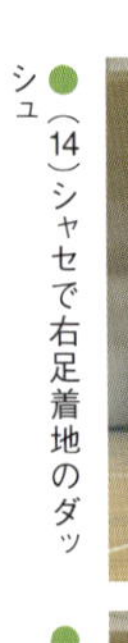
●(14)シャセで右足着地のダッシュ

●(15)軸足ジャンプの後退

●(16)インディアンステップ(小刻みステップ)前進と後退の2種類を使いましょう。

●(17)ツーステップの斜め前進

●(18)右→左、左→右のスキップステップの後退

●(19)前後に小さく速いジャンプ、写真は前進ですが、後退も同様に行います。

●(20)両足の開閉ステップ、写真は前進ですが、後退も同様に行います。

●(21)クロスフロントステップ(前で交差)の後退

●(22)両足の前後入れ替え、写真は前進ですが、後退も同様に行います。

●(23)もも上げダッシュ、写真は前進ですが、後退も同様に行います。

●（24）サイドスプリットの横移動、写真は歩幅を小さくですが、歩幅を大きくも同様に行います。

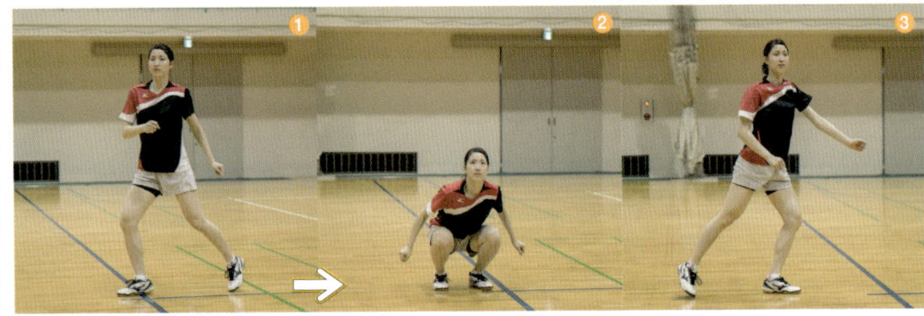

●（25）スクワットからのサイドスプリットの横移動

●（26）V字、写真は前進ですが、横移動・後退も同様に行います。

●（27）前方（後方）にリズミカルに蹴り出す。写真は前進ですが、後退も同様に行います。

●（28）左足を軸に右足を前後に入れ替え後退、右足を軸に左足を前後に入れ替え、後退も同様に行います。

ラケットを使ったステップワーク

◆前項では、バドミントンのフットワーク強化につながるステップワークをご紹介しました。ここでは、ラケットを使ったステップワークをご紹介しましょう。

●（1）シャセAの直進

●（2）シャセBの直進

●（3）ツーステップの直進

●（4） 1歩動の直進

●（5）シャセAのジグザグ前進

●（6）シャセBのジグザグ前進

●（7）ツーステップのジグザグ前進

●（8） 1歩動のジグザグ前進

●（9）体を入れ替えない連続ジャンプスマッシュ前進

●（10）シャセAの後退、写真はシャセが1回ですが、2回・シャセが3回も同様に行います。

●（11）シャセBの後退、写真はシャセが1回ですが、2回・シャセが3回も同様に行います。

●（12）シャセAのジグザグ後退

●（13）シャセBのジグザグ後退

●（14）両肩入れ替え、写真は前進ですが、後退も同様に行います。

●（15）サイドジャンプの横進、写真はフォアハンドですが、ラウンドザヘッドも同様に行います。

●（16）サイドジャンプのジグザグ後退

第3章

フットワーク

ゲームにおいて、相手の打ったシャトルはコートのあらゆる場所に飛んできます。ゲームを有利に進めるためには、落下点に素早く移動するフットワークが欠かせません。ランニングステップ、シャセ、スキップ、ツーステップ、クロスステップ、ピボットターン、１歩動や2歩動などを組み合わせ、より効率的なフットワークで落下点に入りましょう。

フットワーク

ステップワーク

◆飛んでくるシャトルに対して、素早く落下点に入る。言葉にすれば簡単な動作のフットワークが、実はあらゆるレベルのプレーヤーにとって難しいのです。そのフットワークを正確に速くするためには、7つのステップワークをマスターすることから始めましょう。

❶ランニング(交互)ステップ

後ろ→前

ランニングステップ

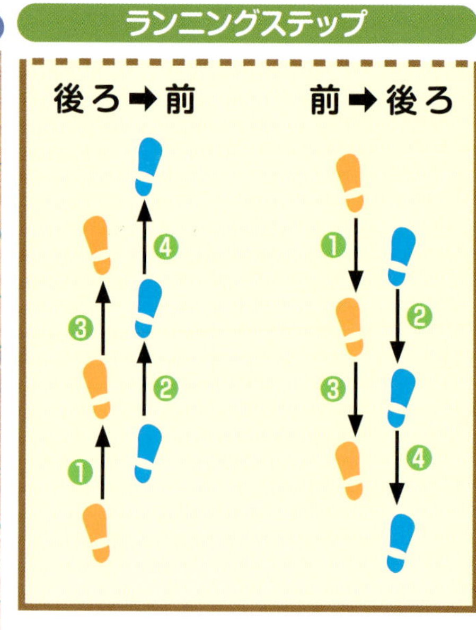

前→後ろ

❷シャセ（送り足）

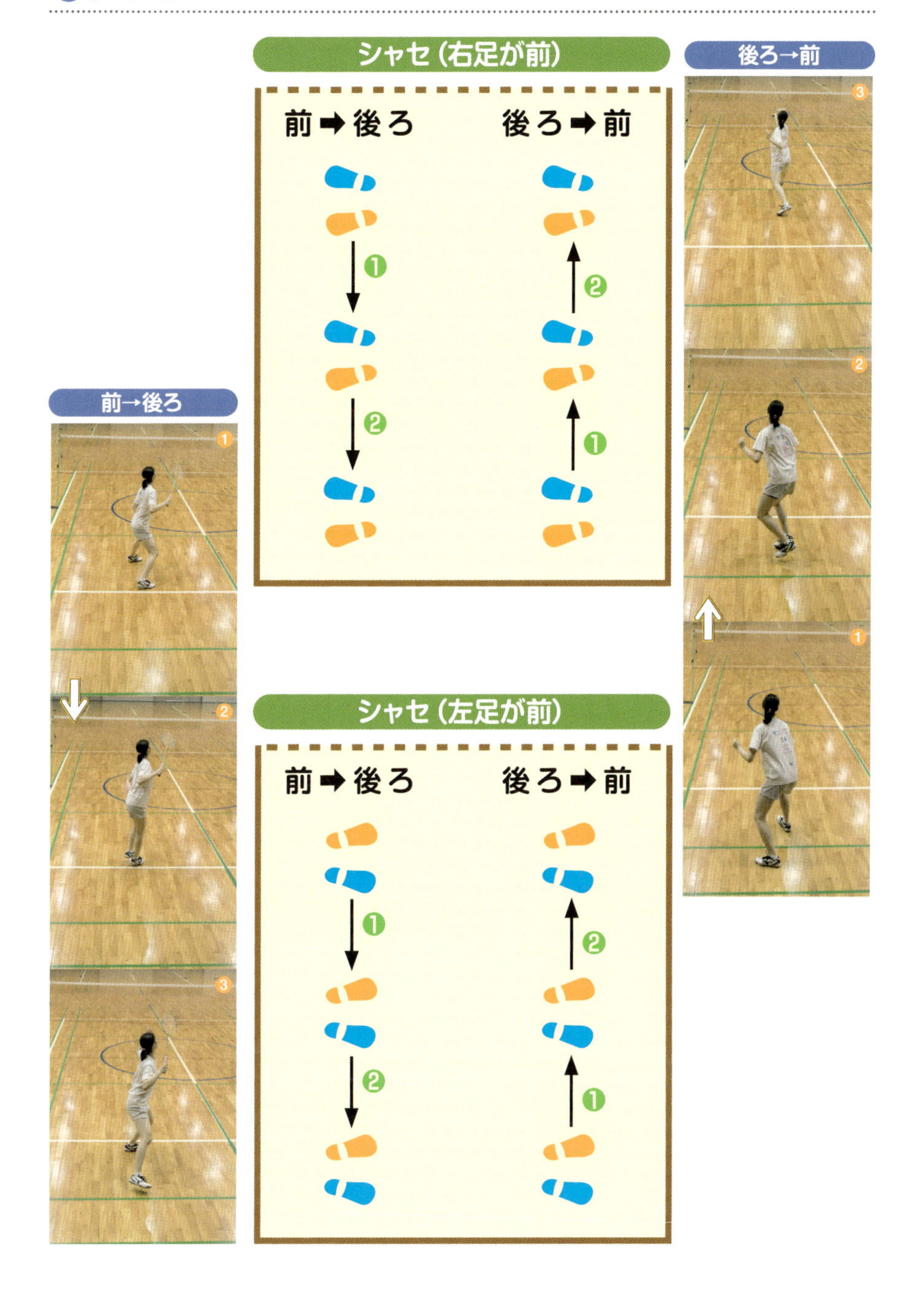

❸スキップ

左 → 左

❹ツーステップ

⑤クロス(交差)ステップ

クロスステップ

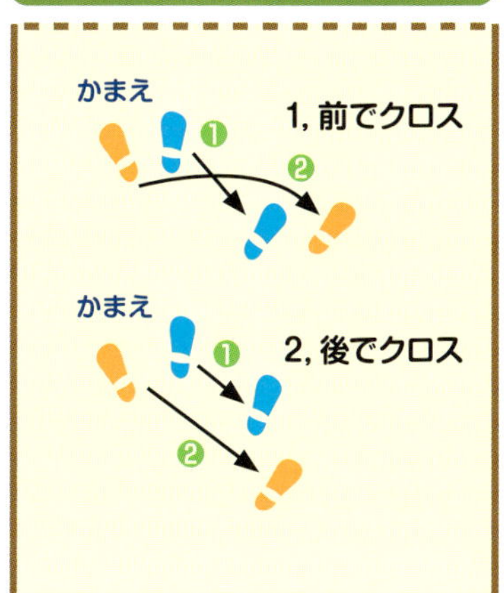

後ろクロス

⑥ピボットターン

ピボットターン

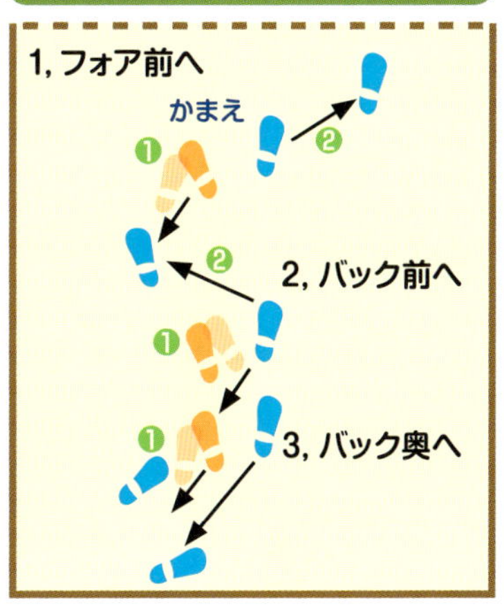

⑦1歩動

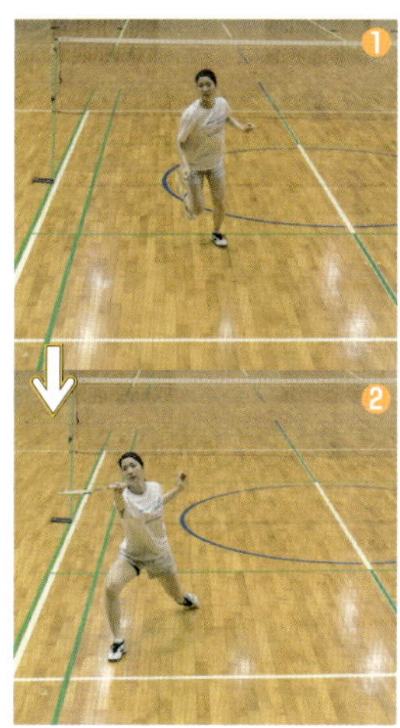

フォア前

1歩道

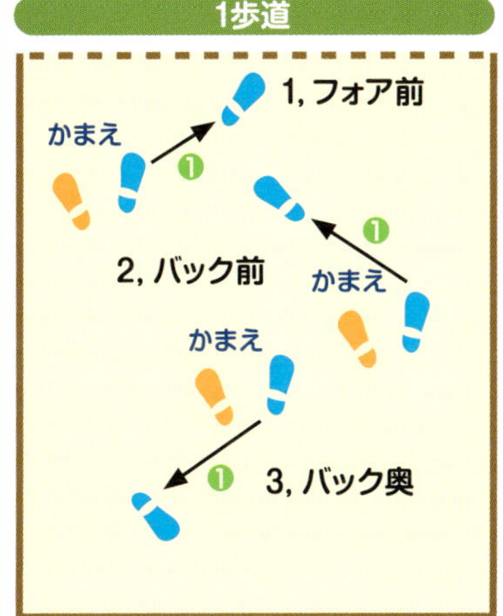

バック前

フォア前のフットワーク

❶3歩動のランニングステップ

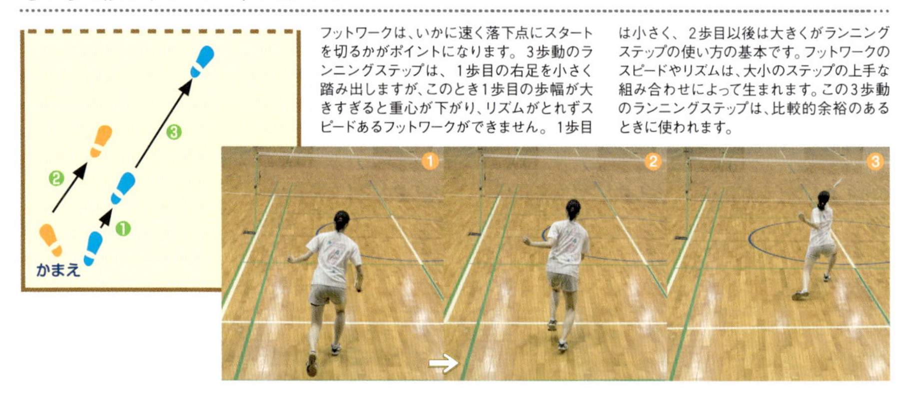

フットワークは、いかに速く落下点にスタートを切るかがポイントになります。3歩動のランニングステップは、1歩目の右足を小さく踏み出しますが、このとき1歩目の歩幅が大きすぎると重心が下がり、リズムがとれずスピードあるフットワークができません。1歩目は小さく、2歩目以後は大きくがランニングステップの使い方の基本です。フットワークのスピードやリズムは、大小のステップの上手な組み合わせによって生まれます。この3歩動のランニングステップは、比較的余裕のあるときに使われます。

❷ピボットターンと2歩動のランニングステップ

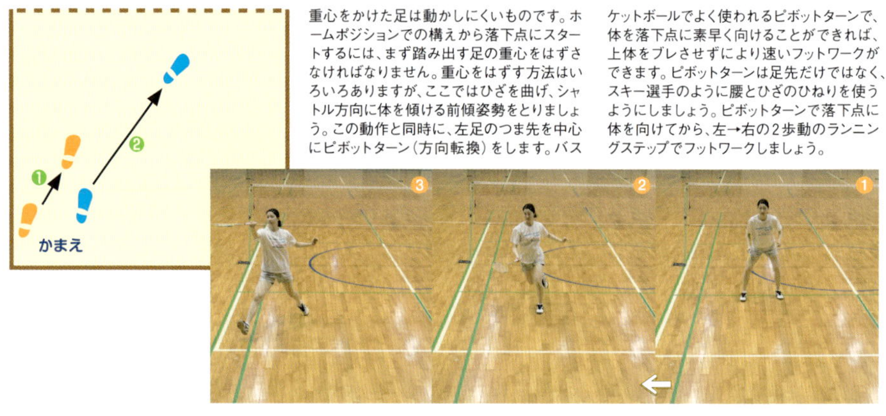

重心をかけた足は動かしにくいものです。ホームポジションでの構えから落下点にスタートするには、まず踏み出す足の重心をはずさなければなりません。重心をはずす方法はいろいろありますが、ここではひざを曲げ、シャトル方向に体を傾ける前傾姿勢をとりましょう。この動作と同時に、左足のつま先を中心にピボットターン（方向転換）をします。バスケットボールでよく使われるピボットターンで、体を落下点に素早く向けることができれば、上体をブレさせずにより速いフットワークができます。ピボットターンは足先だけではなく、スキー選手のように腰とひざのひねりを使うようにしましょう。ピボットターンで落下点に体を向けてから、左→右の2歩動のランニングステップでフットワークしましょう。

❸クロス（交差）ステップ

1980年にＩＢＦ（国際バドミントン連盟＝現ＷＢＦ）入りした中国は、圧倒的な強さでその後の世界のバドミントン界に大きな影響を与えました。その中国のシングルスの強さの秘密の一つにフットワークがあります。シャセ（送り足）、クロスステップ、フットワークにジャンプを多用する、最後の一歩を大きく跳びつくなど、そのフットワーク技術は、大きな衝撃と革命的な変化を各国のバドミントンに与えました。その中でもこのクロスステップは、典型的な中国式のフットワークと言えますが、現在の中国選手はあまり使っていません。上体が大きくぶれ、フットワークにロスが生まれるからです。①落下点に右足を踏み出す→②左足を右足の後ろにクロスする→③右足で床を鋭く蹴り、最後の1歩を大きく踏み出す、順にフットワークをします。

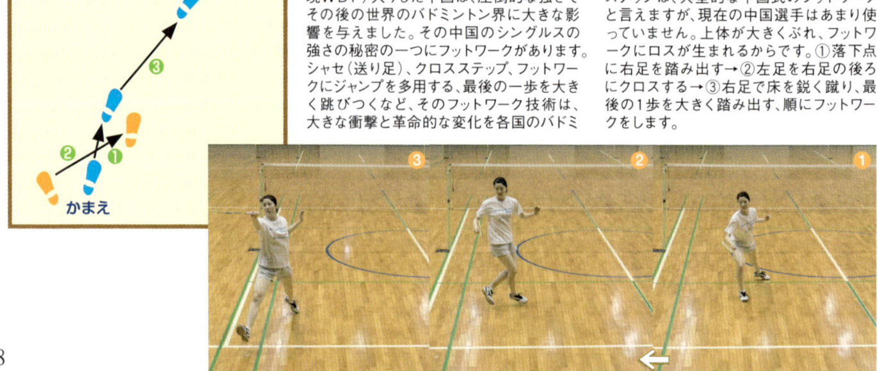

❹シャセ（送り足）

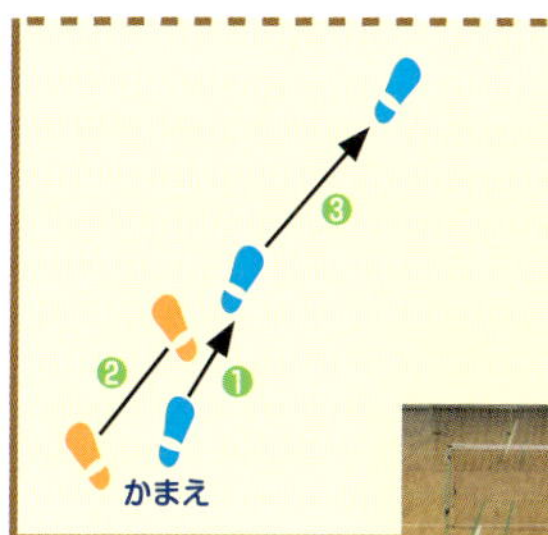

シャセの特徴は、①リズムがとりやすくスピードが出る、②落下点に対して直線的なフットワークができ方向のブレがない、③上体が安定し体の上下動が少ない、④左足で床を鋭く蹴りやすく最後の1歩をより大きくできる、などがあります。ホームポジション付近の構えから、右ひざを少し内側に入れ重心をはずし、右足の1歩目を出しやすくします。次に右足を落下点に踏み出し、左足を右足方向に送り、着地と同時に床を鋭く蹴り最後の1歩を大きくします。余裕のあるときはシャセA、逆に余裕のないときはシャセB、と使い分ければフットワークは大きくレベルアップします。シャセAは左足の着地を右足の位置に送り、シャセBは1歩目の右足の着地と同時に左足を小さく踏み出します。右足と左足の間隔を開けるのがシャセBですが、これを使えるとフットワークが格段にアップするので、普段のフットワークのスピード練習にぜひ取り入れてください。

❺ツーステップ

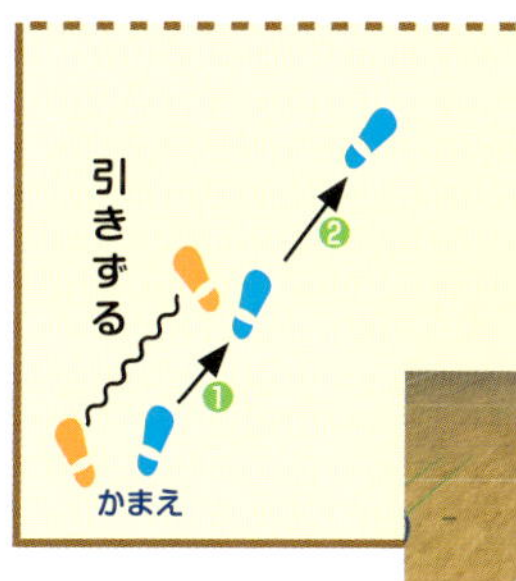

フェイント気味にドロップ（カット）を打たれたとき、普通のフットワークの足運びのスピードでは間に合わず、ノータッチが多くなってしまいます。それに対応するには、右→右の右足だけのツーステップが必要になります。右足を1歩踏み出し、右足のパワーだけでもう1歩を落下点に踏み出しますが、このとき左足は引きずるような感覚になります。長い距離をツーステップで移動するステップワークやイスに左足を乗せる右→右のステップ練習などでマスターしましょう。読者のみなさんは難しいステップと思われるでしょうが、そんなことはありません。プッシュを打つときみなさんは、自然に右→右のツーステップを使っているので、それの下バージョンだと考えればよいのです。フットワークのリズム感を養う上でも大切なステップ法ですし、これをマスターすればフォア前のノータッチが格段に少なくなります。

❻1歩動

逆を突かれフェイント気味にフォア前に落とされたときなど、どうしてもノータッチが多くなってしまいます。そのとき無意識に落下点と逆方向のバック奥へ左足を踏み出し、その反動を使ってリバース（逆）ステップで落下点に跳び出すステップ法があります。しかし、一瞬とはいえ逆方向へ1歩目を踏み出すのですから、出遅れてしまうのは間違いありません。このとき重心移動で左足が逆方向に流れるのを防ぎ、重心をかけた左足で瞬間的に床を蹴り、1歩動で落下点に跳び込みましょう。ゲームでは相手はたえず自分の予想の逆を突くことを考えています。普段から逆を突かれることを想定し、1歩動やリバースステップのフットワーク練習が必要になります。フットワークに限らず、普段の練習では一番苦しい体勢での返球を常に頭に置きながら、練習しなければなりません。簡単なようでなかなかできない練習意識だと言えます。

バック前のフットワーク

❶ピボットターンと1歩動のランニングステップ

フットワークには、こう動かなければならないというステップはありません。相手のショットによってステップ法、歩数、歩幅が変化するのです。1歩動のフットワークは、フォア前に比べバック前で使われるケースが圧倒的に多くなります。フォア前は落下点の近くに右足があり、右→左→右のシャセが使いやすいのですが、バック前は右足が落下点より遠いので腰やひざのひねりで右足をクロス気味にひねらないとシャセのステップが使えません。つまり、シャセのバック前は、フォア前に比べ動作が一つ多くなるのです。左足の小さい1歩を踏み出せればよいのですが、出遅れたときは左足の鋭い蹴りを使い、落下点に1歩で大きく跳び込みましょう。このとき、左足のピボットターンを使い落下点の方向に体を向けると、1歩動の歩幅が大きくなります。

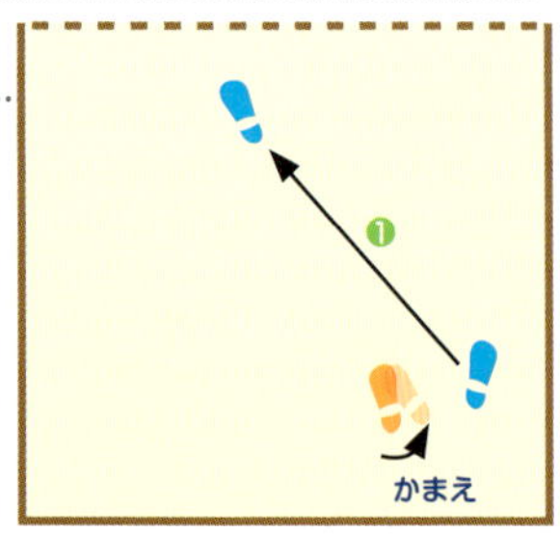

❷2歩動のランニングステップ

左ひざを少し内側に入れシューズと床の接触面を少なくし重心をはずします。瞬時に重心をはずすことが速い1歩目を生み出し、フットワークのスピードアップを可能にします。ここでは小さく左足を落下点の方向に踏み出し、次に左足で床を鋭く蹴り右足を大きく踏み出します。シングルスのフットワークが遅い、と悩んでいる選手が多いと思いますが、シングルスのコートは長くても8.469メートルで、実際には体や腕を伸ばして打つので、長くてもせいぜい5～6メートルを速く動けばよいのです。シングルスのフットワークを速くするには、1歩目のスタートと打球後の動作をいかにスピードアップするかです。足が遅い、足が速いなどは他の競技に比べ、あまり関係ないので、前述の2つを意識しながら練習するとフットワークの悩み事は解決されます。

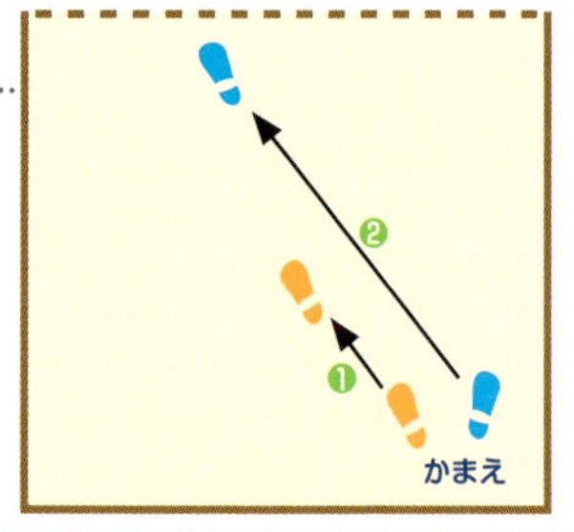

❸3歩動のランニングステップ

余裕のあるときのステップ法と言えますが、左足に体重をかけて右足の重心をはずし、1歩目のスタートをスムーズにしましょう。バック前の右足からの1歩目は、どうしても落下点に近い左足から踏み出しがちですが、2歩動になりフットワークの移動距離が短くなってしまいます。バック前への長い距離を移動するには、右足が1歩目の3歩動のランニングステップのマスターが必要です。腰とひざの鋭いひねりと方向転換が必要になりますが、それにはチャイナステップのトレーニングが効果的で、1回15〜20秒程度を数セット、スピードをつけて行いましょう。

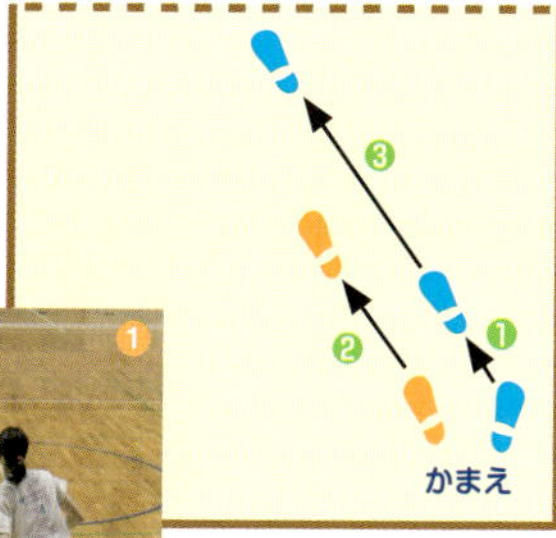

❹シャセ(送り足)

フォア前に比べバック前のシャセは難しくなります。フォア前では腰のひねりはあまり必要としませんが、バック前では大きな腰のひねりで1歩目の右足を落下点の方向に踏み出すからです。バック前でシャセを使うのが苦手なのは、ホームポジションの構えで腰やひざの鋭いひねりによる方向転換が悪いからです。1歩目の右足をできるだけ大きく踏み出し、次に左足で床を鋭く蹴って、最後の1歩の右足を大きく踏み出しましょう。余裕のあるときは左足を右足の近くに送るシャセAを使い、余裕がないときは1歩目の右足の着地と同時に、両足の間隔を開けた状態で左足を踏み出すシャセBを使うのは、フォア前と同じです。1歩目に腰の大きなひねりを使う分、シャセのバック前はフォア前より難しくなりますが、慣れてくるとランニングステップよりシャセのほうがリズムがとりやすいので、スムーズなフットワークができます。

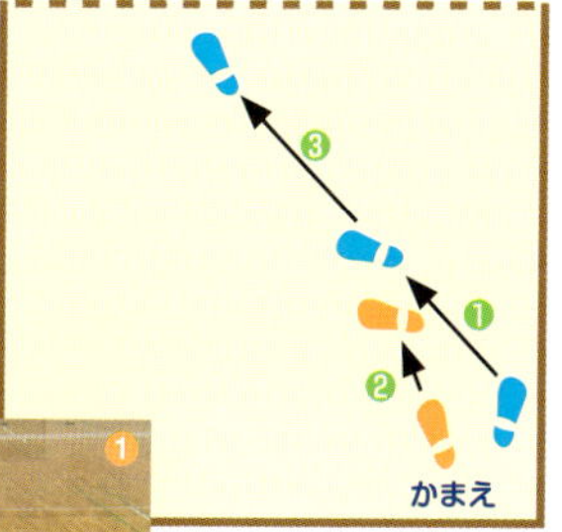

❺ツーステップ

バック前のフットワークで、ツーステップを使う選手をあまり見かけません。フォア前のツーステップと違い、腰をひねってからのツーステップになり、どうしても1歩動になってしまうからです。しかし、その1歩動をツーステップに変化させると、打点が高くなり今までノータッチのケースもなくなります。フォア前のツーステップと同じく、腰の鋭いひねりで右足を落下点に大きく踏み出し、右足のパワーで右→右とステップします。このとき左足を伸ばしながら引きずるようにしましょう。ツーステップは、足の筋力や体のバランスが最大限に要求されますが、マスターするとフットワークの大きな武器になるのは間違いありません。

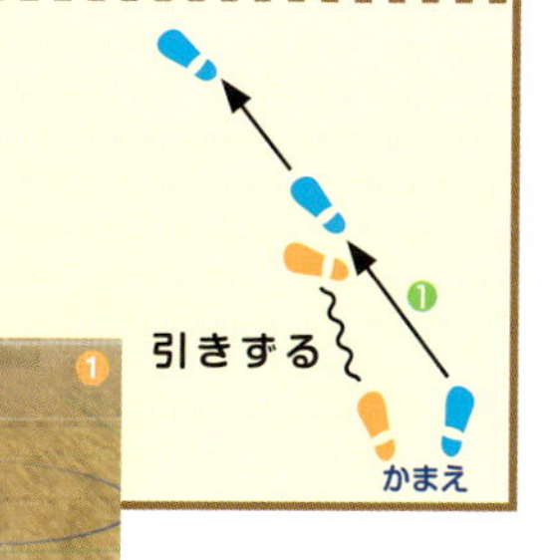

フォア奥のフットワーク

❶ランニングステップ

フォア奥のフットワークは、ランニングステップよりシャセ（送り足）のほうが圧倒的に多くなります。腰をひねり体を入れ替えるオーバーヘッドのスイングより、体を入れ替えないサイドジャンプのスイングの返球が多いからです。しかし、体を入れ替えるオーバーヘッドのスイングのほうが、威力のあるストロークが打てることに間違いありません。ホームポジション近くの構えから右足で1歩目を出し、次に左→右と3歩動のランニングステップで落下点に入ります。ランニングステップの特徴は、フットワークのスピードはあまり出ませんが、移動距離が大きいことです。最近のゲームでは、ランニングステップ、シャセ、クロスステップ（フォア奥に追い込まれたとき）を、状況に応じて使い分けるのが主流になっています。

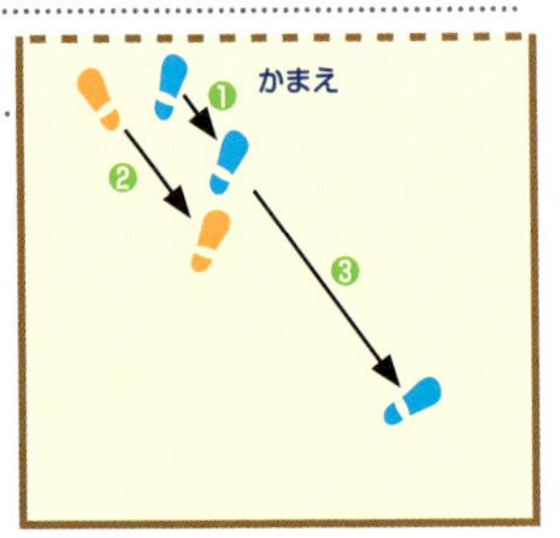

❷サイドジャンプ

ドリブンクリアーやアタックロブなどスピードのある攻撃的なフォア奥への攻撃に対し、体を入れ替えず1歩動のサイドジャンプで返球します。ホームポジションの構えから、腰のひねりで右足を落下点方向に1歩出し、その右足で床を鋭く蹴り体の後ろへ大きくジャンプします。サイドジャンプは、ジャンプの高さと空中のボディバランスがポイントになります。前腕とラケットを一直線に立て、腕のパワーを最大限に使い、インパクトの瞬間はシャトルを弾くような感覚で打ちましょう。バスケットボールのシュートのように、一瞬の静止感覚で返球するようにします。このとき体がタテに入りすぎたり、ひじが下がっていると打ち遅れてしまいます。サイドジャンプは、オーバーヘッドのフォームの良否が問われます。

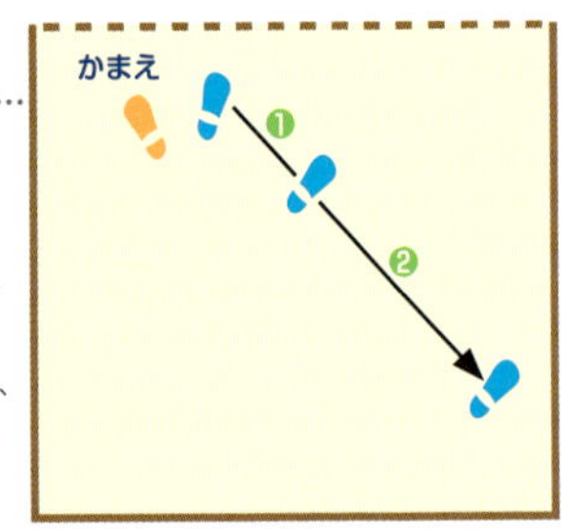

❸シャセ(送り足)

シングルスはバック奥よりフォア奥が弱点になり、苦手としている選手も多いと思います。バック奥はハイバックハンドがマスターできれば、追い込まれた体勢からでも容易に返球できるからです。また、フォア奥への1歩目の腰のひねりがしにくいことも原因です。フォア奥のフットワークは、ラケットを落下点に素早く移動させ、ラケットがフットワークのステップをリードするという意識がポイントになります。右足に重心(体重)をかけ、腰のひねりを使い1歩目を出し、次に左足を送ります。余裕のあるときは右足の着地点に左足を送るシャセA、余裕のないときは両足の間隔を開けながら右足と同時に左足を着地するシャセB、この2つを使い分けるとよりスピードアップが図れます。最後に右足を落下点に踏み出しますが、甘いコースは両肩を入れ替え、厳しく奥を突かれたときは、ここから大きくサイドジャンプして打ち返します。

❹クロスステップ(後ろで交差)

フォア奥に追い込まれたときに多く使われますが、クロスするときの体のバランスとリズムが難しくなります。左足の使い方が悪いと、スムーズなクロスができなかったり、極端に小さいクロスステップになってしまいます。これでは最後の1歩の右足を落下点に大きく踏み出せません。クロスステップのダッシュやチャイナステップで、クロスのときの体のバランスやクロスステップの幅を大きくしましょう。このステップの1歩目の右足の方向に注意してください。つま先の方向が必要以上に落下点のフォア奥の方向に向いていると、1歩目から体が開いた状態になり、上体が大きくブレてしまいます。肩のラインがブレず上体が安定した姿勢と左足の鋭い蹴りが、直線的な最後の1歩の大きいフットワークを生み出します。

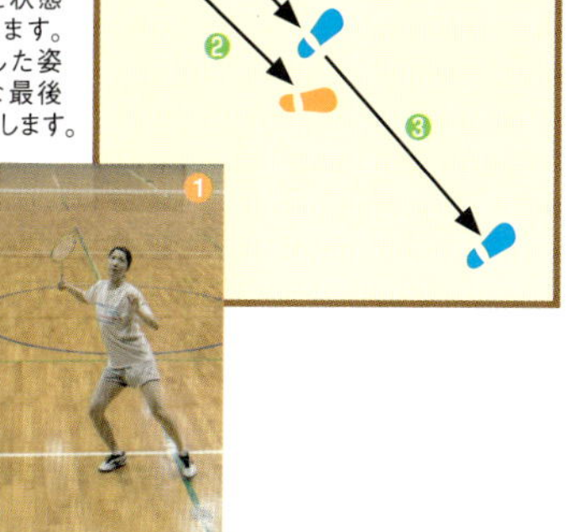

❺クロスステップ(前で交差)

同じ3歩動のクロスステップでも、前で交差のほうが後ろで交差するより余裕のあるフットワークと言えます。以前はこのステップ法を使う世界のトップ選手が多くいましたが、最近では後ろで交差するのが主流で、使われる頻度が極端に少なくなっています。後ろのクロスに比べ、前のクロスは上体のブレが大きくなるからです。大きなクロスステップができる利点がありますが、上体のブレでフットワークのスピードが遅くなりますし、直線的に落下点に入ることができません。

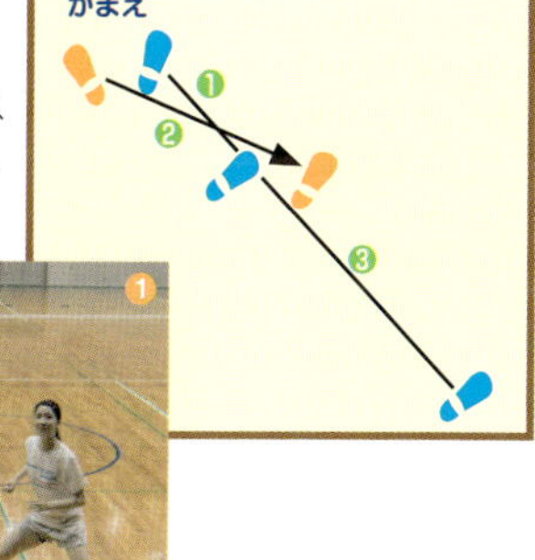

バック奥のフットワーク

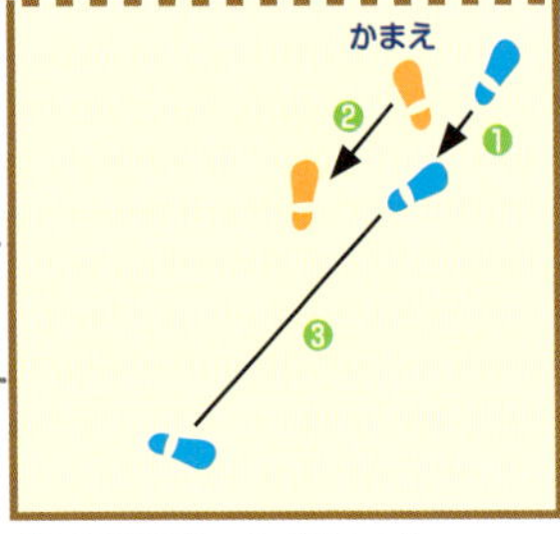

●3歩動のランニングステップ

❶ランニングステップ

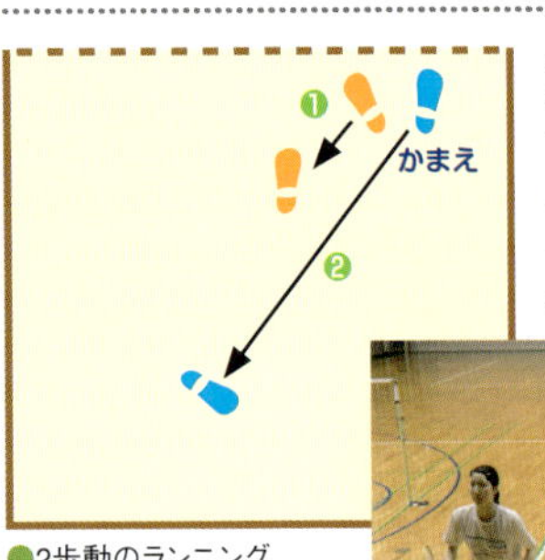

●2歩動のランニングステップ

バック奥のランニングステップは、左→右の2歩動と右→左→右の3歩動があります。もちろん、2歩動より3歩動のほうが余裕のあるときのフットワークと言えます。シャセは最初に、ランニングステップは最後に体を入れ替えます。いくら速いフットワークで落下点に入っても、体の入れ替えが遅ければ、結局は無理な苦しい体勢で打つことになります。最後の右足を大きく踏み出し、腰の鋭いひねりで素早く体を入れ替えることが、後ろへフットワークするときのチェックポイントです。

❷スキップ

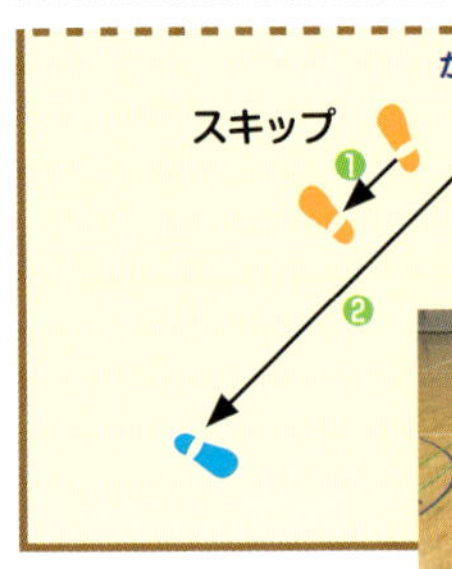

1歩動や2歩動のランニングステップでは落下点に入れない、このようなときにスキップのステップを使うと、フットワークの距離の調整に効果的です。ドリブンクリアーやアタックロブの速い攻撃に対し、素早いフットワークをするときに、このスキップを使いましょう。スキップをステップに取り入れるポイントはスキップの移動距離で、10〜20センチメートル移動できれば、スムーズにバック奥の落下点に入ることができます。後ろへ倒れるような感覚でスキップできるとよいのですが、体のバランスの取り方が難しくなります。バックスキップなどのバック走で、後ろへのバランス感覚をマスターしましょう。

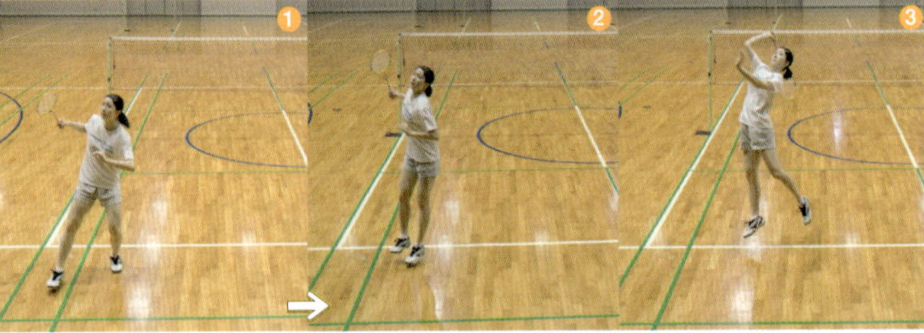

❸サイドジャンプ

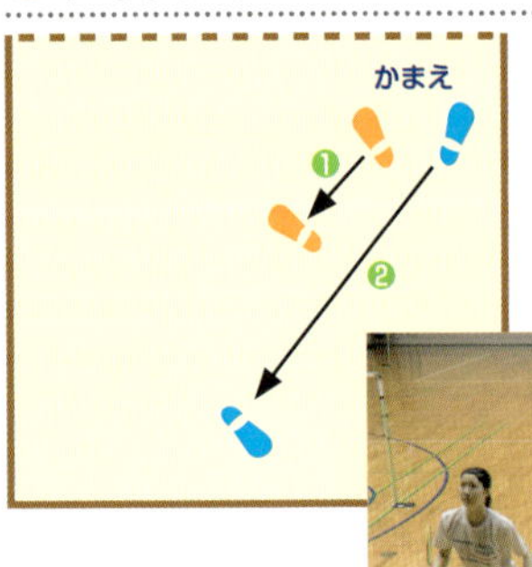

サイドジャンプのスマッシュはダブルスでよく使われます。また、ラリーのテンポが速くなった最近では、シングルスでもサイドジャンプでバック奥のシャトルに跳びつき、積極的に攻撃するパターンも多くなっています。バック奥の落下点の方向に出した1歩目の左足に重心（体重）をかけます。このとき左ひざを曲げ体を沈めると、より高い大きなジャンプができます。サイドジャンプは空中のボディバランスがポイントなので、滞空時間の長いジャンプを目指しましょう。引きつけた右足をインパクト直前に勢いよく前方に振り出し、その反動を利用しスマッシュのスピードをアップする打ち方もあります。サイドジャンプからのクロスへのスマッシュは、相手の予測の逆を突くためノータッチのエースを狙えます。

❹1歩動

実際のゲーム中のフットワークでは、バック前と同様にバック奥も1歩動で落下点に入ることが多くなります。ホームポジション近くの構えから腰のひねりを使い1歩で落下点に入りますが、できるだけ遠くへ着地するのがポイントです。1歩動は男子シングルスで多く使われますが、補助の足が使えないなどバック奥へ追い込まれたときなどは、女子選手でも使われるケースが多いようです。右足の鋭い蹴りによる腰のひねりがポイントになりますが、このとき右足のつま先方向を瞬時に内側に入れると、蹴りのパワーが格段にアップするのでぜひ取り入れてみてください。

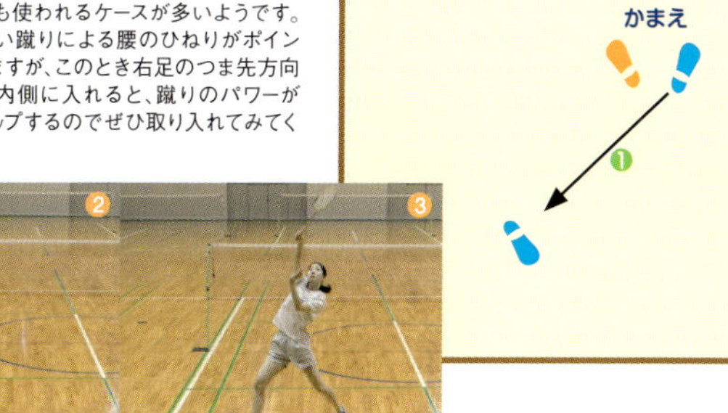

❺シャセ（送り足）

1歩動で落下点に十分な体勢で入ることができればよいのですが、実際はラウンドザヘッドの苦しい体勢を強いられ、それが原因で腰痛になることもあります。ホームポジションの構えから、右足で鋭く床を蹴り左足のピボットターンと腰の鋭いひねりで、右足を落下点のバック奥の方向に踏み出します。相手のショットが短ければ、この体勢からジャンプして体を入れ替えて1歩動で打ちますが、厳しいコースへシャトルが飛んできたときは、左足が前のシャセを使いフットワークします。余裕のあるときはシャセＡのステップ、余裕のないときはシャセＢのステップの補助の足を使い分けるようにしましょう。1歩目で右足が前のシャセＡを使い、次に腰をひねり打つ体勢に入るシャセのステップ法もありますが、相手の返球の状況に応じてステップを使い分けるようにしましょう。

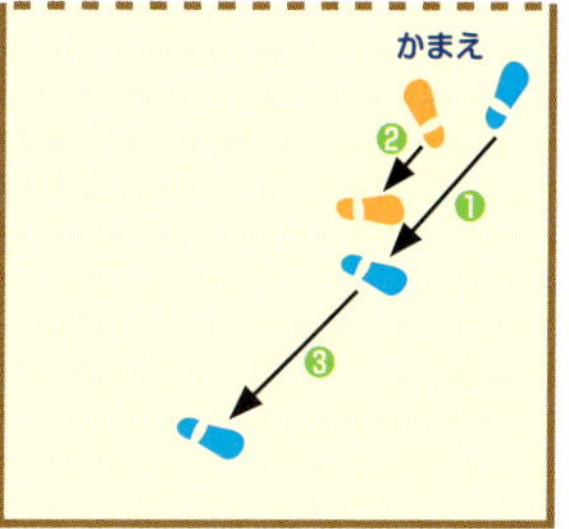

●1歩目で腰をひねる　●1歩目でシャセを使うステップ法

❻ハイバックハンド

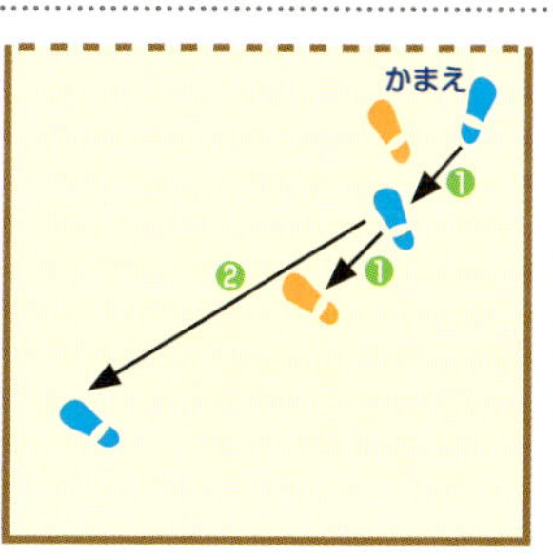

バック奥は、フォアハンドだと上体があおられた体勢で返球することが多いため、どうしても相手からこのコースを狙われるケースが多くなります。フォアハンドやラウンドザヘッドのオーバーヘッドで返球するのが理想ですが、このときハイバックハンドが打てれば、バック奥からの返球が格段に楽になります。センターライン近くの構えから、シャセを使うのは⑤と同じですが、着地した左足を軸に腰と上体を鋭くひねり、落下点に右足を大きく踏み出しましょう。

フォア横のフットワーク

❶シャセ(送り足)

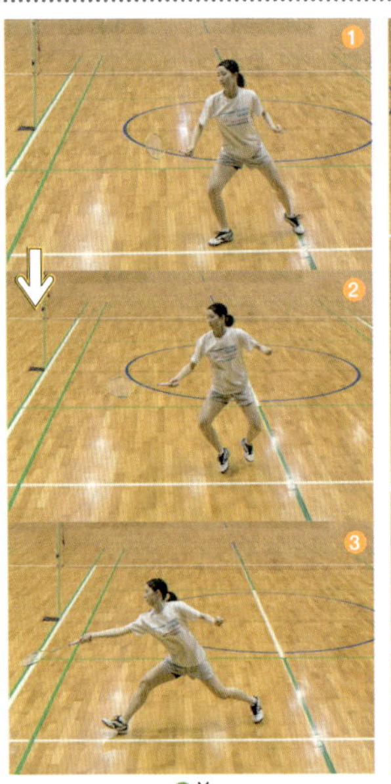

●前

●後ろ

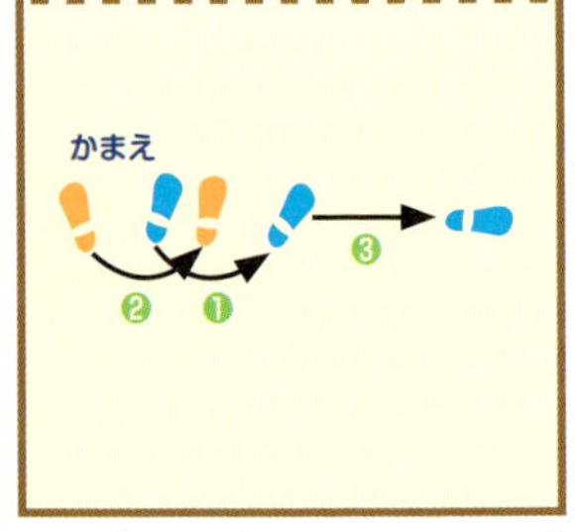

フォア横のシングルスのスマッシュレシーブのフットワークをご紹介します。フォア横のシャセは、右足を落下点に踏み出し、右足とほとんど同時に左足のBステップで両足の間隔を開けて着地し、右足を大きく踏み出します。スマッシュレシーブのポイントは、①構えの状態で重心(体重)を落とす、②構えの位置で腰を鋭くひねってから落下点に跳び出す、③打点を斜め前に、④ラケット面をつくり大振りしない、などです。

❷1歩動

●前

●後ろ

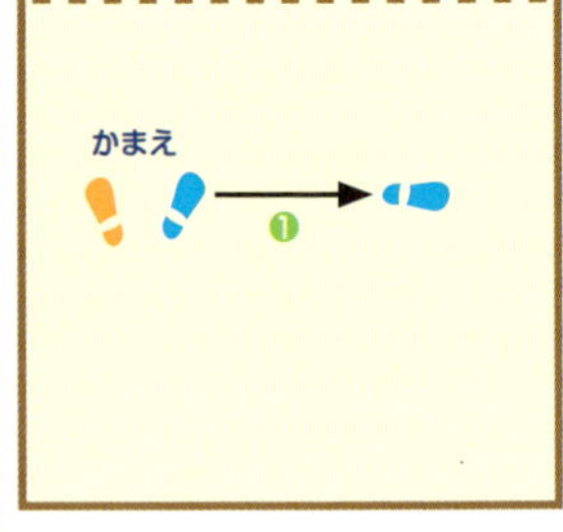

サイドラインぎりぎりに打たれたときなどは、シャセのステップを使う余裕がなく、1歩で体を落下点に跳び込まなければ間に合いません。スマッシュレシーブは、コースの見極めを速くする、つまり反応を速くすることが最大のポイントになります。ネットぎりぎりに忍び込むような球足が短い返球は、スピンネットが得意な選手にはかえって危険になるので、注意しなければなりません。意識的に球足の長い返球が、最近のスマッシュレシーブの傾向になっています。

バック横のフットワーク

❶左足の1歩動

●後ろ

●前

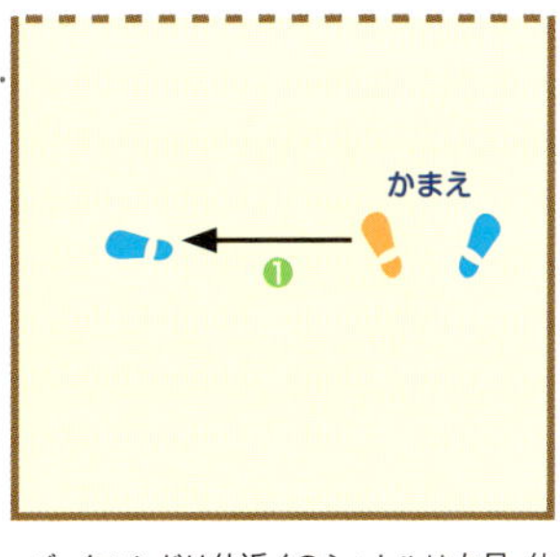

バックハンドは体近くのシャトルは左足、体から離れた遠いシャトルは腰をひねって右足でとらえるようにしましょう。スマッシュレシーブはまずラケット面をつくり、そのまま腕全体で押し出すような感覚で打つようにすると、コントロールが安定します。スマッシュレシーブは、スイングで返球してはいけません。構えから左足の重心（体重）をはずし、できるだけ遠くへ着地するようにします。

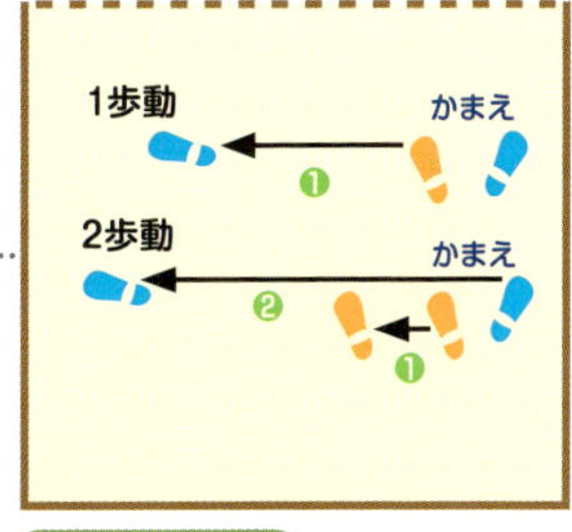

❷右足のクロス

構えの位置で鋭く腰をひねり落下点へ跳び出しますが、余裕のないときは1歩動、余裕があるときは左→右の2歩動とステップを使い分けましょう。右足がクロスのスマッシュレシーブは、ひざと腰の鋭いひねりがポイントになります。チャイナステップで強化しましょう。落下点に跳び出しながら腰をひねる選手を多く見ますが、これでは遅くなってしまいます。構えの位置でひざと腰をひねり落下点に跳び出すほうが、結果的には落下点への素早いフットワークになります。

1歩動

●後ろ

●前

2歩動

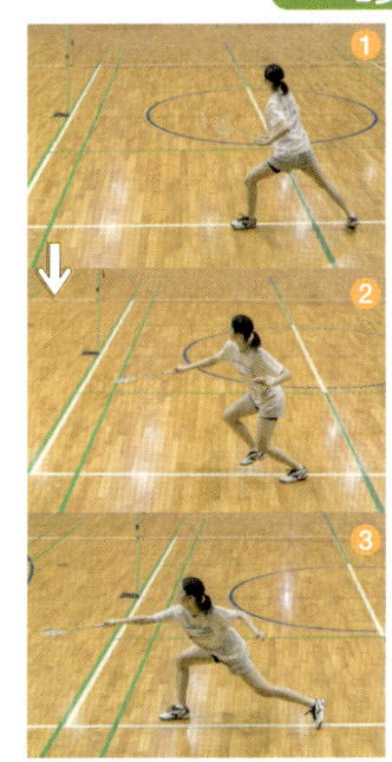

●後ろ

●前

ポジショニング

◆ネット前でヘアピンを打ったあとは、ホームポジションへは戻りません。同じところにヘアピンを打たれたら、再び前へフットワークしなければならず非効率になるからです。また、トップレベルの選手は、スマッシュをストレートへショートリターンしたとき、ショートサービスラインの近くまで移動し相手にプレッシャーをかけ、相手のヘアピンをプッシュやアタックロブで返球します。このように自分が打つストロークの威力やコースによって、相手の返球体勢からストロークの種類やコースを素早く予測します。それにより次動作の起点となるポジションを効率よい位置に変えるのです。もちろん、スマッシュが速い、クリアーやドロップ（カット）のコントロールがよい、スピンネットが鋭い、など自分の打つストロークに威力があれば、相手の返球が読みやすくなり、無駄なフットワークをしないですみます。つまり、ストロークの威力を高めることが、フットワークに大きな影響を与えるのです。ラリー状況に応じてポジションを次々に変化させることをポジショニングといいます。ポジショニングの悪い選手は、無駄の多い非効率なフットワークでゲーム展開をしてしまいます。それでは、実際のポジショニングについて、代表的な6つのケースをご説明しましょう。

❶ホームポジション近くの構え

フットワークの最大のポイントは、瞬間的に素早く落下点にスタートダッシュできるかです。それを可能にするには構え（準備姿勢）が大切になります。いくら素早く相手の返球コースを予測しても、構えが悪ければスタートの第1歩目を速く的確に踏み出すことができません。その構えのポイントは次のとおりです。

❶両足のスタンスは、肩幅より少し広めにとる。
❷ひざを軽く曲げ両足の親指の裏（拇指球）に体重をかけ、かかとを浮かす。
❸各関節をリラックスさせ、上体をやや前傾姿勢にする。
❹右足は左足よりシューズ半分くらい前に出し、柔道でいう自然体の構えをとる。
❺両足のつま先をやや外側に向け、足でリズムをとる。
❻シングルスコートは縦が横の約1.3倍長く、実際にプレーするとこの数字以上に縦が長いことを実感します。前後の比率を5対5ではなく、前がやや広い6対4くらいにホームポジションをとりましょう。

❷左右に構える位置を変える

❶フォアサイドから相手のサイドライン近くへロングサービスを打ったあとの構え。バック奥からストレートへドリブンクリアーやドロップ（カット）を打ったあとの構え。
❷バックサイドから、相手のサイドライン近くへロングサービスを打ったあとの構え。
フォア奥から体を入れ替えるオーバーヘッドで、ストレートへドリブンクリアーを打ったあとの構え。

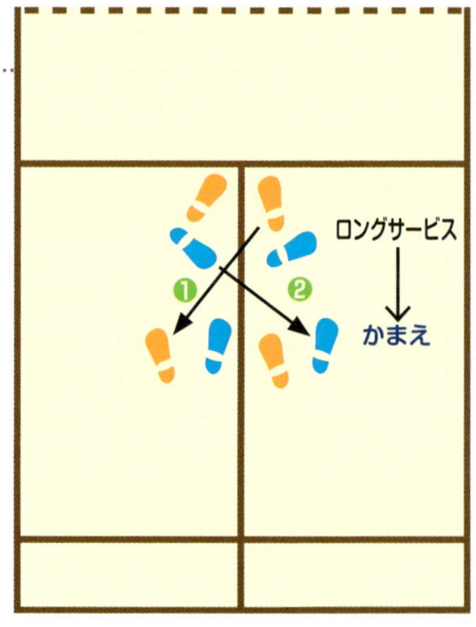

③ フェア奥からサイドジャンプでストレートに返球したあとの構え

❶フォア奥からサイドジャンプで、ストレートへドリブンクリアーやドロップ（カット）を打ったあとの構え。

④ スマッシュをストレートにショートリターンしたあとの構え

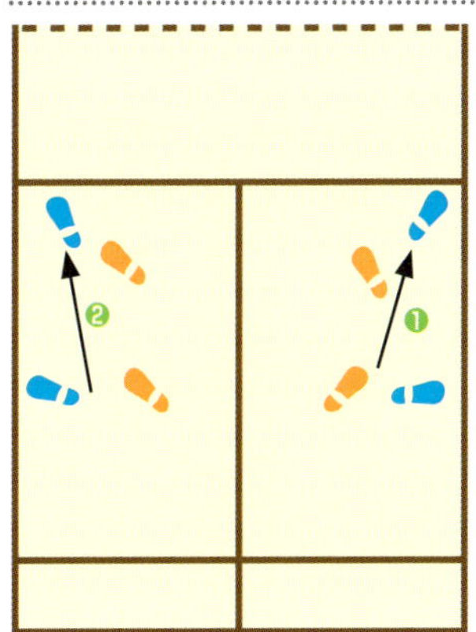

❶フォア横へスマッシュを打たれ、ストレートへショートリターンを打ったあとの構え。ヘアピンの返球なら右→右のツーステップでプッシュかアタックロブを打ち、ロブなら右足の蹴りで後ろへフットワーク。

❷バック横へスマッシュを打たれ、ストレートへショートリターンを打ったあとの構え。

ヘアピンの返球なら右→右のツーステップでプッシュを打ち、ロブなら右足の蹴りで後ろへフットワーク。

バック前からクロスヘアピン

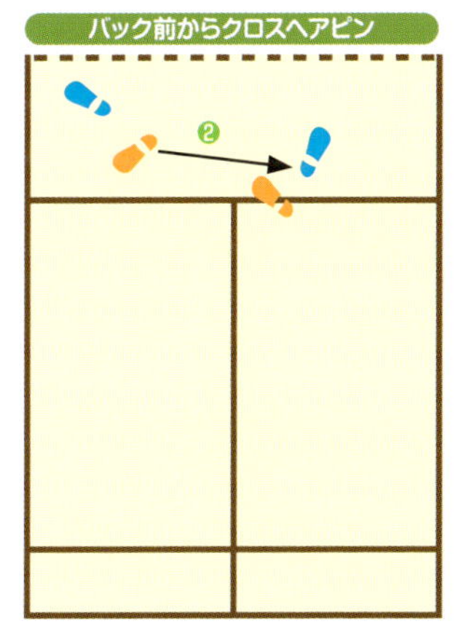

フォア前からクロスヘアピン

⑤ クロスヘアピンをしたあとの構え

❶フォア前からクロスヘアピンを打ったあとの構え。クロスヘアピンの良否に関係しますが、相手のヘアピンに対し跳び込んでバックハンドのプッシュを決めましょう。

❷バック前からクロスヘアピンを打ったあとの構え。クロスヘアピンの良否に関係しますが、相手のヘアピンに対し跳び込んでフォアハンドのプッシュを決めましょう。

⑥ ネット前で両足を入れ替える

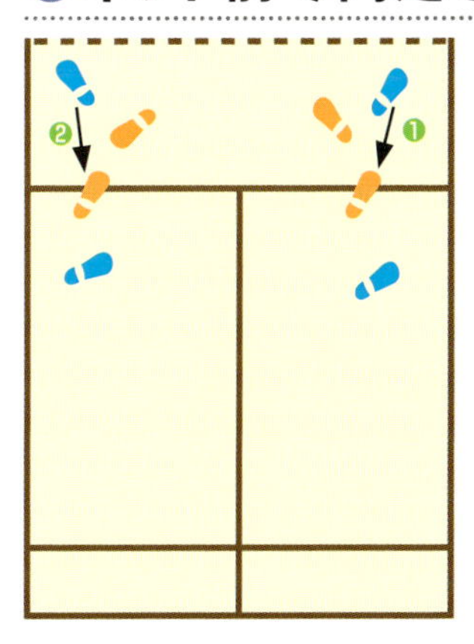

❶フォア前からストレートへアタックロブを打ったあと、瞬時に両足を入れ替え左足を前に構えます。上級者のフットワークの技術と言えますが、シャセで後ろへフットワークするとき体を入れ替える必要がないので、オーバーヘッドからのコントロールが安定します。

❷バック前からストレートへアタックロブを打ったあと、瞬時に両足を入れ替え左足を前に構えます。上級者のフットワークの技術と言えますが、シャセで後ろへフットワークするとき体を入れ替える必要がないので、オーバーヘッドからのコントロールが安定します。

フットワークの練習法

●リズム感をつける練習

❶ 縄跳び ※54～55ページ参照

❷ 階段の昇降

階段の昇降は、縄跳びと同様にリズムをつける練習として最適です。ランニングだけでなく片足の昇降も取り入れてみましょう。1～3段をランダムに昇降すれば、より効果がアップします。

❸ チャイナステップ ※56～62ページ参照

●最後の1歩を大きくする練習

❶ 手でタッチ

サイドへのフットワークの要領で1歩で左右に跳び、シングルスかダブルスのサイドラインに右手の指先をタッチします。次にフォア前、バック前、フォア奥、バック奥の4隅をシャセかランニングステップでサイドラインを越えた位置で着地し、両手の手のひらをしっかり床につけます。ポイントは体の内側で手をタッチすることです。 1人が指示者の2人組みでオールコートを使い、ラインの外に手のひらをタッチしましょう。最後の1歩をよほど大きく跳ばなければ、ラインの外でタッチできません。

❷ トスノック

トス（手投げ）ノックのシャトルを、最後の1歩を大きく跳びついて返球します。前だけでなく後ろへもトスし、後ろのフットワークの最後の1歩も大きくしましょう。 1セット15～20球、 3～5セットが適当です。

❸ シャトルを交換

コートの4隅（サイドを入れると6隅）にシャトルを置き、最後の1歩が大きいフットワークを使い、指示に従ってシャトルを交換します。最初から床に置かれたシャトルを取り除く練習法もありますが、いずれの場合も1セット15～20球、 3～5セットを目安に練習しましょう。

❹ コートを横に使う

発想を変えコートを横に使って、最後の1歩を大きくしましょう。センターラインを踏まないように構え、合図でランニングステップは左→右の2歩、シャセは右→左→右の3歩で跳び出します。男子はダブルスのサイドラインの外1メートル、女子は50センチを越えることを目標にしてください。前に大きく跳ぶことに慣れたら、同じ要領で後ろへの最後の1歩も大きくしましょう。

●負荷を伴う練習

❶ ウェイト・ベストを着用

3～5キログラムのウェイト・ベストを着てフットワークしましょう。慣れてくると普通のスピードで動くことができます。下半身への負担が大きいので、使用時間には十分注意してください。動かずゆっくりしたテンポでひざの屈伸や、ランジング姿勢（ネット前の体勢）のポーズを続けるのも、ハムストリングスやひざの強化に効果があります。中国ではジュニア段階から、負荷を伴うフットワークの練習を積極的に取り入れています。

❷ パワーステップを巻く

足首にパワーステップを巻いてフットワークの練習をします。さまざまな重さのものが市販されていますが、500グラム～1キログラムが適当です。慣れてきたら、パワーステップをつけてゲームにチャレンジしてみましょう。フットワークのスピードアップやジャンプ力のアップに効果的です。

❷ マスクを使う

水泳や陸上のトレーニング法に高地トレーニングがありますが、酸素の薄い高地でトレーニングするので心肺機能を高めます。同様の効果を狙い、マスクをしてフットワーク練習をしてみましょう。注意してほしいのは、ジュニア初期の段階では決して無理をしないことです。無理のない範囲の負荷を伴うトレーニングは、大きなレベルアップにつながりますが、無理をすればケガの原因になるので、注意しなければなりません。

❸ 重いラケットを使う

バドミントンのラケットの代わりに、重さのあるスカッシュやテニスのラケットでフットワークの練習をしましょう。前腕（ひじから先）の伸展力強化によるパワーアップが狙いです。最初はスカッシュラケットから始め、次にテニスラケットに移りましょう。バドミントンのラケットを握ったときに軽さを感じ、自分でも驚くほどスイングスピードがアップします。

❺ 壁を使う

バーベルを使うウェイト・トレーニングが定期的にできればよいのですが、施設などの関係もあり、なかなか思うようにいきません。ウェイト・トレーニングがフットワークに効果があるのはわかっていても、気軽に簡単にできないのです。そこで簡単にでき、ウェイト・トレーニングと同様な効果が期待できる方法をご紹介します。
2人1組になり、壁に正対しながら1人が肩車しますが、壁から離れすぎてはいけません。肩車したまま屈伸しますが、1セット10～15回を1～2セットが適当です。ひざを曲げた状態からゆっくり起き上がりながらかかとを高く上げます。左右の片足と両足の3種類を時間をかけて行いますが、前脛骨筋（足を持ち上げる筋肉）やヒラメ筋の強化に効果があります。

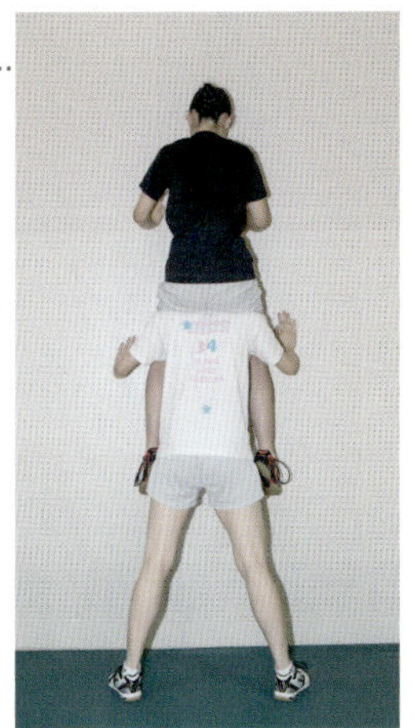

❻ 体勢を崩してからのスタート

逆をつかれたりで遅れたりした場合の、ノータッチのミスを防ぐのが練習の目的です。ホームポジションで、あえてバランスの悪い体勢をつくりフットワークをスタートさせます。2人1組になり1人が指示を出し、交代で行いましょう。1セット10～15回、1～2セットが適当です。体勢の崩し方は次のとおりです。

A．開脚でジャンプしながら体を半回転させ、ネットに背中を向けすぐに元の位置に戻す連続ジャンプ
B．前後ステップ
C．左右の開閉ステップ
D．左右のクロスステップ
E．ジャンピングスクワット
F．連続ジャンプ
G．インディアンステップ
H．もも上げ

多人数のフットワーク練習

◆シングルスの斜めの距離は約8.5メートル。この距離をいかに速くフットワークするかが、シングルス強化のポイントになります。後ろから前へのラッシング（前進）、前から後ろへの後退、この2つの斜めのフットワークのスピードが、シングルスのゲームを大きく左右します。また、多人数でコート数が少ないときは、スタートのタイミングに注意すれば常に2～3人がコート内でフットワークできるので能率的です。ここでご紹介する練習パターンは5～10分のローテーションで行うのが適当ですが、❷→❸、❸→❹のコースを2～3回繰り返す応用練習も効果があります。

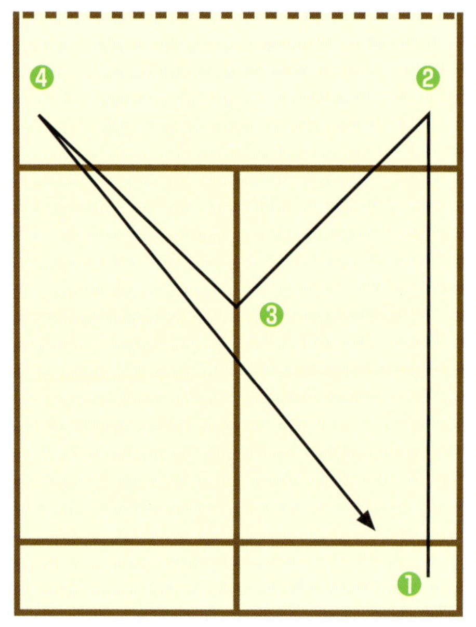

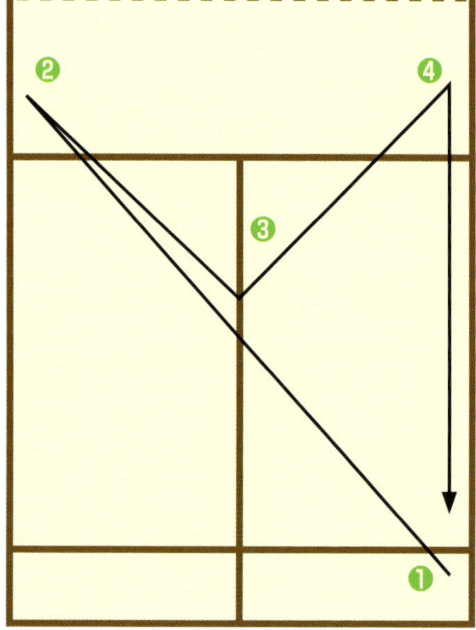

練習法❶

●左サイドでも同様に行いましょう。
●❶→❷→❹→❶で順にスイングします。
●❹で次の人がスタートします。
●応用は❶⇔❷、❷⇔❸、❸⇔❹、❹⇔❶をランダムな回数でフットワークしましょう。

練習法❷

●左サイドでも同様に行いましょう。
●❶→❷→❹→❶の順にスイングします。
●❹で次の人がスタートします。
●応用は❶⇔❷、❷⇔❸、❸⇔❹、❹⇔❶をランダムにフットワークしましょう。

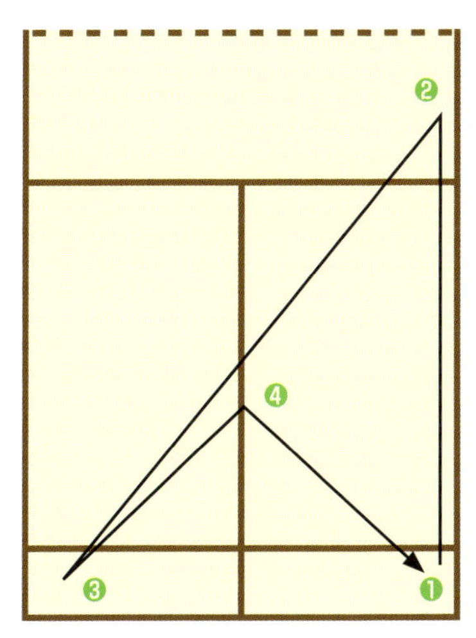

練習法③

- 左サイドでも同様に行いましょう。
- ❶→❷→❸→❶の順にスイングします。
- ❸で次の人がスタートします。
- 応用は❶⇔❷、❷⇔❸、❸⇔❹、❹⇔❶をランダムな回数でフットワークしましょう。

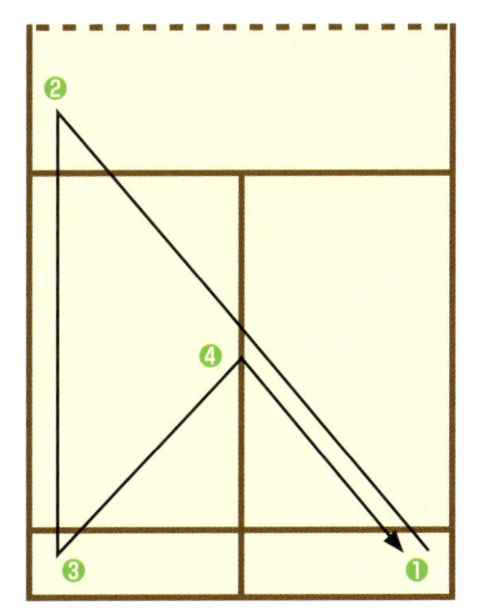

練習法④

- 左サイドでも同様に行いましょう。
- ❶→❷→❸→❶の順にスイングします。
- ❸で次の人がスタートします。
- 応用は❶⇔❷、❷⇔❸、❸⇔❹、❹⇔❶をランダムな回数でフットワークしましょう。

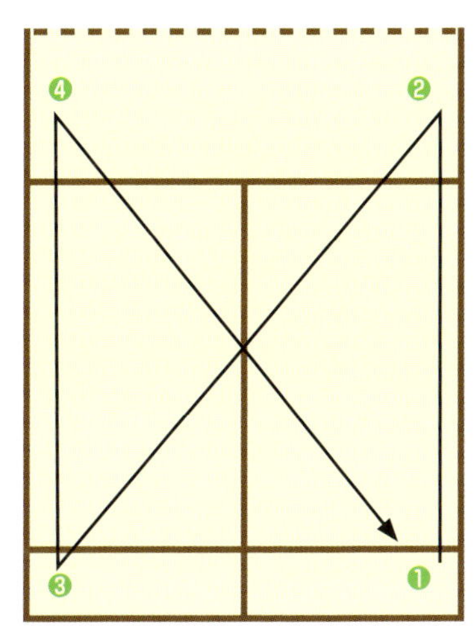

練習法⑤

- 左サイドでも同様に行いましょう。
- ❶→❷→❸→❹→❶の順にスイングします。
- ❹で次の人がスタートします。

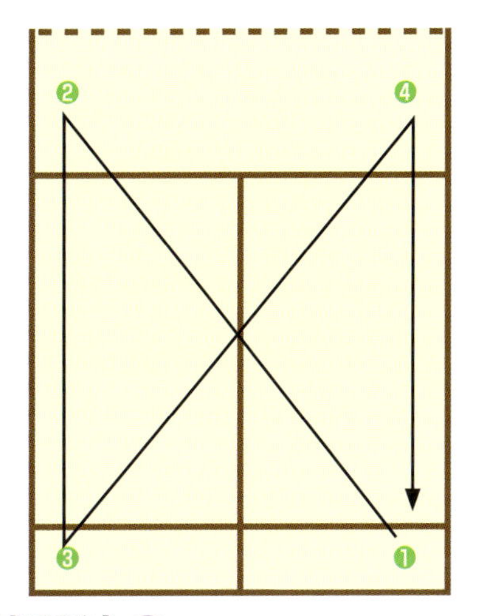

練習法⑥

- 左サイドでも同様に行いましょう。
- ❶→❷→❸→❹→❶の順にスイングします。
- ❹で次の人がスタートします。

フットワークの技術

◆フットワークは、シャトルに対する執念や根性だけでは速くなりません。ラケットワークと同時に、フットワークにも技術があることを意識しましょう。フットワークに技術がある、と以外に思われる選手も多いと思いますが、この技術をマスターすればフットワークが正確に、そしてスピードアップします。フットワークのスピードが出ない、ノータッチが多い、などで悩んでいる選手は、ぜひポジショニングを始めとするフットワークの技術をマスターしましょう。

❶ネット前で打球後の左足を引きつけない

ホームポジションに戻る次動作を速くするには、左足を右足に引きつけないようにします。戻りの軸となる左足が右足に近すぎると、そのぶん戻りの距離が長くなり、フットワークのロスが大きくなります。引きつけすぎは特に女子選手に多く見られますが、女子選手は筋力が弱いから引きつけるように、とコーチングされるケースが多いようです。ほとんどのケースは筋力不足というよりただの左足を引きつけるクセで、それは十分な体勢でも左足を引きつけることでもわかります。ダブルスでスマッシュを打ち続けて勝つのは大変だから、スマッシュを打たないで勝て、というようなものです。トップ選手の多くは、ネット前の苦しい体勢でも左足を残します。左足を残すには、右足の太もも裏のハムストリングス（大腿二頭筋）を鍛えなければなりません。

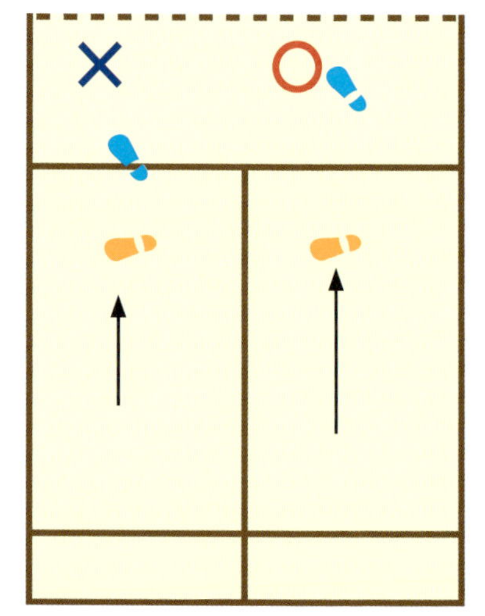

❷最後の1歩を大きく

フットワークの最後の1歩を大きくしましょう。ノータッチや苦しい体勢でシャトルをとらえるのが、極端に少なくなります。最後の1歩を大きくするポイントは、左足の拇指球による鋭い蹴りです。この技術をマスターすれば、10～20センチくらい着地点が遠くなり、守備範囲が大きく広がります。拇指球による蹴りはネット前のフットワークだけでなく後ろにも応用できますが、落下点に跳びつく最後の1歩を大きくする前・後ろで使うように意識しましょう。コートラインを使う速いスピードの片足の連続跳びや縄跳びの片足の2重跳びで、左足の蹴りの強化を図りましょう。

❸スイング(振り子)運動

サッカーのキックと同様に、かかとがお尻につくように右ひざを折り曲げ、その反動で最後の1歩の右足を勢いよく振り出します。20～30センチくらい着地点が長くなり、コートのカバーリング力が大きくアップします。まずは後ろから前の長い距離のフットワークの、最後の1歩で使ってみましょう。長い距離のスイング運動をフットワークに取り入れるのに慣れてきたら、今度はホームポジションからネット前への短い距離でもチャレンジしてください。ノータッチが多い選手や、あと1歩で落下点に追いつけない選手にとって救世主的なフットワークの技術と言えます。

❹バック奥の2つの上体の使い方

ドリブンクリアーやアタックロブなどの速い球でバック奥を攻められたとき、右肩を引いた体勢では、体勢を崩されスピードある強い返球ができません。このとき右足のつま先方向をネット方向に向け、上半身や腰のひねりを使わず上体の反動だけで返球しましょう(❶)。余裕のあるときは体をタテに入れ、右肩を引いて返球しますが、このときの右足のつま先は、後ろ方向か横に向けます(❷)。このように相手からのバック奥への返球状況に応じて、2種類の上体の使い分けを行いましょう。速い球でバック奥を攻められたとき、ストレートへ力のないクリアーで返球したり、ネット前に逃げのドロップで返球したりすることが多い選手は、上体の反動だけを使って強い返球をする打ち方に変えてみましょう。

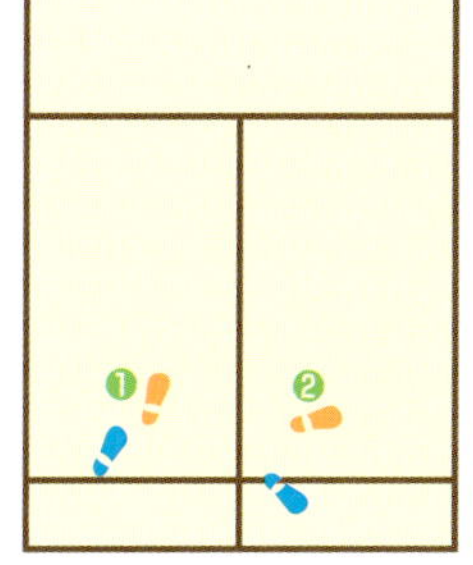

❺バック奥の打球後の2つの右足の使い方

バック奥のラウンドザヘッドの打球後に、右足と右ひざの向きが内側に入る選手を多く見かけます。これでは左足に重心(体重)がかかりすぎ、次動作の戻りが遅くなってしまい、ネット前でのノータッチの原因となってしまいます。それを防止し次動作のスタートをスムーズにするには、体を入れ替えた左足の着地と同時に、右足を真横に出し重心が左側に流れるのを防ぎましょう(❶)。戻りは右→右のツーステップを使います。同じラウンドザヘッドでも比較的余裕があるときは、右足のつま先方向をホームポジションに向けます(❷)。バック奥の打球後の2つの右足を意識的に使い分けるようにしましょう。

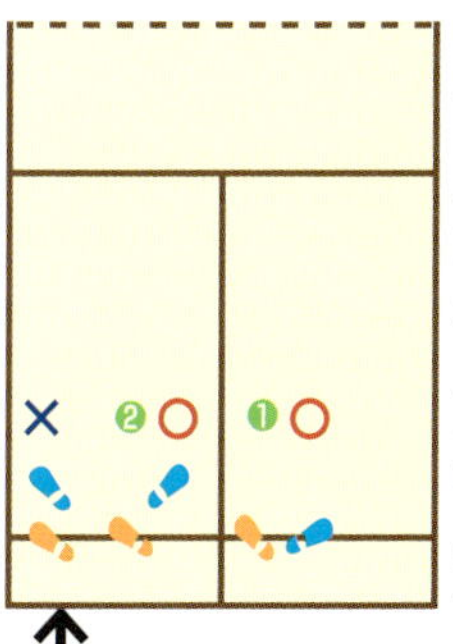

❻フォア奥のサイドジャンプで両足をそろえて着地

1980年にIBF(国際バドミントン連盟＝現WBF)入りをする前の中国は、国際試合に出場しないためその実力は未知数でした。しかし1965年、侯加昌、湯仙虎の中国代表チームがデンマークに遠征し、圧倒的な強さで全勝しました。特に、全英選手権で4連覇を含む7回の優勝を数えるエルランド・コップスが、中国の湯仙虎に1点も奪えず敗れたことは、世界のバドミントン界を驚かせました。現在の中国選手と単純に比較できませんが、今より中国と他の国との差が大きかったのは事実です。その侯加昌が得意としたフォア奥のサイドジャンプで、空中で左足を右足にそろえて着地するフットワーク技術です。あまり一般的に使われていませんが、着地の際に前傾姿勢になっているので開脚で着地するより次動作が速くなります。

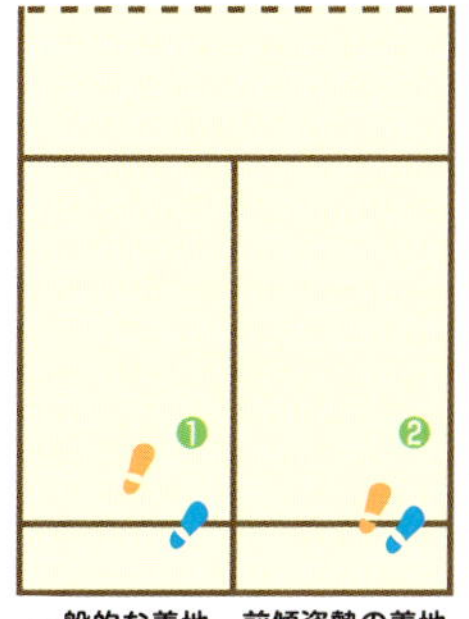

❼バック奥の体の入れ替えで、左足の着地と同時に右足で床を蹴る

バドミントンコートの斜めの長さは約8.5メートル、50メートルや100メートルを走るのと違い、足の速い遅いはフットワークにはほとんど関係ありません。スタートの第1歩と打球後の次動作のスピードがポイントになるのです。打球後の右足の着地が遅い選手や右足の着地位置が短い選手を多く見かけますが、これでは次動作が極端に遅くなってしまいます。意識的に空中で前傾姿勢をとり、左足の着地と同時に右足を伸ばし床を強く蹴るようにしましょう。特に、後ろの返球のあとは体が立ってしまい、次動作が極端に遅れてしまいます。この左足の着地と同時に右足の着地技術を使うとスムーズなフットワークの連続動作になります。

❽バック奥からフォア前への効率的なステップワーク

斜めのフットワークをいかに速くするか、がシングルス強化の1つのポイントになります。バック奥からクロスへスマッシュやドロップ（カット）を打ち、そのショートリターンやヘアピンの返球をいかに速くそして上の打点でとらえるかです。❶の着地から瞬時にシャセで❷の体勢になり、今度は❸のランニングステップの左足を使い、左足の鋭い蹴りで❹の最後の1歩を大きくフォア前に跳び出します。ポイントは❷のシャセと❸の左足の位置です。

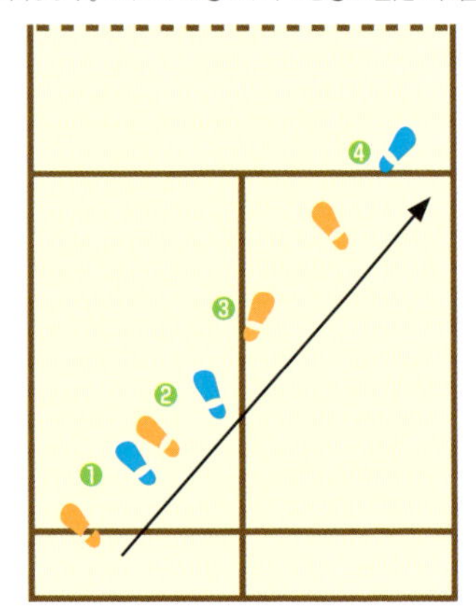

❾バック前からフォア奥へはシャセを使いサイドジャンプ

これはバック前でストレートにヘアピンを落とし、それをクロスのフォア奥に返球されたときに有効なステップワークになります。右足が前、左足が後ろの❶の体勢から腰を鋭くひねり、軽くジャンプしながら左足が前、右足が後ろの❷の体勢になります。ジャンプ力がある男子や甘い球には❸の時点で跳びつき、フォア奥のコーナーぎりぎりのときは、もう1回シャセ❹を入れ落下点に跳びつきましょう。シャセはラニングステップに比べ、距離は伸びませんがリズムがとりやすい、という特徴があります。バック前からフォア奥への斜めの移動は、上体や体のブレがないシャセのステップを積極的に使いましょう。

❿フットワークの腰とひざのひねりの角度は4種類

コート数や人数の関係で半面での練習も多いと思いますが、半面はシングルスコートの58.88パーセントに、約60パーセントになります。この差の40パーセントで腰とひざの鋭いひねりを使う方向転換が入るので、フットワークのスピードが遅くなってしまうのです。重心（体重）の移動、腰とひざのひねりを意識したフットワーク練習を普段から行いましょう。もちろん、数字が小さくなるほど腰とひざのひねりが激しく難しくなります。

- 180度の直線的なフットワーク　❶⇔❹、❷⇔❸の2種類
- 135度の方向転換 ❶⇔❻、❷⇔❺、❸⇔❻、❹⇔❺の4種類
- 90度の方向転換　❶⇔❷、❷⇔❹、❸⇔❹、❶⇔❸の4種類
- 45度の方向転換　❶⇔❺、❸⇔❺、❹⇔❻、❷⇔❻の4種類

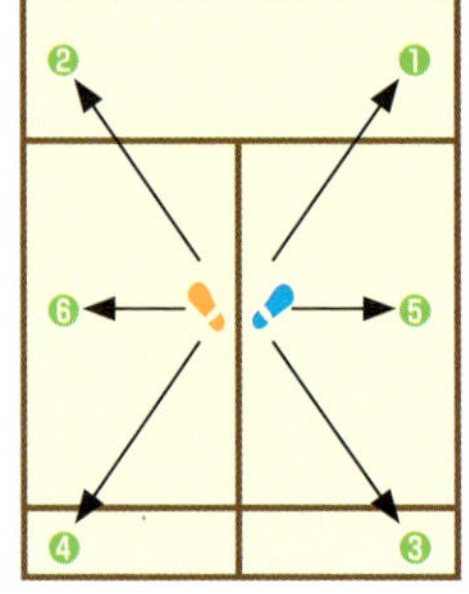

第4章

ストローク

バドミントンのラリーはサービスで始まり、クリアー、スマッシュ、ドロップ（カット）、ドライブ、プッシュ、スマッシュレシーブ、プッシュレシーブ、ヘアピンというストロークによって展開していきます。そして、ストロークの威力がまさったほうが勝負を制する確率が高くなるのです。各ストロークについて考察していきましょう。

ストロークの威力とは

◆バドミントンのゲームは、「ストロークの威力の勝負」という一面があります。つまりスマッシュが速い、ドロップ（カット）が鋭い、ヘアピンが鋭く変化する、コントロールがよい、フェイントが上手、などの選手はゲームに勝つ確率が格段に高くなるのです。その点から見れば間違いなくジュニア期は、ストロークの威力と強化・発展させる時期と言えます。ではストロークの威力とは何なのでしょうか。それは❶スピード、❷コントロール、❸変化、❹角度、❺相手に読まれない（相手の逆をつく）、の5つです。それらの上に自分のプレースタイルが築かれるので、ジュニア期はストロークの威力のアップに、積極的に取り組まなければなりません。もちろん5つの威力が大きければ強く素晴らしいプレーになり、反対に小さければ弱々しいプレーになってしまいます。

❶スピード

ストロークのスピードは、スマッシュやドライブに代表されますが、他にもクリアー・ロブ・ドライブリターン、またストロークではありませんが、フットワークや気持ちの切り替えなどもあります。バドミントンを含むすべての球技において、スピードは相手にプレッシャー（威圧）をかける最大の武器といえます。そのスピードを身につけるには、普段から継続的な筋力トレーニングが欠かせません。

❷コントロール

コントロールは、クリアー・ドロップ・スマッシュ・ヘアピンなど、あらゆるシングルスのストロークに当てはまります。もちろんダブルスで多用されるショートサービス・ドライブ・プッシュ・スマッシュレシーブなども、コントロールが大切になってきます。現行のラリーポイント制では、攻撃力のある選手が有利といわれていましたが、コントロールに優れている選手がゲームに勝つ、という最近のゲーム分析があります。どの球技にも言えることですが、スピードがあってもコントロールが悪ければ、せっかくのスピードがゲームで生かせません。スピードとコントロールは、バドミントンでは表裏一体の関係なのです。

❸変化

バドミントンにおける変化は、スピンネットやフェイントをイメージしてください。アメリカ大リーグの田中将大投手やダルビッシュ有投手が、フォーシーム（ストレート）の他に多彩な変化球で三振をとり大活躍していることでも、バドミントンを含む球技における変化の大切さがわかると思います。バドミントンも変化に富む選手は、❺と同様にストローク・コース・組み立てが読まれないよう相手の予測を難しくさせ、これがゲームの勝利の最大のポイントになってきます。返球が相手にすぐ読まれる単調さはダメということです。選手はスピンネットやフェイントなどのストロークの他に、ラリーの組み立て（構成）を変化させることにも取り組みましょう。

❹角度

男子はジャンプスマッシュ、女子はドロップ（カット）が角度のポイントになります。男子は床に突き刺さるような豪快なジャンプスマッシュ、男子に比べ身長やジャンプ力の劣る女子は、ショートサービスラインの内側に落下する球足の短い、ドロップ（カット）にポイントを置き練習しましょう。タテの角度だけでなくコントロールにも関係しますが、クリアー・ドロップ（カット）・スマッシュ・ロブなど、クロス方向への横の返球角度にも注意しなければなりません。

❺相手に読まれない（相手の逆をつく）

対人競技のバドミントンで、もっとも意識しながら練習に取り組まなければならないのが、相手に読まれない（相手の逆をつく）ことです。いくら威力のあるストロークでも、相手にストロークやコースを読まれては、簡単に返球されてしまいます。シングルスのストロークは、クリアーとドロップ（カット）、ヘアピンとロブ、返球コースはストレートとクロス、を相手に読まれない打ち方をしなければいけません。ダブルスのストロークでは、スマッシュとドロップ（カット）がわかりにくいと、ドロップ（カット）でノータッチのエースを奪うことができます。フォーム・ラケット面・体の使い方などを普段の練習から意識して取り組み、相手に読まれない（相手の逆をつく）ストロークとコースをマスターしましょう。

サービス

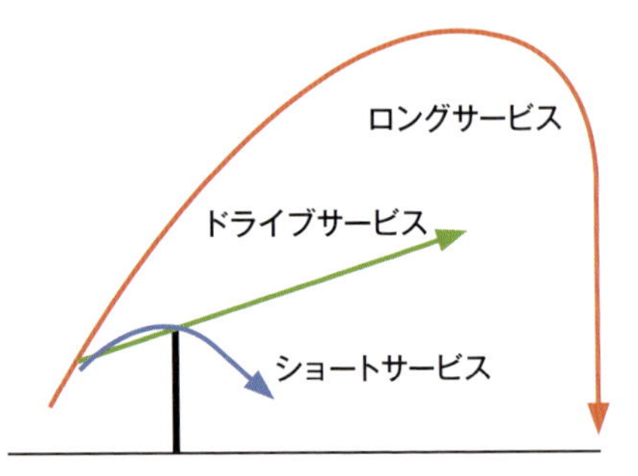

◆バドミントンのサービスは、テニスや卓球と違いシャトルにスピード、回転、変化などの威力を与えることができません。つまり、ラリーで最初に打つサービスは、相手に主導権がある守備的要素の受け身のストロークなのです。サービスに威力を持たせるには、難しくコントロールするしかありません。サービスをミスしたり、甘いサービスを一発で決められてしまっては、せっかくのチャンスを失い、精神的なショックが後まで残ってしまいます。ゲームの流れがサービスの良否で変わることが数多くあります。どのようなサービスがどのコースに打たれるか、相手の読みを混乱させるのもサービスの1つの威力です。同じテンポで簡単にサービスしたのでは、相手にプレッシャーを与えられません。ショート、ドライブ、ロングなどのサービスを使い分け、相手の返球リズムを崩し、難しくコントロールして、サービスを攻撃的なストロークにしましょう。サービスから相手にいろいろ考えさせるのが、相手にプレッシャーを与える第一歩、ということを意識しましょう。

❶シングルスのショートサービス

男子シングルスはショートサービスが主流になっていますが、女子選手でも使っている選手をときどき見かけます。男子選手に圧倒的に多いのは、ロングサービスは一発目でジャンプスマッシュされて不利になるのと、アタックロブでバック奥に打たれても、バックハンドで容易に返球できるからです。ショートサービスはラインぎりぎりを狙う必要はありません。サービスがショートになる確率が高いからです。ショートサービスの相手の返球は、アタックロブかフェイント気味にネット前に落とすケースが多いので、シャトルが浮かないように注意しましょう。男女のシングルスでは、ショートサービスをいかにうまく使いこなすかが勝敗の鍵を握ります。バックハンドのショートサービスを含め、相手に少しでもショートサービスに対する嫌悪感を持たせ、精神的なプレッシャーを与えるのが最大の狙いです。もちろん、ロングサービスでなかなか得点できないときなどに、流れを変える意味で使われることもあります。

❷ダブルスのショートサービス

フォアハンドとバックハンドの2つの打ち方がありますが、ここ最近はドライブサービスが打ちやすい、バックハンドを使う選手が圧倒的に多くなっています。ダブルスのショートサービスで注意することは、❶シャトルを浮かせない、❷相手がネット前にラッシュするタイミングをはずす、❸ネットに引っかけたりサイドアウトのミスをしない、❹ドライブサービスのスイングと同じにする、❺自コートに高さの頂点がありネットを越えたら忍び込むような軌跡でショートサービスをする、などです。ダブルスのショートサービスのコースは、Tゾーン（ショートサービスラインとセンターラインの交点）とサイドライン付近の2種類があります。最近の傾向は、どこにプッシュされても等距離でレシーブしやすいTゾーンを狙うサービスが圧倒的に多くなっています。しかし、Tゾーンは、❶相手がネット前にラッシュしやすい最短距離、❷プッシュの返球角度が広くコースが読みにくい、❸フェイントがかけられやすい、❹少しでもシャトルが浮いたら一発でプッシュを決められてしまう、❺パートナーのボディが狙われやすい、などの弱点があります。そこで、Tゾーンにこだわらず、プッシュの返球が読みやすく打点が低くなりやすい、サイドライン付近との併用をお勧めします。ダブルスのショートサービスは、ラケット面の操作やタイミングの変化で相手に強いプッシュをさせないことで、Tゾーンにこだわりすぎないことが大切です。

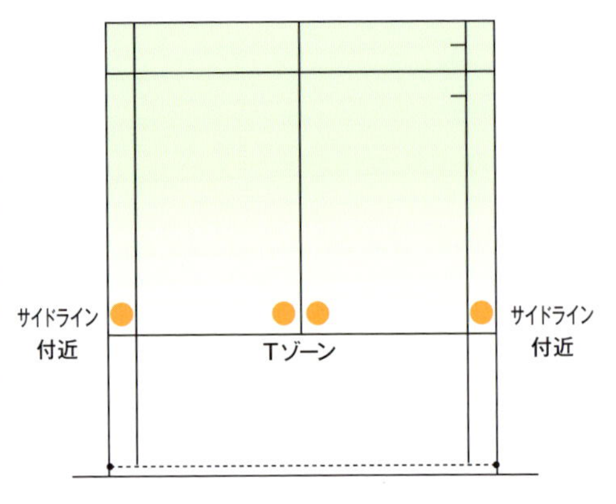

③シングルスのドライブサービス

ここぞというときに相手の意表をついてミスを誘うときに使われますが、相手の肩口を低い弾道で狙う右サイドからのドライブサービスが効果的です。サイドアウトやシャトルが内側に入りすぎないようにコントロールに注意しましょう。右サイドからはセンターラインの30センチくらい外側を狙うと、コート奥のTゾーン付近にコントロールできます。このときシャトルをカットしながら打つと、バックオーバーのミスが防げます。左サイドからのドライブサービスはあまり使われませんが、バック奥を狙うスイングから急激に手首を返し、センターラインのTゾーンを狙うと相手の意表をつき効果的です。ドライブサービスは高さに注意し、フェイントを十分に利かせラインをはずすミスをしないようにしましょう。

④ダブルスのドライブサービス

この1球で得点がしやすい反面、甘いサービスだと一発でスマッシュを決められ失点しまう「両刃の剣」のようなサービスです。ショートサービスのスイングからインパクトの直前に、フォアハンドなら人差し指をかぶせ、バックハンドなら親指を押して打ちます。ドライブサービスは、ショートサービスと思わせて直前に指を押して打ちますが、高さとコントロールがポイントになります。相手のレシーブ体勢を崩し、ノータッチのエースやスマッシュミスをを狙いますが、コントロールを気にしすぎるとバックオーバーやサイドアウトのミスが多くなります。レシーバーの位置によって、センターラインとサイドラインのコースを打ち分けましょう。ダブルスではショートサービスに自信がないので、ドライブサービスを多用する選手を多く見ますが、これではいつまでもショートサービスに自信がつきません。ダブルスのサービスの基本はショートサービスだということを再認識しましょう。

⑤シングルスのロングサービス

ロングサービスに高さがないと、相手はスマッシュのタイミングがとりやすく1球目から攻撃してきます。滞空時間が長く相手の頭の上から落下するロングサービスなら、相手はインパクトのタイミングがとりにくいため、甘い返球やミスを犯しやすくなります。ロングサービスは、どの位置にコントロールすればよいのでしょうか。一般的には、どこへ打たれても返球が等距離のセンターラインのTゾーン近くがベストと言われていますが、逆に考えると等距離というのは、どこに打たれるかすべてのコースを予測しなければなりません。逆に返球の角度が狭いサイドライン近くのほうが相手の返球コースが読みやすくなり、またクロスに打たれてもストレートに比べ飛距離が長いので、落下点にフットワークしやすくなります。クロスのクリアー、ロブ、スマッシュなどは、構える位置を横切るので返球しやすい、という利点もあります。サイドラインとTゾーンのコントロールができるようになったら、ゲームの状況に応じてこの2つのコースを使い分けるようにしましょう。ダブルスについてもいえますが、サービスのコースは相手に読まれないことが大切です。ロングサービスが長すぎてバックアウトになったり、短すぎて簡単にスマッシュされたりするときは、サービスの立ち位置で調節するようにしましょう。スイングで調節する選手も多いようですが、サービスは微妙な感覚で打つので、なかなかコントロールがうまくいきません。ロングサービスは、スマッシュを打たれないことが良否のバロメーターです。腰、上体のひねり、手首、背筋など全身を十分に使い、高く、深く、大きいロングサービスを打ちましょう。

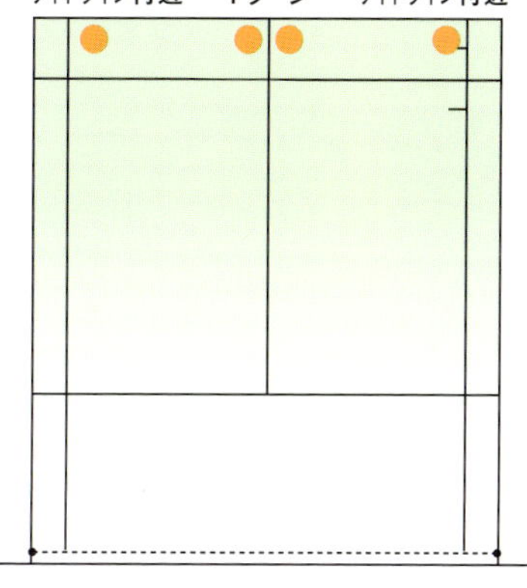

クリアー

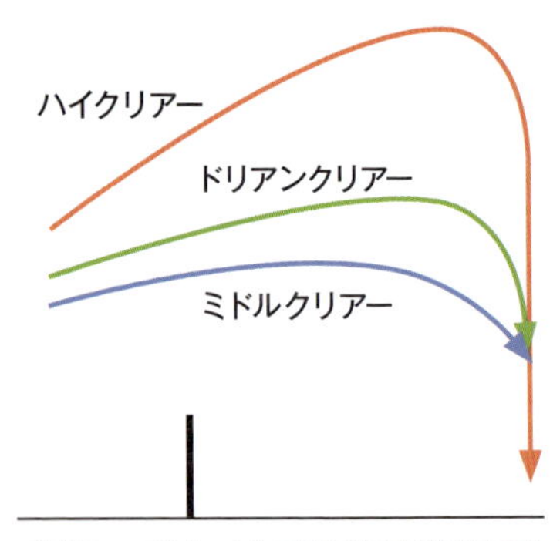

◆クリアーはエースを狙ったり奪うというストロークではありませんが、相手を後ろへ深く追い込む攻守を兼ね備えたストロークです。攻撃に結びつける「崩し球」としてのドリブンクリアーとミドルクリアー、劣勢に追い込まれた体勢を立て直すハイクリアーなど、ラリーにおけるクリアーの役割は大きいものがあります。クリアーはスピードや高さによってハイクリアー・ドリブンクリアー・ミドルクリアーなどに分類されますが、相手のストロークのスピードや自分の体勢など、ラリーの状況に応じて打ち分けることがポイントになります。クリアーはオーバーヘッドの正しいフォームから、前腕の鋭い伸展力とグリップの強い握り込みを使い、手首を使った小さく・鋭い・弾くような、コンパクトなスイングで打つのが最適です。クリアーでもっとも大切なのはコントロールで、バックバウンダリーライン近くの後ろへ深くコントロールしなければ、スマッシュやドロップ(カット)で相手に攻撃されてしまいます。速いフットワークで落下点に入るのがポイントですが、苦しい体勢でもインパクトのとき、人差し指(第一関節と第二関節の間)でラケット面を感じられると、厳しいコースへ返球することができます。また、肩→ひじ→手首の運動連鎖で、ひじをムチか釣り竿のように柔らかく使い、相手にストロークやコースを読まれないことも大切です。肩甲骨を伸ばし、できるだけ高い打点でクリアーを打つように意識しましょう。

❶ハイクリアー

ハイクリアーは相手のクリアーやロブで、後ろへ深く追い込まれた苦しい体勢から、自分の体勢を立て直すために多く使われますが、高いフライトでシャトルの滞空時間が長いほど理想のハイクリアーとなります。ハイクリアーの武器は高さとコントロールで、決してスピードのあるストロークではありませんが、コーナーを正確に狙うことで壁と戦っているような錯覚を相手に与え、そこからミスを誘うことができます。ハイクリアーは守りのストロークというイメージがありますが、余裕のある体勢から執拗にコーナーを狙い、相手がじれてミスをする、という戦法を自分のプレーに取り入れてみましょう。ハイクリアーに有効なのが速く短いドロップ(カット)との組み合わせです。この滞空時間の長いハイクリアーと速く鋭いドロップ(カット)の組み合わせは、相手のリズムを狂わせミスを誘うのに効果があります。同様に速いドリブンクリアーと球足の短い緩いドロップ(カット)の、2種類のスピードが違うストロークの組み合わせを使い相手を崩しましょう。ハイクリアーはドリブンクリアーよりシャトルの軌跡が長いので、よりパワーを使うことを意識しないと、短く甘いフライトになってしまうので注意しなければなりません。

❷ドリブンクリアー

ドリブンクリアーでコーナーを狙い、相手を崩してスマッシュで攻撃するパターンがシングルスでは多く使われる戦法(組み立て)です。しかし、ドリブンクリアーは距離や高さに注意しないと、スマッシュを打たれる、ドロップ(カット)でネット前に落とされる、など有利な状況から一瞬で攻守を逆転されてしまいます。特にクロスのドリブンクリアーは相手を横切るので、甘いコースや高さが低いとスマッシュでカウンター攻撃を受けてしまいます。ドリブンクリアーは手首を中心に前腕の伸展力を使い、ドライブのように押し出す感覚で打つと、バックバウンダリーラインの近くでシャトルのスピードが急速に落ちラインぎりぎりに落下します。バックオーバーのミスが多い選手は、どの位置で打っているかの距離感覚が悪いのと肩を使いすぎて打つためです。ドリブンクリアーは手首を使い、小さく・鋭い・弾くような感覚で打つようにしましょう。インパクトの直前にグリップを強く握り込み、人差し指でラケット面を押すような感覚で打てば、コントロールがアップします。

③ミドルクリアー

ドリブンクリアーより低い弾道のクリアーを、ラリー中に使う選手をあまり見かけませんが、そのクリアーを便宜的にミドルクリアーとネーミングしています。完全に相手を崩し、スマッシュで決める隠し球として、ミドルクリアーは効果的なストロークです。身長の高い選手・ハイバックの弱い選手・フォア奥から強い返球ができない選手、などに対し効果があります。相手の肩から頭の間で返球させるように狙い、低いドリブンクリアーか長いスマッシュを打つような感覚で打ちます。普段のクリアー練習の中に意識的に取り入れ、マスターするようにしましょう。相手のフォア奥からはクリアーかドロップ（カット）でストレートに甘く返球させ、相手のバック奥からは甘いクリアーかストップ気味のドロップ（カット）を、またハイバックハンドでストレートに返球させるのがミドルクリアーの狙いです。ミドルクリアーはスマッシュで攻撃するタイミングで打つと、より相手を崩す効果がアップします。クリアーの中に、このミドルクリアーを加えれば、ラリー（組み立て）の幅が広がり、相手にプレッシャーを与えることができます。

クリアーのポイント

- □前腕の鋭い伸展力とグリップの強い握り込みを使い、ラケットを握るのではなく手首を使い、小さく・鋭い・弾くようにスイングします。
- □フォロースルーをコンパクトにしましょう。
- □ハイクリアー、ドリブンクリアー、ミドルクリアーを意識的に打ち分け、空間を立体的に使いましょう。
- □打球後の次動作を速くするには、打球後に急いで前に出るのではなく、前に出ながら打つという意識を持つことです。
- □返球が浅い・ラインアウト、などのコントロールミスに気をつけましょう。
- □ハイバックハンドのクリアーも、フォアハンドと同様の威力で打てるようにしましょう。
- □十分な体勢でのクリアーを打つには、落下点に入るスピードを速くしなければなりません。それには最後の1歩を後ろへ大きく跳びつくフットワークがポイントになります。
- □空中での体の入れ替えは、左足の着地と同時に右足を伸ばし前傾姿勢をとり、同時につま先で鋭く床を叩く中国式のステップ法で次動作を速くしましょう。
- □肩の可動域を広げる、腕のしなりを使う、などのトレーニングを行い、いろいろなタイミングのクリアーを打てるようにしましょう。
- □大胸筋（胸の筋肉）を使い胸を大きく張り、タイミングを微妙に変化させる多彩なクリアーを打ちましょう。
- □人差し指とグリップ面の接触感覚で、クリアーの微妙なコントロールを身につけるようにしましょう。
- □クリアーの返球でストレートとクロスの返球コースを間違えないようにしましょう。
- □バドミントンは空中戦の一面があり、女子選手もジャンプを使って打つことを積極的に取り入れるべきです。シャトルに自分から跳び込むという意識でクリアーを打ち、肩の向きなどいろいろな体の使い方で打ち分けるようにしましょう。
- □耳をこするようなスイングの高い打点でクリアーを打ちましょう。
- □肩甲骨を極限まで伸ばすスイングのクリアーを打ちましょう。
- □美しい合理的なフォームから、相手に読まれにくい多彩なクリアーとコントロールが生み出されます。
- □クロスのクリアーのコントロールに注意しましょう。

ドロップ(カット)

❶ドロップ

ドロップはシャトルをラケット面でカットしないで、手首を使いシャトルを巻き込むような感覚で打ちます。クリアーと同じフォームからフェイント気味に、ネットぎりぎりに忍び込むように球足を短く打ちましょう。最近のゲームでラリー中のドロップは、あまり使われない傾向にありますが、ドロップはドリブンクリアーやアタックロブなどの速い球を打たれたときの、ストレートの返球に効果があります。このときカットを使うとミスの確率が高くなりますが、このタイミングでカットに代わり柔らかいフライトの、ドロップを使えばミスは大幅に減少します。ドロップを普段のストローク練習に取り入れると、他の選手があまり使わないぶんマスターすると、その効果がより大きくなります。

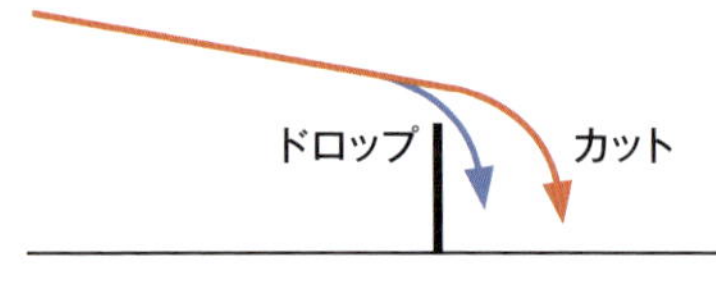

❷カット

ラケット面をカットする球足の速いストロークで、ショートサービスラインの近くに落ちるのが理想です。クリアーと同じフォームで打つのはドロップと同じですが、ドロップよりスピードがあるので、より攻撃的なストロークといえます。カットの種類には、❶ラケット面を斜めにカットするフォアカット、❷野球のシュート(ツーシーム)のようにラケット面をカットするリバースカット、❸手首を反らせ横になぎ払うようにスイングするリバースカット、❹手首をタテに巻き込むカット、❺タテ切りのカット、❻インパクトの直後にすぐにラケット面を引き戻すチョップカット、など様々な種類があります。トップレベルの選手はリバースカットをラリーで多用し、特にフォア奥からストレートにフェイントを利かせて打ちます。クロスのカット(スライス)は、ラケット面をカットしすぎるとネットに引っかけるミスを、左肩の開きが早いとサイドアウトになるので注意が必要です。ネット前に鋭く沈めるカットは、自分からシャトルに跳び込み高い打点で打つ、という意識が大切です。指先の感覚でラケット面をいろいろに変え、緩急をつけカットを打つことがポイントになります。

❸フォア奥からの攻撃的なドロップ(カット)

フォア奥からのストレートの返球は、フォアカットよりリバースカットのほうが、球足が伸びずミスも少ないので効果的です。リバースカットはラケット面をタテにカットする攻撃的なリバースカットと、手首を反らし時計の逆回りの2時から8時をなぞるようにカットする守備的なリバースカット、の2種類があります。この2種類のリバースカットを状況に応じて使い分けましょう。速いラリーテンポで相手を崩すならタテ切りのリバースカット、相手のフットワークを一瞬止めるなら、フェイント気味の緩い横切りの守備的なリバースカット、を使うのが効果的です。サイドジャンプでドロップ(カット)を打つときは、左肩が早く開かないことを注意しましょう。サイドジャンプは、ひじを下げない、背中方向にひじを入れすぎない、ことに注意してください。サイドジャンプは斜め後方に大きくジャンプするので、着地後の戻りを速くし返球に備えましょう。意識的にワンテンポ速く左肩を開き、相手にクロスと思わせストレートにリバースカットするフェイント気味の打法はノータッチを狙えます。クロスへはフォアカットが一般的ですが、常にストレートより約1.3倍長い点を意識しないと、ネットへ引っかけるミスとサイドアウトのミスが多くなります。クロスへのカットスマッシュ気味の速いカットは、インパクト直前に親指を外側にこすり上げ、グリップを強く握り込みながらカッティングしましょう。

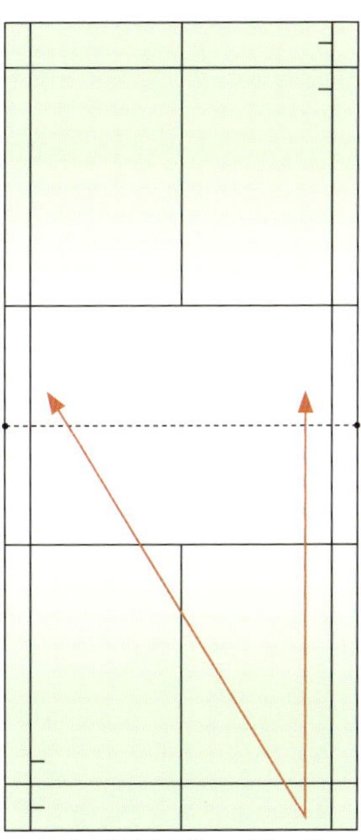

●フォア奥からのドロップ（カット）

④フォア奥からの守備的なドロップ（カット）

追い込まれた苦しい体勢からのドロップ（カット）は、相手がネット前に詰めているか、すぐネット前に出られる体勢でドロップ（カット）を待っているので、コントロールに最新の注意が必要です。甘いネット前へのドロップ（カット）だと、プッシュで決められるので返球を浮かせないのがポイントです。苦しい体勢の逃げのドロップ（カット）を形勢逆転に結びつけるには、フェイントを十分に利かせることです。クロスステップかシャセで落下点に入り、右足を大きく落下点に跳び込み、前腕とラケットを一直線に立てた状態から、胸を張りながらクリアーかドライブの返球と見せかけ、スイングを急にストップしドロップ（カット）します。守備的なつなぎ（逃げ）のカットはラケット面をカッティングすることをあまり意識せず、運ぶ感覚で返球するとミスが少なくなります。自コートにフライトの頂点がありネットぎりぎりにコントロールするようにしましょう。

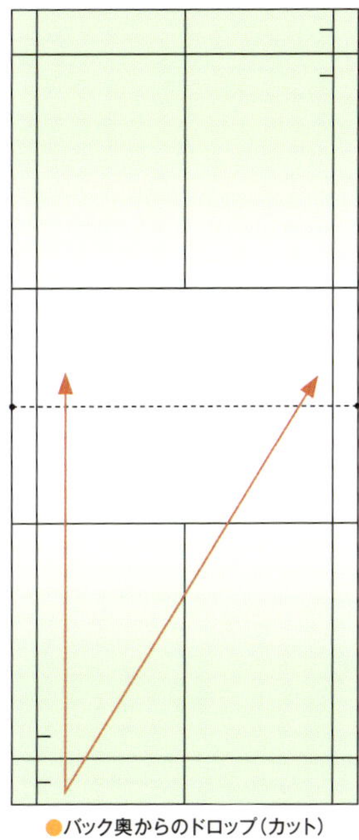

●バック奥からのドロップ（カット）

⑤バック奥からの攻撃的なドロップ（カット）

バック奥からストレートへの攻撃的なカットは、体勢（左肩）がバック側に流れやすいので、ネットへ引っかけるミスと、サイドアウトのミスが必然的に多くなります。ネット上に通過点をサイドラインの内側30センチくらいを狙うと、体のひねりとの関係でサイドライン近くにコントロールできます。バック奥からの攻撃的なストレートのフォアカットは、相手を崩しエースを狙う有効なストロークとなります。またバック奥からの攻撃的なクロスカットは、リバースカットを使うとスピードがあり、コントロールもしやすくなります。インパクトの直前に、指でグリップを緩めるように打ちますが、クロスはストレートより約1.3倍距離が長いので、ネットに引っかけるミスやサイドアウトのミスに注意しましょう。

⑥バック奥からの守備的なドロップ(カット)

苦しい体勢のバック奥からの守備的なつなぎ(逃げ)のドロップ(カット)は、ラケット面をカットしないドロップとリバースカットが有効です。バック奥からストレートのフォアカットは、ネットへ引っかけるミスやサイドアウトのミスが多くなるので、このタイミングでは避けたほうが無難です。リバースカットは時計の逆回りに2時から9時の方向へ、横へなぎ払うような感覚でスライスしながら、インパクトの直前に手首を後ろへ反らし、グリップを緩め柔らかくカットします。このラケットワークは、シャトルのスピードをラケット面で吸収しながら減速させ、ネット前へ球足を短くコントロールします。自分の返球体勢、相手のストロークのスピード、コースなどを考え、状況に応じてドロップ(カット)とリバースカットを使い分けるようにしましょう。バック奥からの守備的なドロップ(カット)は、クリアーで返球するのに比べミスが多いというリスクはありますが、フェイント気味にコントロールできれば、相手のフットワークの足を止めることができます。守備的なドロップ(カット)は、相手のクリアーやアタックロブのスピードを殺す(減速させる)という意識を持ち、球足を短くコントロールしなければなりません。

⑦ハイバックハンドの攻撃的なドロップ(カット)

ハイバックハンドでのストレートのカットは、守備的なストップ気味のただ当てるだけになってしまい、なかなか攻撃的なスピードあるカットが打てません。このタイミングでハイバックハンドのリバースカットを使うと、速いスピードのカットが打てます。ひじを支点に約180度ラケット面を返し、腕を巻き込むような感覚でスイングしましょう。ハイバックハンドのクリアーと同じフォームなのでフェイントがかかり、相手のフットワークを一瞬止めることができます。ネットに対してまっすぐにスイングし、フォロースルーのラケット面が外側に流れすぎないようにしましょう。コントロールが非常に難しく、高度なラケットワークが要求されますが、この打法をマスターするとハイバックハンドからのドロップの大きな武器となります。前腕の回外(外転)運動を使い、サイドラインの30センチくらい内側を狙うと、コントロールがアップします。クロスのカットは、ネットに背中を向ける苦しい体勢なので、ネットへ引っかけるミスやサイドアウトのミスがどうしても多くなります。クロスの攻撃的なカットは、シャトルを斜めにカットする打ち方と、カットせず手首を使い巻き込む打ち方の2種類があります。相手のストロークのスピードにより使い分けますが、一般的には速いスピードのストロークや体の近くでとらえたときは、手首を使う上から巻き込む打ち方でクロス方向に緩いスピードのストロークを、体から離れた位置でとらえるときはカットしながらクロス方向へ打ちましょう。いずれにしてもハイバックハンドの攻撃的なドロップ(カット)はクロス方向へ打つのが主流です。

⑧ハイバックハンドからの守備的なカット

前腕とラケットを一直線に立てた状態から、手首を立てながらひじを運ぶような感覚で移動させ、ストレート・クロスへドロップ(カット)を打ち分けます。決してネット際すれすれを狙うストップ気味に打たず、逆にラケット面に接触する時間を長くし、意識的に球足の長い返球をするようにします。クロスのカットは戻りの動作の腰のひねりを利用して打ちましょう。相手のスピードに押され気味のときは、意識的にラケット面を少し内側に向け、サイドアウトのミスを防ぎます。ひじの運び(移動)でスピードをつけ、意識的に球足を長くするようにしましょう。

⑨いろいろな種類のドロップ(カット)

ワンパターンのラケット面で、ドロップ(カット)を打ってはいけません。いろいろな種類のカッティングで、多彩なドロップ(カット)を状況に応じて打ち分ければ、相手に読まれない(相手の逆をつく)ストロークになります。ドロップ(カット)は、コントロールと相手に読まれない(相手の逆をつく)の2つが威力となるのです。下記にいろいろなカッティングのドロップ(カット)を11種類紹介していますが、普段の練習から意識的に取り組んでマスターし、ドロップ(カット)の球種を増やすようにしましょう。11種類の中でも特に効果のあるドロップ(カット)を2つご紹介します。1つは[2]のカッティング技術です。日本選手のカットの多くはシャトルを斜めに切りますが、中国選手は上からラケット面をタテに巻き込むようにカットします。非常にコントロールが難しい打ち方ですが、野球のピッチャーのドロップに似ています。タテ方向に鋭くラケット面を横向きに切ることで、ネットを越えると急激に減速し球足が短くなります。手首を巻き込むと同時に親指を上に押しつけグリップを握り込む打ち方は、相手がストロークとコースが読みにくいのでノータッチのエースを狙えます。インパクトの直前までクリアーと同じフォームなので、相手はクリアーとカット、ストレートとクロスのコース、の区別がつかないので、ぜひマスターしてほしいカッティング技術の1つです。もう1つは[7]で、インパクトの直前まで普通のカットと同じですが、インパクトと同時にラケット面を瞬時に引き上げる、チョップカットとネーミングしているフェイントを利かせたクロスへのカットです。フォア奥でネットに対して体がタテに入ったままの状態で打つのがポイントで、フォロースルーがない小さく鋭いスイングなのでフェイント効果が高く、クロスのノータッチのエースが狙えます。ジャンプ力のある選手が跳びついて使うと、ネットを越えると急激に失速し、極端に球足が短くなる効果があります。視線や顔の向きをストレートに向ければ、フェイント効果がよりアップします。どのストロークにもいえますが、特にドロップ(カット)は、少々球足が伸び高さが甘くても、まずは相手コートに入れるコントロールが大切です。

[1]ラケット面をカットせず、手首を巻き込むように緩く打つドロップ。
[2]中国式のラケット面をタテ方向に、手首を巻き込むように打つカッティング。
[3]ラケット面を斜めにカット(スライス)。
[4]ラケット面をタテ方向にカッティングする、緩い球足の短いカット。
[5]ラケット面をタテ方向にスイングする、攻撃的でスピードあるリバースカット。
[6]ワイパーショット気味にラケット面を横方向にスイングする、守備的なフェイント気味のリバースカット。
[7]チョップカット。
[8]ハイバックハンドのひじでシャトルを運ぶドロップ。
[9]ハイバックハンドのスライスカット。
[10]ハイバックハンドのリバースカット。
[11]ハイバックハンドの手首を巻き込むクロスカット。

ドロップ(カット)のポイント

- □いろいろなラケット面・カッティング術・スピードの変化・ボディアクション・フェイントなど、状況に応じて使い分ける。
- □球足が長いカットスマッシュ気味のドロップ(カット)と、球足が短いネット際に落下する緩いドロップ(カット)の2つの緩急を使い分ける。
- □肩甲骨を最大限に伸ばし、打点を高くしてネットに引っかけるミスや球足が伸びるミスを防ぐ。
- □スピードで勝負するストロークではないので、コントロール・フェイント・球足の長さなどに注意しましょう。
- □クリアーに比べドロップは、フォワードスイングのスピードが落ちるので、スイングの途中でドロップと読まれやすくなります。フォワードスイングのスピードをクリアーと同じようにして、クリアーとドロップを読まれないようにしましょう。練習のとき直前まで「クリアー、クリアー」と呪文のように唱え、インパクトの春化にドロップ(カット)を打つ練習法が効果的です。
- □ショートサービスラインの内側がドロップ(カット)の理想の落下点とします。甘いドロップ(カット)もミスと考え、厳しくコントロールすることを意識しましょう。
- □鋭い角度の球足の短いドロップ(カット)が理想です。ジャンプでシャトルへ跳びつき高い打点を求めることを、普段から意識し練習しましょう。
- □フォアとリバースのカッティングでカットを打ち分けましょう。リバースカットの得意な選手は組み立ての変化に富み、相手の逆をつくことができます。
- □男子シングルスはジャンプスマッシュ、女子シングルスはドロップ(カット)の良否がゲームを左右します。フォア奥からのストレートのリバースカットが得意になれば、よりレベルアップされたプレースタイルになります。
- □コントロールが最大限に要求されるストロークです。ドロップ(カット)をコントロールするには、親指と人差し指の感覚を大事にしましょう。

スマッシュ

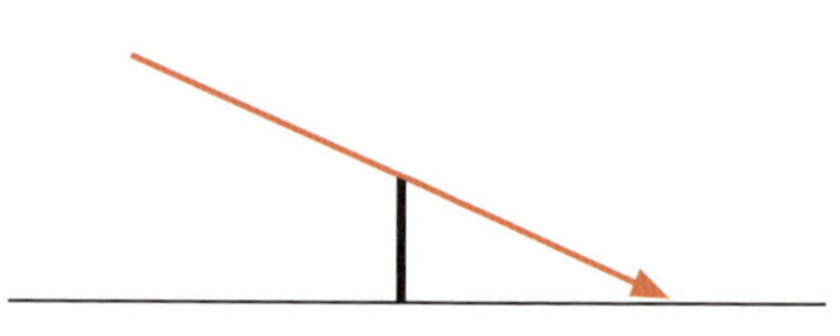

◆ストロークの中でもっともスピードが速いスマッシュは、ただ力まかせに打つのではなく、スピード・コントロール・角度などにも注意しなければなりません。スマッシュは、❶両足を床につけ体を入れ替えて打つ、❷ジャンプで体を入れ替えて打つ、❸ジャンプで体を入れ替えないで打つ（サイドジャンプ）、❹両足ジャンプ、❺ハイバックハンド、などがあります。また、フルパワー（ハードヒット）・カットスマッシュ・ハーフスマッシュを、ラリー状況に応じて使い分けるようにしましょう。

①フルパワー（ハードヒット）のスマッシュ

シングルスはスマッシュで相手の体勢を崩すスマッシュと、相手を崩してからスマッシュでエースを狙う2種類があります。前者は攻撃型の選手、後者は守備型の選手に多いスマッシュの使い方ですが、いずれの場合もスピードとコントロールに注意しなければなりません。スマッシュは、スピード・コントロール・変化・角度・相手に読まれない（相手の逆をつく）、のストロークの威力5原則を意識しながら打ちましょう。スマッシュはエースの率が高い反面、ミスの率も高いストロークです。ただ力まかせに打つのではなく、右足の鋭い蹴り、腰の回転、上体の入れ替え、前腕の鋭い振り下ろし、などを意識すればよりスピードアップします。フルパワーのスマッシュは、打球後の体のバランスが崩れやすく次動作が遅くなりがちです。相手を崩すスマッシュかエースを狙うスマッシュかを瞬時に判断し、打ち分けるようにしましょう。シングルスのスマッシュは後ろへ大きく跳びつき、相手がレシーブの体勢をとる前の早いタイミングで打てば、スマッシュのエース率が格段に高くなります。苦しい体勢から無理をしないでラリーをつなぐのも確かに一つの戦法ですが、相手にプレッシャーをかける意味でも、苦しい体勢から積極的にスマッシュを打つようにしましょう。初・中級レベルのスマッシュのコースは、オープンスペースのサイドラインを狙うケースが圧倒的に多くなりますが、上級レベルになると、これにボディアタックを加えた3つのコースを狙い、相手のコースの予測を狂わせます。スピードはもちろん大切ですが、有効なスマッシュを打つポイントは、コントロールと相手にコースを読まれないことです。最近のシングルスの傾向は速いラリー展開が主流ですが、男子はもちろん女子も積極的にジャンプし、高い打点からスマッシュでエースをとりにいく、プレースタイルを身につけるようにしましょう。

②カットスマッシュ

カットとスマッシュを組み合わせたカットスマッシュは、スマッシュに近いスピードで打たれますが、ネットを越えてから急激に失速するので、球足がスマッシュより短くなります。フルパワーのスマッシュに比べ、相手のコース判断が遅れるので、シングルスでは積極的にカットスマッシュを多用しましょう。打ち方はカットと同様に、フォアとリバースの2種類があり、特にリバースカットのスマッシュは、フォアカットよりコースの判断を遅らせるフェイント効果があります。カットスマッシュはクロスに打つことが多いのですが、フォア奥からリバースのストレートへのカットスマッシュと、バック奥からフォアのストレートへのカットスマッシュは、フェイントが利いて相手がレシーブしにくいストロークとなります。カットスマッシュはエースを狙うストロークなので、高い打点から体を巻き込むようにして角度をつけて打ちます。カットスマッシュをより鋭くするには、フォアのカットスマッシュは、インパクトの瞬間に強く親指をこすり上げるように使い、リバースのカットスマッシュは、親指と人差し指でグリップを緩めるようにします。

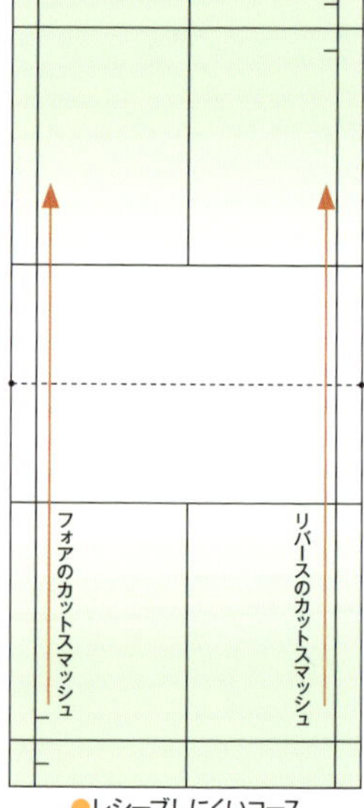

●レシーブしにくいコース

③ハーフスマッシュ（スナップショット）

フルパワーのスマッシュのように全力で打つのではなく、前腕の伸展力を使いながら十分に手首を利かせて打ち、インパクトと同時にラケットを引き戻します。このハーフスマッシュはエースを狙うのではなく、相手の体勢を崩すときのカウンターとして使いましょう。ハーフスマッシュは、ストレートのドリブンクリアーやアタックロブをクロスへ、クロスのドリブンクリアーやアタックロブをストレートへ打つと効果があります。カットスマッシュとハーフスマッシュの使い分けは、比較的遅いスピードはカットスマッシュ、逆に速いスピードはハーフスマッシュを使うと、ミスが少なくなりコントロールが安定します。

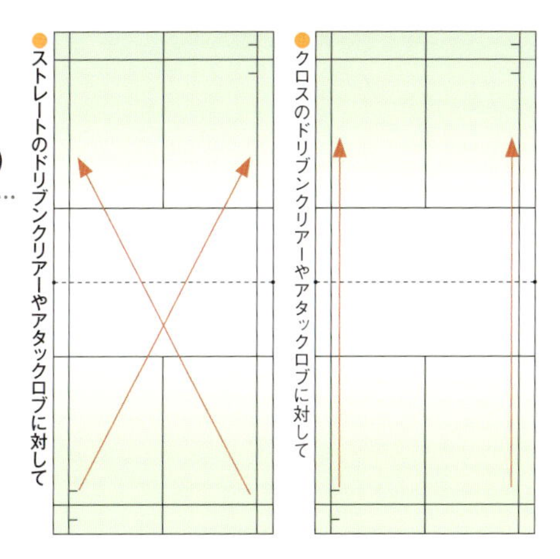

④ジャンプしないで上体を入れ替えるスマッシュ

ジャンプの苦手な女子選手やスマッシュを打った勢いで、ネット前にラッシュして決めるときに使いますが、テニスのサービスの両足を鋭く蹴り前に出る体の使い方をイメージしましょう。両足の間隔を肩幅より広くとり、右足のつま先方向を横かそれよりやや開いた逆ハの字にして、軸足の右足に重心（体重）をかけます。このとき左手を高く上げ体のやや内側に入れるようにすると、上体と体のひねりを助けるパワーのタメを作ります。右ひざを曲げるときは、右足の拇指球に重心（体重）をかけ、肩に余分な力が入らないようリラックスして準備に入ります。次に右足で床を強く蹴り左足に重心（体重）を移動し、左足のつま先を伸び上がるように鋭く蹴り、斜め前方上でシャトルをとらえます。このとき左腕を勢いよく左わき腹に向けて振り下ろすと、右肩と左肩の入れ替えを速くします。肩→ひじ→手首の順に運動連鎖を使ってスイングし、ひざの屈伸を十分に使い同時に胸（大胸筋）を大きく張り、ひじと手首を遅らせ前腕を勢い良く振り抜くようにしましょう。体のタメを使いパワーを一気に爆発させるには、左肩の開きを抑え腰を小さく鋭くひねることがポイントになります。スマッシュのインパクトは、クリアーやドロップよりやや前でシャトルをとらえ、手首を十分に利かせシャトルが浮かないようにスイングしましょう。

⑤ジャンプで体を空中で入れ替えるスマッシュ

ジャンプで体を空中で入れ替えるスマッシュは角度をつけやすい反面、打球後の次動作が遅くなるので注意しなければなりません。野球のバッターと同様に左足を引きつける右足への体重移動が、スマッシュのスピードを生み出します。両足の入れ替えは、広く開いた両足の間隔の半分くらいまで左足を右足に引きつけ重心（体重）を移動し、右足の拇指球を中心に床を鋭く蹴り、前方上に高くジャンプします。このタイミングで左足の引きつけが外側に流れないように注意しましょう。左手を左わき腹につける速い振り下ろしが上体の入れ替えを助け、スマッシュのスピードアップにつながります。左手を右手のわきの下につけるジュニア選手を多く見かけますが、これでは左手が邪魔になり、スイングスピードを遅くさせる一つの原因となります。腰を小さく鋭く回転させながら下半身を使い、肩→ひじ→手首の運動連鎖で右腕をムチか釣り竿のようにしならせ、手首とグリップの強い握り込みで、前腕の伸展力を使い鋭く前にスイングします。また、前腕が遅れて出てくるムチの動作が、スマッシュのコースが読みにくいフォームになります。スマッシュの打球後は、右足を大きく前に踏み出すと同時に、速く床につけるようにしましょう。注意するのは着地のときの左足のつま先方向を、ネット方向に向けないことです。

⑥両足ジャンプのスマッシュ

余裕が十分にあるときに打つスマッシュで、最近では男子のダブルスに限らずシングルスでも多く使われますが、筋力やジャンプ力が男子より劣る女子ではあまり使われません。バレーボールのスパイクのように、ひざを深く折り曲げ低く体を沈める準備体勢から、勢いよく腕を上に振り上げる反動を利用し、より高いジャンプの打点を求めましょう。スマッシュやドロップ（カット）に角度をつけるときに有効ですが、腹筋・背筋などの筋力不足では十分な高さのジャンプができません。空中でひざを折ることで、実際のジャンプより相手に高さを感じさせプレッシャーを与えます。この両足ジャンプのスマッシュは、バレーボールのバックアタックのように空中で後ろから前に跳び出すような感覚で打ちましょう。トップ選手はひざを折った空中姿勢から、ひざを勢いよく前に伸ばす反動や体の入れ替えを使い、スマッシュのスピードをアップします。

⑦ラウンドザヘッドのスマッシュ

ラウンドザヘッドは、テークバックでの右足（軸足）の深い着地とつま先の方向がポイントになります。つま先がネット方向に向いていると、右足に重心（体重）が移動せず、体のタメができないので強打ができません。右足を深く着地するのと同時に、瞬間的な腰の鋭いひねりで、つま先の方向を逆ハの字にします。しかし、ドリブンクリアーや低いアタックロブの速い攻撃を受けたときは、つま先の方向を意識的にネット方向に向け、腰や上体のひねりを使わずに上体の反り（ウィービング）のラウンドザヘッドで返球します。つまり、ラウンドザヘッドの体の使い方には2種類あり、状況に応じて使い分けることがポイントになるのです。ラウンドザヘッドは、空中で体を入れ替えて打ちますが、左足を引きつけ右足に重心（体重）を移動した直後に、右足の拇指球で床を鋭く蹴り素早く体を入れ替えます。フォワードスイングで胸を張って上体を反らし、肩→ひじ→手首の順に運動連鎖を使いスイングしましょう。追い込まれた状態からのストレートへのクリアーは、手首（スナップ）を内側にひねることで、サイドアウトを防ぐことができます。トップ選手はより速いタイミングでその手首を使い、相手のバック奥へドリブンクリアーやスマッシュで攻撃します。このクリアーのクロスへの返球のときにセンターライン近くのコースで返球が甘くなりがちですが、手首のひねりを使いコントロールには十分注意しましょう。ラウンドザヘッドは、ネットに対して両肩のラインが約135度になります（90度＋45度）。ネットに対して90度（直角）のタテの入れ替えより、そのことを意識し上体や腰のひねりを1.5倍速くひねらなければなりません。ラウンドザヘッドの振り遅れによるサイドアウトは、この1.5倍ひねる意識が低いからです。また頭の後ろからの遠回りしないスイングが、ラウンドザヘッドの良否に大きなポイントになります。ラウンドザヘッドの打球後の左足は、着地のショックを和らげると同時に、左足の蹴りで次動作に素早く移らなければなりません。それには着地委のとき左足のかかとを、できるだけ床につけないことです。ジュニア選手の多くは、ラウンドザヘッドの打球後に右足が内側に入る傾向があり、そのため体勢が後ろや横に流れてしまい、次動作が極端に遅れてしまいます。また、右足のかかとから着地するケースも多いので注意し、左足の着地と同時に右足のつま先を床に音がするくらい叩きつける、中国式の着地法を取り入れましょう。ラウンドザヘッドの苦しい体勢では、右足を意識的に真横に出してバランスをとり、余裕があるときはホームポジション方向に右足を出します。いずれの場合もひざを曲げない前傾姿勢で、足を伸ばしながら着地しなければなりません。

⑧後方へ跳びつきジャンプで体を入れ替えるスマッシュ

ダブルスのドライブサービスをスマッシュするイメージですが、最近では男子シングルスでも多用されています。苦しい体勢から無理せず丁寧にクリアーやドロップでつないでいくのも確かに一つのプレースタイルですが、苦しい体勢から後ろへ大きく跳びつきスマッシュすると、相手にプレッシャーを与え、より攻撃的で積極的なプレースタイルになります。強い筋力や空中バランスがよくなければ、後ろへ大きく跳びつくスマッシュはできませんが、相手のレシーブ体勢の前に攻撃するので、スマッシュのエース率が格段に高くなります。フットワークの最後の1歩を大きく跳びつくのは、ネット前に限ったことだけではありません。後ろへ大きく跳ぶジャンプスマッシュができれば、ラリーにおける攻撃の幅が広がり、自分のプレースタイルが大きく変わります。後方へ跳びつくスマッシュは、苦しい体勢での体の鋭いひねりを使い、空中で前傾姿勢をとりながら次動作に備えましょう。

⑨フォア奥のサイドジャンプスマッシュ

右足の蹴りでシャトルに跳びつくサイドジャンプスマッシュは、前腕とラケットを一直線に保ち、体を入れ替えないで腕のパワーだけでラケットワークを直線的に打つようにしましょう。このとき上体の向きがタテに入りすぎると、インパクトが遅れサイドアウトの原因になりますし、またクロスへ打つのが難しくなります。フォア奥のサイドジャンプスマッシュは、角度を求めずにスピードとコースで勝負しましょう。スイングは前後運動を使い、胸を張りながらラケットを押し出すような感覚で打ちます。ジュニア選手の多くは、フォア奥のサイドジャンプで、ひじが背中方向に入りすぎる傾向があり、そのためスイングが遅れサイドアウトのミスが多くなるので、注意しなければなりません。

⑩バック奥のサイドジャンプスマッシュ

ダブルスのサイドジャンプスマッシュはよく使われますが、シングルスでもドリブンクリアーやアタックロブを、カウンター気味に攻撃するときに使われます。左足の蹴りでシャトルに跳びつき、体を入れ替えないでスマッシュします。ラケットワークは頭の後ろを通るスイングではなく、頭の前で打つコンパクトなスイングで打ちましょう。クロスへ打つにはインパクトの直前に、上体をクロス方向へ思い切りひねり、手首を巻き込むようにします。フォア奥とバック奥のサイドジャンプは、強い筋力と空中のボディバランスがポイントで、滞空時間をできるだけ長くしなければなりません。また、遠くへ大きくジャンプするには、ひざを深く曲げ一度体を沈ませてからジャンプしましょう。

⑪ハイバックハンドのスマッシュ

ジュニア選手にとって、バック奥は難しいコーナーと言えます。当然、相手からバック奥を狙われるケースも多くなりますが、このときハイバックハンドでクリアーやスマッシュを自由自在に打つことができれば、苦しい体勢からでも簡単に攻撃することができます。背中がネットと平行になるくらい肩を中心に上半身をひねりますが、このとき上半身だけでなく腰のひねりも使うことがポイントになります。ハイバックハンドのスマッシュは、ひじを支点に前腕を鋭く振り出し、強いグリップの握り込みで打つようにしましょう。ジュニア選手はひじを引かず、肩や右腕が先行する手打ちが多くなりますが、これではスピードやコントロールがつきません。ハイバックハンドのスマッシュは、外転運動で打つとラケット面がスライスしてしまいます。手首と強いグリップの握り込みで、手首を中心にコンパクトに打つようにしましょう。ハイバックハンドのスマッシュは、決めようとせずカウンター気味に打つ意識が大切です。

スマッシュのポイント

□腕のパワーだけではスマッシュが速くなりません。右足(軸足)の拇指球の鋭い蹴り、前腕(ひじより先)の鋭い振り下ろし(伸展力)、インパクト時の強いグリップの握り込み、ラケット面を返す内転運動、などをスイングに取り入れましょう。

□左肩を中心とする軸回転でスマッシュを打ち、左肩の開きをインパクト直前まで抑えるようにします。速い体の入れ替えは、右足(軸足)に重心(体重)をかけることがポイントになります。

□女子のスマッシュは、あまり角度を意識せずスピードとコースで勝負しましょう。ネットへ引っかけるミスには特に注意が必要で、まず相手コートに入れることを最優先しなければなりません。

□男子は両足ジャンプスマッシュが主流ですが、女子もこの打ち方をマスターし、ラリーの状況に応じてときどき使えるようにしましょう。

□空中で体を入れ替えて打つスマッシュは、速い両肩の入れ替えがスピードアップにつながります。

□フルパワースマッシュ、カットスマッシュ、ハーフスマッシュなどを、ラリーの状況に応じて使い分けるようにしましょう。

□サイドアウトは、コースを狙いすぎることが原因です。調子がよいときは積極的にコースを狙ってもよいのですが、調子が悪いときはアバウトなコースを狙うようにしましょう。

□角度のある球足の短いスマッシュと、角度のない球足の長いスマッシュをラリーの状況に応じて使い分けましょう。長短の角度を打ち分けるスマッシュは、シングルスのストレートへのスマッシュやダブルスで効果があります。

□シングルスはパワースマッシュより、カットスマッシュやハーフスマッシュのほうが効果を発揮するケースが多くなります。相手にスマッシュのコースを読まれないために、このカットスマッシュやハーフスマッシュを多用する組み立てを考えましょう。決めにいくスマッシュ、相手を崩すためのスマッシュ、を意識しながら使い分けてください。

□カットスマッシュは、フォアカットだけでなくリバースカットも多用しましょう。特にフォア奥からストレートへのリバースカットのスマッシュは効果があります。

□スマッシュを決め球として打つのではなく、クリアーやロブの苦しい体勢やロングサービスを打たれたときの第1打の入り、などスマッシュをつなぎ球として使うのも効果があります。

□シングルスのゲームで、ドロップ(カット)のミスが多いと感じたときは、それに固執せずハーフスマッシュへ切り替えるのも一つの戦法です。

□苦しい体勢から丁寧にクリアーやドロップ(カット)でつなぐプレースタイルでは、将来のレベルアップが望めません。その苦しい体勢からスマッシュを打つ積極的な姿勢や意識が大切です。

□レベルの高い選手ほど、スマッシュのコースをサイドラインばかり狙わず、ボディアタックを多用します。オープンスペースへのクロススマッシュは、相手にレシーブされたときフットワークの移動距離が長いので、ノータッチになる可能性が多くなります。

□スマッシュの打球後は、素早いネット前へのフットワークがポイントです。相手は約80パーセント以上の高い確率でストレートに返球してきます。言葉は悪いのですが、ヤマをかけるようなストレートのネット前のフットワークが、スマッシュの効果を最大限に生かします。

□攻撃型選手と守備型選手では、スマッシュを打つ頻度に差が出てきます。攻撃型の選手は決まる確率が低いと思っても、積極的にスマッシュで攻撃すべきです。反対に守備型の選手は、相手を徹底的に崩し、決まる確率が高いときにスマッシュを打つようにしましょう。攻撃型選手で約50～60パーセント、守備型選手は約70～80パーセントの確率が一つの目安です。

□ダブルスのスマッシュは、機関銃のように連打することが大切です。ジュニア選手の多くは連打ができず、すぐにクリアーやドロップ(カット)でつなぐ(逃げる)傾向にあります。もちろん、そのような選手はダブルスの大きな成長は望めません。

ロブ

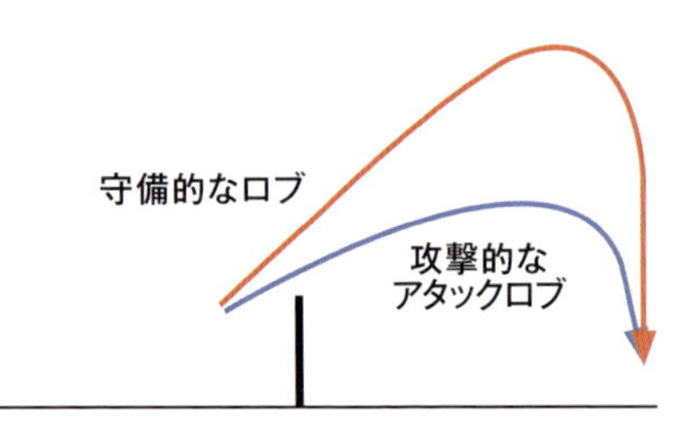

◆ロブは相手を追い込む攻撃的なアタックロブと、滞空時間の長い返球で自分の体勢を立て直す守備的なロブの2種類があります。いずれも相手コートの奥深くへ返球し、相手のチャンス球にしないことが大切です。ロブの注意点は、❶ヘアピンと同じフォームでインパクトの直前まで球種とコースを読まれない、❷小さく・鋭い・弾くようにコンパクトなスイングをする、❸ミドルや低い打点の攻撃的なアタックロブに結びつける、❹積極的にフェイントをかける、❺飛距離に注意する、❻コーナーを狙う、などです。ロブやヘアピンなどネット前のストロークは、いかに高い打点でシャトルをとらえるかがポイントです。スピードで勝負するストロークではないロブは、コントロールには十分に注意をしなければなりません。

❶フォア前の高い打点

左手はひじを曲げた手首の位置が高い、フェンシングのポーズ（40～41ページ参照）をとります。この左手の使い方はプッシュと同じフォームなので、相手はインパクトの直前まで何が打たれるかが読めません。フェンシングのポーズの左手の使い方は、体のバランスをとる以外に、ボディアクションで相手にプレッシャーを与える効果もあります。ネット前の高い打点は、ネットに対してラケット面を斜めに立て、相手にロブ・ヘアピン・プッシュの何が打たれるか、インパクトの直前まで予測されないようにしましょう。高い打点でロブを打つときは、ラケットワーク・ボディアクション、時間差などを使うフェイントで、相手の動きを一瞬止めることが大切です。

❷バック前の高い打点

バック前の高い打点はラケット面を斜めに立て、最後の1歩が大きいステップで踏み込みます。バック前のフットワークで低い打点やノータッチが多いのは、1歩動でシャトルをとらえるのが原因で、それを避けるためにはシャセやツーステップを使い、できるだけ高い打点でシャトルをとらえるようにしましょう。グリップの斜めの狭い部分に親指を当てる、イースタン・バックハンドグリップで握り、指が1～2本入るリラックスした状態から、インパクトの瞬間に強くグリップを握り込んでロブを打ちます。高い打点からはフェイントをかけやすいので、多彩なラケットワークのアタックロブでフェイントのロブを左右に打ち分けましょう。もちろん、左手はフェンシングのポーズになります。フォア前は人差し指、バック前は親指でグリップを強く握り込みながら押しましょう。

❸フォア前のミドルの打点

ロブのポイントはフォア前・バック前とも、テークバックを大きくせずラケットを引きすぎないことです。テークバックが大きいと必然的にスイングが大振りになり、攻撃的なアタックロブが打てません。ミドルの打点は守備的な奥深くへ返球するロブではなく、攻撃的なアタックロブの頻度をいかに多くするかです。フォアのロブはリストワークを使い、小さく・鋭い・弾くようにコンパクトなスイングをしましょう。バックハンドの親指に比べフォアハンドの人差し指は、グリップを押す力が弱く、必然的にリストワークに頼らざるをえません。トップレベルの選手はひじを伸ばし、ラケット面を斜めに立てた状態から、人差し指でグリップを押しロブを打ちます。ラケット面を静止させた状態からロブが打たれるとフェイントがかかり、相手はインパクトの直前までヘアピンと錯覚してしまいます。ぎりぎりまでシャトルを引きつけてロブを打つ、これが究極のフェイントということを意識してください。

❹バック前のミドルの打点

フォア前と同様にバック前もミドルの打点のポイントは、ロブを簡単に奥深く上げず攻撃的なアタックロブにいかに結びつけるかです。そのポイントはどのようなラケット面の角度で、シャトルを待ち構えるかです。ミドルの打点や低い打点は、ラケット面が床と平行の寝かせた状態になりがちですが、このラケット面からは守備的な逃げの奥深く上げるロブになり、攻撃的なアタックロブが打てずラリーが単調になってしまいます。このタイミングでラケット面を斜めに立てる状態だと、指の操作によるフェイントを含めた多彩な攻撃的なアタックロブが打てます。

❺フォア前の低い打点

低い打点のロブは、ランジング姿勢（ネット前の姿勢）が安定していることがポイントになります。股関節が硬い選手はひざのクッションが使えず、スタンスが狭くなり肩を使う大きなスイングになってしまいます。ランジング姿勢で腰が曲がり、頭を下げた不安定な姿勢になってしまうのです。低い打点のロブは、インパクトまでの時間的な余裕がないので、右足を踏み込むと同時にしなければなりません。この余裕のない低い打点のときは、フォロースルーを含め小さく・鋭い・弾くようにコンパクトなスイングで返球しましょう。

フォア前のロブ

❻バック前の低い打点

バック前の低い打点は、❺のフォア前の低い打点を参考にしましょう。フォア前・バック前の低い打点からは、守備的な奥深く上げる逃げのロブに固執してはいけません。チャンスがあれば攻撃的なアタックロブで返球することを意識すべきです。低い打点はインパクトの直前まで、ラケット面を斜めに立て静止させながらシャトルを待ちましょう。グリップの強い握り込みによるコンパクトなロブは、相手がヘアピンと錯覚するので、フットワークのスタートを遅らせる効果があります。

⑦ワイパースイングのロブ

プッシュかストップ気味にネット前に落とすと見せかけ、フォア前から面積の狭い相手のバック奥へ、ワイパースイングでストレートに低いフライトのロブを打ちましょう。ひじを軽く曲げラケット面を立てた状態でシャトルを待ち、手首を支点に親指と人差し指を使い、時計の逆回りに2時から10時の方向にスイングします。インパクトの直前に手首を後ろに反らし、手のひらの中でグリップを緩めるような感覚で、左方向に回すとフェイント効果がよりアップします。同様にバック前から相手のフォア奥へストレートに打つ場合は、時計回りの10時から2時の方向のラケット面でワイパースイングします。フォア前とバック前からコート奥の狭いスペースを狙うので、返球の高低はもちろんですが、サイドアウトやバックオーバーのミスにも注意しなければなりません。

バック前のロブ

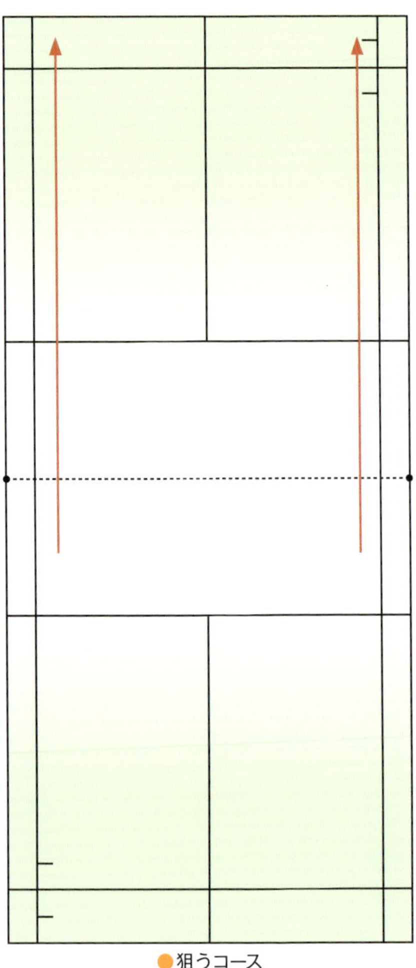
●狙うコース

⑧スライスのロブ

インパクトの直前にラケット面を床と平行にする、手首よりラケットヘッドを下げた状態から、インパクトの瞬間に親指と人差し指の強い握り込みで、瞬間的にラケット面をタテにこすり上げるような感覚でスイングします。ちょうど「し」の字を逆になぞるようなスイングをイメージしてください。注意するのはコントロールのミスで、サイドアウトのリスクを避けるためセンターライン近くでは、このロブは使わないようにしましょう。カット（スライス）のロブは、ダブルスで相手の後衛に対してロブでフェイントをかけるときに効果がありますが、シングルスのバック前の低い打点のときにも有効打となります。このフェイントにより相手は一度逆方向に振られるので、落下点へのフットワークが出遅れてしまいます。苦しい体勢から一瞬にして形勢を逆転させるストロークなので、トス（手投げ）ノックなどでマスターするようにしてください。親指を強く押しつけすぎるとサイドアウトやバックアウト、弱すぎると返球が甘くなるなどコントロールが難しいので注意しましょう。

⑨チョップロブ

ヘアピンを厳しいヘアピンで返されたときは、タッチネットやプッシュを恐れ甘いロブで返球してしまいがちです。このタイミングで低いフライトのロブを使い、攻撃的なアタックロブで返球しましょう。グリップを軽く握りネットに対しラケット面を斜めに立てながら構え、シャトルがネットを越えた瞬間に、グリップを握り込みながら勢いよく下へ振り下ろし、インパクトの直前にグリップを強く握り込み、すぐにラケットを上に引き戻します。ラケット面を小さく・鋭い・弾くようにコンパクトなスイングで、シャトルを押しつけるような感覚でスイングしましょう。シャトルをカット（スライス）しているので、バックバウンダリーラインの近くで失速しバックオーバーのミスを防げます。釣り竿かムチのようにラケットを振り戻す感覚で打つロブですが、タイミングをとるのが非常に難しく、高度なラケットワークの技術が要求されます。

ロブのポイント

□小さく・鋭い・弾くようにコンパクトなスイングで、大振りを避けましょう。

□打球後のランジング姿勢は、できるだけ左足を引きつけず残すようにしましょう。

□左手を上げることで体のバランスを保ちましょう。
高い打点はフェンシングのポーズでプレッシャーを与え、
低い打点はバレリーナのポーズ（40～41ページ参照）で体のバランスを保ちます。

□フォア前とバック前で、それぞれ少なくとも2～3種類以上のフェイントをマスターしましょう。
ラリーの状況に応じて使い分けますが、インパクトの直前まで相手にコースを読まれないようにします。

□ロブのフェイントは、ラケットワーク・ボディアクション・打点を意識的にずらす・それらの複合、
などがあります。ストロークにはそれぞれフェイントがありますが、
その中でもロブはフェイントをマスターしやすいので積極的に取り組みましょう。
フェイントの数が多いことがラリーの中で大きな武器となります。

□ネット前へのフットワークは、左足の拇指球の強い蹴りで最後の1歩を大きくし、
できるだけ高い打点でシャトルをとらえるようにしましょう。左足を右足から離して残すBステップ、
右→右のCステップを取り入れることができれば、よりフットワークのスピードがアップします。

□攻撃的なアタックロブと守備的な奥深く上げるロブを、状況に応じて使い分けましょう。

□フォアハンドは人差し指、バックハンドは親指を押しながらグリップを強く握り込み、
小さく・鋭い・弾くようにコンパクトなスイングでロブを返球しましょう。

□守備的な奥深く上げるロブは、コースを狙いすぎてミスをしてはいけません。

□低い苦しい体勢でシャトルをとらえたときでも、ラケット面を斜めに立て攻撃的な
アタックロブを打つ可能性を探りましょう。

□ランジング姿勢を正しく保つことが、ロブの安定につながります。
それにはハムストリングス（大腿二頭筋）の強化が欠かせません。

□ネット前へ跳びつきながらのロブはコントロールが難しくなりますが、
速いラリー展開で相手を崩す効果があります。

□ロブのフォームは、斜め逆Vの字をなぞるイメージでスイングしましょう。
もちろんノーバックスイングのテークバックが必要です。

□フォア前とバック前から、ストレートに狭いスペースを狙うフェイント気味の攻撃的なアタックロブが
効果的です。クロスのオープンスペースにフェイントのロブを打つと、
滞空時間が長いためカウンターを打たれる危険性があります。

スマッシュレシーブ

◆相手の攻撃を封じるには決め球のスマッシュをレシーブして、ラリーをつなげることです。スマッシュレシーブは、ストレートのスマッシュはクロスへ、クロスのスマッシュはストレートへ返球し、長い距離をフットワークさせ相手のミスを誘うのがセオリーです。しかし、スマッシュレシーブは、コースの瞬間的な判断と横への速いフットワーク(跳びつき)がないと、ノータッチが多くなってしまいます。ホームポジションで腰やひざを鋭くひねり、体全体でシャトルに跳びつくような感覚で、スマッシュレシーブのスピードアップを強化しましょう。

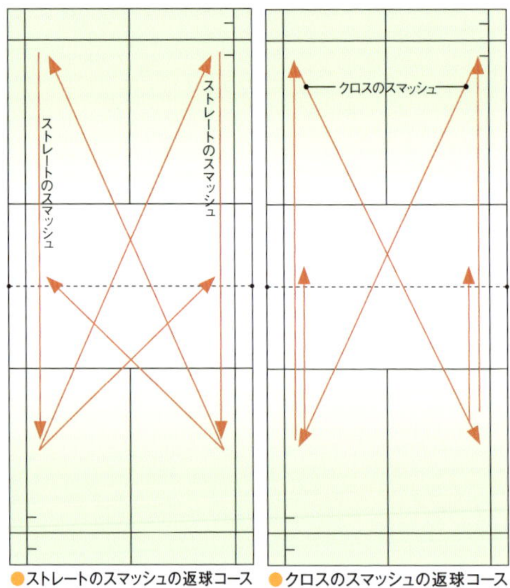

●ストレートのスマッシュの返球コース　●クロスのスマッシュの返球コース

❶シングルスのショートリターン

ショートリターンはフライトの頂点が自コートにあり、緩いスピードでネットぎりぎりにコントロールする返球と、速いスピードでネットを越えてからも球足が伸びる返球の2種類があります。もちろんネットぎりぎりにコントロールし、低い位置でシャトルを取らせるのが理想ですが、ネット前へのフットワークが速い、スピンネットが得意、ロブやヘアピンにフェイントがある、などが相手選手にある場合は、ショートリターンを意識的に長くしましょう。ショートリターンのあとは、すぐに落下点の方向へ右足(軸足)を出すポジショニングを使い、ヘアピンをプッシュする体勢で相手にプレッシャーをかけましょう。ジュニア選手は、スマッシュをストレートに返球する傾向がありますが、素早くコースを判断し腰やひざの鋭いひねりを使い、シャトルに速く跳びつかなければクロスへ打つことはできません。クロスに返球できるがストレートへ返球するのと、ストレートのみの返球では、相手に与えるプレッシャーとその後のラリー展開が大きく違ってきます。ショートリターンはまずラケット面をつくり、真横よりやや前でシャトルをとらえることがポイントです。クロスのショートリターンは、できるだけ前でシャトルをとらえ手首を使い運ぶような感覚でコースを変えましょう。シングルスのスマッシュレシーブは、圧倒的にショートリターンが多くなりますが、相手に読まれやすいので、状況に応じてドライブリターンやロングリターンを混ぜることを考えなければなりません。

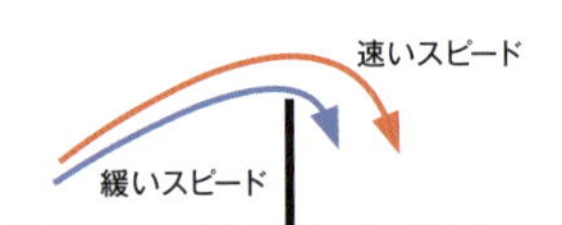

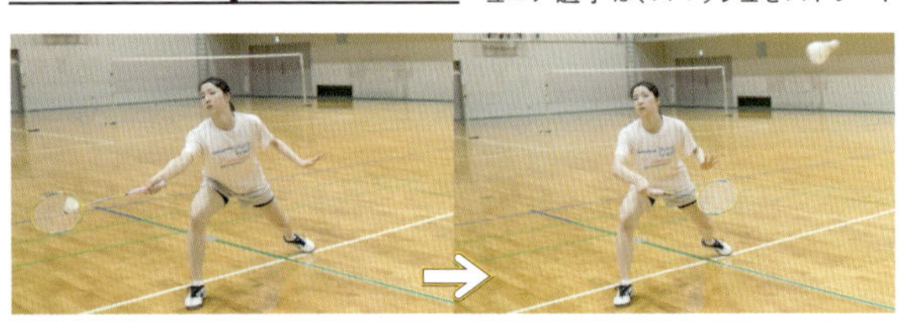

❷シングルスのドライブリターン

シングルスで攻守を一瞬で変えるスマッシュレシーブですが、スマッシュコースの判断とラリー中の余裕がないとドライブリターンは打てません。一般的にコースが甘く浮き球気味にきたスマッシュをカウンター気味に打ちますが、大振りをしないことがポイントになります。ショートリターンと同じくストレートはクロス、クロスはストレートにドライブリターンするのが原則ですが、相手のボディをめがけて打ちネット前に返球させるのも効果があります。ショートリターンだけの返球では、相手に簡単に読まれてしまうので、鋭く手首の返しを使うドライブリターンでレシーブエースを積極的に狙いましょう。

❸シングルスのロングリターン

シングルスのスマッシュレシーブで、よほど余裕がなければロングリターンを打てません。手首（スナップ）の強さが要求され、小さく・鋭い・弾くようにコンパクトなスイングで、タイミングをとらえ深く大きく打つようにしましょう。ショートリターンばかりの返球だと相手に簡単に読まれてしまうので、ときどきはロングリターンで返球し、相手の予測をはずすようにしましょう。

❹ダブルスのロングリターン

最近のダブルスは、後衛からのスマッシュではなかなか決まらず、中陣からのスマッシュをいかに決めるかがポイントになり、この攻防がゲームの流れを大きく左右します。一般的にロングリターンはバックハンドでレシーブしますが、フォアハンドでのレシーブもできないとレシーブの範囲が狭くなってしまいます。以前のスマッシュレシーブは、一度後ろへ引いた反動で前腕の伸展力を使いリターンしていましたが、最近はラケットを伸ばして構え、前でノーバックスイングのタイミングでレシーブするのが主流になってきています。ラケットの性能が飛躍的に向上し、それがスマッシュレシーブ法の変化になったのです。ダブルスのロングリターンはスマッシュのスピードを最大限に利用しますが、タイミングのとり方に最新の注意を払わなければなりません。返球のコースはストレートはクロスへ、クロスのスマッシュはストレートへ返球し、相手を左右に動かし十分な体勢でスマッシュを連打させないようにしましょう。ラケットの性能が向上したため、一般的に最近のジュニア選手は手首のパワーが弱く、それが理由でロングリターンに高さがないため、相手にスマッシュで決められやすい傾向にあります。中陣の浅い位置からのスマッシュは威力があるので、手首の力が弱いと返球が甘くなり決められてしまいます。普段から手首を鍛えるトレーニングを継続して行いましょう。

❺ダブルスのドライブリターン

ドライブリターンはスマッシュレシーブの攻守逆転のストロークとして、ダブルスの攻撃球として多用されますが、コースが甘くなると前衛につかまり、プッシュで攻撃されてしまいます。ネットに引っかけるミスなどのコントロールに気をつける・ラケット面を速くつくりネット前で浮かないようにする、小さく・鋭い・弾くようにコンパクトなスイングで返球する、インパクトの瞬間にラケット面をかぶせるスロードライブを使うなどの多彩なドライブリターンでレシーブしましょう。ジュニア選手はドライブリターンを力まかせに大振りしがちですが、タイミングに注意しながらひじを支点に手首を使い、相手のスピードを利用しながら押し出すようにスイングしましょう。女子ダブルスはスマッシュの角度がないので、積極的にストレートとクロスにドライブリターンを打ち分けましょう。

⑥ダブルスのショートリターン

ダブルスのショートリターンは大きな危険を伴い、ホップアップ（浮く）すれば相手の前衛にプッシュで決められてしまいます。ネットすれすれに返球してもコースを読まれていてはヘアピンを落とされ、再びスマッシュの攻撃をされてしまいます。ショートリターンで相手の連続スマッシュを断ち切り、ロブを上げさせ攻守を逆転させるには、フェイントを利かせて返球するのがもっとも効果があります。意識的にラケット面を遅らせ、手首と指の操作で打つようにしますが、インパクトの直前に足を引きながら、フェイント気味にクロスにショートリターンするのも有効な打法です。簡単にストレートへショートリターンすると、前衛に読まれプッシュで決められてしまうので、注意しなければなりません。

⑦ダブルスのスマッシュレシーブ法

ダブルスのスマッシュレシーブ法には、3種類の打ち方があります。❶ラケット面を体から離した状態で構え、ラケットを引きつけず前のポイントでインパクトする（卓球の突っつきのような打法）、❷リストスタンドの状態で構え、引きつける反動を使い前のポイントでインパクトする（卓球のフォアハンドのような反動を使う打ち方）、❸ラケット面を体の近くで構え、スマッシュの方向に振り出す。それぞれ一長一短がありますが、❶はドライブリターンに適しているが、ロングリターンが難しい。❷は反動を使うのでロングリターンに適しているが、振り遅れることが多い❸はタイミングはとりやすいが、ラケット面のコントロールが難しい、などの特徴があります。

スマッシュレシーブのポイント

- □ ストレートのスマッシュはクロスへ、クロスのスマッシュはストレートにリターンし、相手に長い距離を移動させミスを誘いましょう。
- □ 自コートにフライトの頂点があり、ネットぎりぎりにコントロールするリフティング（持ち上げ）のショートリターンを使い、相手のヘアピンをプッシュやアタックロブで攻撃しましょう。
- □ ネット前のフットワークが速い、スピンネットが上手、などの相手にはネット近くへコントロールするショートリターンを避け、ラケット面をつくり腕全体で押し出す感覚で、長めのショートリターンをしましょう。
- □ シングルスでショートリターンをストレートにだけ返球していては、相手に簡単に予測されてしまいます。スマッシュレシーブを多彩にするため、クロスのショートリターン･ドライブリターン･ロングリターンを使い分け、相手の予測や出足を遅らせましょう。
- □ サイドへのスマッシュレシーブは、ホームポジションで腰とひざをするどくひねり、その後に落下点へ素早く跳び出しましょう。
- □ シングルスのショートリターンの返球後は、右足（軸足）を1歩前に出すポジショニングを行い、相手のヘアピンをプッシュやアタックロブで攻撃できる体勢をとります。ロブで後ろへ返球されたときは、第1歩の右足を鋭い蹴りで落下点へフットワークします。シングルスの甘い返球後は、相手がボディスマッシュを狙ってくることが多いので、それを意識しなければなりません。
- □ スマッシュレシーブはシングルス･ダブルスとも、素早いコースの見極めがポイントになります。
- □ トップ選手が使う跳び込みながら（転びながら）、左手で体を支えるシングルスのレシーブは、反応が一瞬遅れたときや厳しいコースへのスマッシュに対して、効果のあるアクロバティックなレシーブの技術です。
- □ ダブルスのドライブリターンはスピードにこだわらず、インパクトの瞬間にラケット面をかぶせ、ネットを越えたらすぐに沈み込むソフトドライブのリターンも有効です。

プッシュレシーブ

ラケットの性能が飛躍的によくなったので、レシーブの攻撃的色彩が強くなり、ゲームにおけるレシーブの重要性が高まってしました。シャトルに対する反応やコンパクトなスイングで弾くように連打できるレシーブが理想なのです。プッシュレシーブはインパクトのタイミングがポイントで、タイミングが合えばプッシュのスピードを利用して返球することができます。注意するのはひざより下の低い打点で、ラケット面の角度を考えないとネットへ引っかけるミスが多くなることです。

プッシュレシーブのポイント

- □ プッシュレシーブはシャトルに対する反応と、リズムで打つことがポイントになります。
- □ 小さく・鋭い・弾くようなコンパクトなスイングで、ラケット面に注意しながら
  ネットに引っかけたり浮かせないようにしましょう。
- □ プッシュレシーブはシャトルに対する反応と、リズムで打つことがポイントになります。
- □ 小さく・鋭い・弾くようなコンパクトなスイングで、ラケット面に注意しながらネットに引っかけたり
  浮かせないようにしましょう。
- □ プッシュレシーブはノーバックスイングで打ちましょう。
  プッシュとプッシュレシーブはスピードあるストロークの応酬なので、大振りをしないことがポイントです。
- □ インパクトの直前に瞬間的にラケット面を変え、相手に返球コースを読まれないようにしましょう。
- □ 小刻みなステップでリズムをとりながら返球し、プッシュレシーブのあとはすぐ次動作の準備に入りましょう。
- □ ひざより下の角度のあるプッシュレシーブは、ネットへ引っかけるミスが多くなるので、
  ラケット面の角度づくりに注意しましょう。
- □ プッシュレシーブは、緩い返球でネットぎりぎりにコントロールするという意識は捨て、
  スピードある返球で前衛のミスを誘うようにしましょう。

ドライブ

◆最近のダブルスの戦法は、スマッシュに対するドライブレシーブが多く、お互いがドライブやプッシュを多用するラリーテンポの速い攻防が主流となっています。ネットを挟んで至近距離で打ち合うダブルスのドライブは、必然的にミスが多くなります。ドライブはスピードの応酬なので、打球後すぐにラケットを引き上げ、シャトルを迎える準備をしなければなりません。ドライブはスマッシュと同じくらいのスピードがあるストロークだ、ということを再認識しましょう。

❶体の近くのドライブ

かかとを高く上げ前傾姿勢でひざに余裕を持たせ、足で小刻みにリズムをとりながら構えます。右わきを締めラケット面をネットより高く保ち、ひじを下げないようにしましょう。体の近くのドライブはコンパクトなスイングをしますが、大振りはフォロースルーが大きく次の構えが遅れ、差し込まれてしまいます。ドライブやプッシュのように速いラリーのときは、テークバックは親指と人差し指でラケットを支え、手のひらがグリップにつかないように握りましょう。この状態からインパクトの直前に強く握り込む打ち方は、手のひらがグリップにぶつかり、手首を立てた状態でフォロースルーが止まるので、ラケット面が下がらず次の構えが速くなりドライブの連打がしやすくなります。このグリップはバックスイングとフォロースルーを小さく抑えるので、ダブルスのドライブとプッシュやミックスの前衛に大きな効果があります。ひじを高く上げた構えから、胸を張りながら前腕を素早くテークバックし、フォアサイドは右足を、バックサイドは左足をシャトルのコースに踏み出し重心（体重）を移動します。胸を張りながら肩・前腕・手首を勢いよく前に振り出し、ひじを支点にシャトルを弾く感覚でドライブを打ちましょう。インパクトの直前に強くグリップを握り込むと、より強いスピードが生まれます。ドライブのミスは、インパクトの瞬間的なラケット面のつくり方が悪いためで、ネットに引っかける、ネットから浮く、などのミスのあとは、必ずラケット面をチェックしミスの原因を探ることを習慣づけましょう。一般的にドライブの練習は、等距離の感覚で打ち合うことが多いのですが、ドライブを沈めたらすぐにネット前に詰め、最後はプッシュで決めるようにしましょう。この意識がダブルスの実戦に即したドライブの練習になります。ドライブは相手のスピードを利用して打つのがポイントで、打点が体に近すぎると差し込まれ、打点が前すぎるとラケット面が下がり、ネットに引っかけてしまいます。どのストロークにもいえますがシャトルを十分に引きつけ、小さく・鋭い・弾くようなスイングで打たなければなりません。ラケット面に注意しながら、インパクトの直前にひじの伸展力と強い握り込みを使い、相手のスピードを最大限に利用して打ちましょう。ドライブはスピードを第一に考え、返球しにくいコースに打つという意識がどうしても希薄になってしまいます。またラケット面を意識的に上に向け相手の頭上を抜くとか、ドライブを打つと見せかけ瞬間的にネット前に落とす、などドライブに変化をつけるテクニックもマスターしましょう。体の近くのドライブは、フォアハンドだけでは対応が難しいので、バックハンドもフォアハンドと同じように、自由自在に使えるようにしてください。バックハンドからフォアハンド、フォアハンドからバックハンドと、グリップチェンジは難しくなりますが、壁打ちなどの練習でマスターしましょう。フォアハンドのドライブは、指の操作でややウェスタン・グリップ気味にして打ちます。バックハンドのドライブは、イースタン・バックハンドグリップかウェスタン・バックハンドグリップを使い強い握り込みで打つようにします。ドライブやプッシュは、打球後の次動作の構えまでを一連のスイングと意識し、バックハンドのラケット面で、フォア側も打てるテクニックもマスターしましょう。

❷サイドアームのドライブ

テークバックで右足に重心（体重）をかけ、つま先方向を横に向けて腰と上体をひねり、左手をネット方向に指します。このとき前腕とラケットを一直線に保ち、ひじが下がりすぎないように注意しましょう。ポイントはひざで打点の高低を調整することで、肩で高低を調整すると前のめりの不安定な体勢になってしまいます。フォワードスイングは、腰→肩→ひじ→手首の順に運動連鎖を使いますが、サイドアームのドライブで大切なのは腰の鋭いひねりと手首を使うことです。手首の返しが不十分だと、クロスへは打てず、インパクトの瞬間のパンチ力が生まれません。インパクトの打点は体のやや前でインパクトの直前に鋭く手首を返しましょう。手首を返さないで打つとストレート、手首を強く返すとクロスになり、インパクトのラケット面が悪いとネットに引っかけるかホップアップ（浮く）になります。サイドアームのドライブは、打点とラケット面を意識してスイングしますが、フォロースルーは体の前で止め、次動作の準備のため大振りをしないようにしましょう。

❸バックハンドのドライブ

バックハンドのドライブのラケットワークは、次の3種類があります。❶前腕の外転（回外）運土で、ラケット面を約180度返す、❷ラケット面を返さずに強い握り込みでそのままの面で押し出す、❸リストスタンド（手首を立てる）でハイバックハンドのスマッシュのように手首の返しで打つ。❶は親指を斜めの面積の少ない部分につけ親指で押すと（サムアップ）、より大きなパンチ力が生まれます。ひじを支点に前腕を振り出しラケット面を約180度返します。体から打点が遠いときに多く使われますが、右足をクロスさせて踏み込みネットに背中を向けるようにしましょう。❷は比較的余裕のある、打点が体に近いミドルか低い打点などで使いますが、左足を踏み出し上体をやや正面に向け、親指でグリップを強く押しながら打ちます。❸は上級者が使うバックハンドのドライブですが、親指と人差し指でラケット図（16ページ参照）の1～2と5～6の狭い部分を支え、握り込むとき指の付け根部分にグリップ面を押しつけるように打ちます。手首の返しはハイバックハンドと同じ要領で、ミドルの打点や後ろの打点からのクロスの返球に大きな効果があります。バックハンドのドライブは、インパクトの直前にグリップを強く握り込む、小さく・鋭い・弾くようなスイングで打ちましょう。バックハンドのドライブは、フォロースルーが大きいと次動作が遅くなり、相手からの返球に素早く対応できません。ドライブに限りませんが、バドミントンは連続動作の繰り返しなので、フォロースルーを小さくするのがポイントです。

ドライブのポイント

- □ バックハンドのドライブも、フォアハンドと同様の威力を持たせましょう。
- □ 小さく・鋭い・弾くようなスイングでドライブを打つには、テークバックをできるだけ小さくし、強いグリップの握り込みと前腕の伸展力を使いましょう。
- □ ドライブをネットより下げた瞬間に前に詰め、プッシュで決めるのが理想です。ジュニア選手のドライブ練習に多く見られますが、等距離で何回も連続で打ち合うのは実戦的ではありません。
- □ インパクトの直前にラケット面を意識し、ネットへ引っかけるミスやシャトルを浮かせるミスをしないよう注意しましょう。
- □ ドライブの打球後は、すぐにラケットを上げ次動作の準備に入りましょう。
- □ フォアハンドとバックハンドのグリップチェンジをスムーズに行いましょう。
- □ ドライブは速いスピードがポイントなので、当てるだけのドライブはいけません。

プッシュ

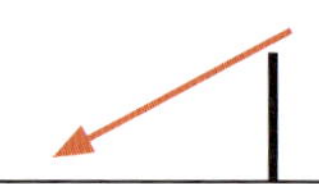

◆ラケットの反発力と軽量化が進みレシーブの強化が進んだダブルスは、スマッシュだけで決めるのが難しくなり、相手のレシーブを前衛のプッシュで決めることが多くなっています。ドライブの打ち合いから前に詰めてプッシュ、スマッシュのドライブリターンをプッシュ、ショートサービスをプッシュ、ヘアピンをプッシュ、などプッシュはスマッシュよりエースを狙える攻撃球といえます。速いスピードのシャトルを一瞬のタイミングで打つプッシュは、コースの読みとインパクトでの指の握り込みが大切です。プッシュは小さく・鋭い・弾くようなコンパクトなスイングで打たなければいけません。

❶フォアハンドのプッシュ

ドライブより肩・ひじ・手首を引かないテークバックで、インパクトはグリップの強い握り込みで打ちましょう。シャトルの方向に右足（左足）を踏み出し、ひじを上げ前腕をテークバックします。インパクトはより高くより前で打ち、相手のスピードを利用し、インパクトのラケット面の角度を考えながらコントロールしましょう。親指と人差し指でラケットを支え、手のひらをつけないように軽く握り、インパクトの瞬間にグリップを強く握り込んで打ちます。このスイングはフォロースルーでグリップが手のひらにぶつかることで、ラケットヘッドが下がらないのでプッシュの大振りが防止でき、速く次動作のラケット準備ができます。プッシュはテークバックがほとんどない、ひじを支点に前腕の伸展力と強い握り込みを使い、タイミングよく小さく・鋭く・弾くように打つのが理想です。ネットより低い打点をプッシュするには、ラケット面を立てた状態でスピードを抑え、緩い球でコースを狙って打つようにします。ドライブより小さくてすむプッシュは、バックハンドを多用するようにしましょう。プッシュは2種類のポジショニング（立ち位置）で練習してください。ショートサービスライン近くからネット前に跳び込んで打つプッシュと、ショートサービスラインの約30～50センチ後ろの位置から、相手のドライブやスマッシュレシーブのドライブ返球をスピードある長いプッシュの2種類です。多くのジュニア選手は、ショートサービスライン付近からのプッシュ練習しか行いませんが、これでは実戦的とはいえません。インパクトの瞬間にラケット面を変化させ、相手に打つコースを読まれないこともプッシュの大切なポイントです。ネット前への速く低いドライブリターンは、どうしてもネットに引っかけるプッシュのミスが多くなります。このタイミングではひじを折りたたみ、スイング半径を小さくするラケットワークの長めのプッシュが有効になります。

❷バックハンドのプッシュ

プッシュはパワーをあまり必要とせずタイミングで打てるので、バック側のシャトルはフォアで回り込まないで、バックハンドを使うほうが体勢を崩さず次動作が速くなります。イースタン・バックハンドグリップでラケット面を上げ前腕を使い、インパクトのとき親指を押しグリップを強く握り込みます。体近くのバックハンドのプッシュは左足を踏み出し、体から遠いバックハンドのプッシュは、右→右のツーステップでシャトルに跳び込みましょう。シャトルが遠近いずれのときも、前腕とラケットを一直線に保ち、振るというよりは押し込む感覚でプッシュしましょう。テークバックをコンパクトに、グリップを強く握り込む、角度をつける、ラケット面を変化させコースを読まれない、などがバックハンドを含めたプッシュのポイントになります。ダブルスの前衛で使われますが、ネット前に跳び込みラケット面がネットと平行でこすり上げるような感覚で、ハーフを狙う緩いプッシュも最近のゲームではよく使われます。

❸ワイパーショットのプッシュ

ネットぎりぎりに返球されたシャトルを、そのままプッシュしたのではネットに引っかけるミスが多くなります。それを防止するには、自動車のワイパーのように左右にラケット面をネット面に平行にスライスさせてプッシュしましょう。ヘアピンをヘアピンで返球されたときや、ショートリターンをヘアピンで返球されたケースに対して有効なプッシュの技術です。ラリーの中でスピンネットが多くなれば、必然的にワイパーショットを打つチャンスも多くなります。

プッシュのポイント

- □ バック前のシャトルをフォアハンドで打つと、クロス返球されるとバック側に体が流れ、ノータッチが多くなります。フォアハンドもバックハンドもプッシュのスピードは変わらないので、バック前はバックハンドで打つようにしましょう。
- □ プッシュはグリップの強い握り込みで打ち、テークバックを大きくとらないようにしましょう。ドライブはやや大振りのスイングでもよいのですが、プッシュはノーバックスイングの、小さく・鋭く・弾くようなコンパクトなスイングで打ちましょう。
- □ インパクトの直前にラケット面を変え、相手にコースを読まれないようにしましょう。
- □ プッシュは角度が大切です。角度をつけ相手のひざ下の低いところを狙うようにしましょう。

ヘアピン

◆ネットを挟んで戦うバドミントンは、ネット前の攻防がゲームの流れを大きく左右し、シングルスではヘアピンの優劣が重要なポイントを占めます。よいヘアピンが打てれば相手のヘアピンやロブが甘くなり、プッシュ・アタックロブ・スマッシュのチャンスにつながります。ヘアピンは、❶打点の高低、❷相手のストロークのスピード、❸ネットからの距離、❹自分の返球体勢（ランジング姿勢）、でラケットワークが違ってきます。それらを一瞬で判断し、攻めのヘアピンを打つか、つなぎのヘアピンを打つかを判断しなければなりません。体全体を使い柔らかなリストワークで打たなければ、浮いたりネットへ引っかけるミスが多くなります。

❶高い打点のヘアピン

高い打点のヘアピンは、スピンネットやクロスネットなどの攻撃的なヘアピンを自分から仕掛けましょう。ラケット面を斜めに立て、プッシュを打つような体勢でプレッシャーをかけ、相手の足を一瞬止めるようにします。左手はロブと同じフェンシングポーズ（40〜41ページ参照）を使い、バランスをとりながらボディアクションで、相手にプレッシャーを与えましょう。有利な体勢のヘアピンなので集中力を高め、この高い打点でのミスは極力避けねばなりません。高い打点のときは、素早く相手コートにシャトルを落下させることをもっとも意識してください。

❷ミドルの打点のヘアピン

相手からのドロップ（カット）をミドルの打点のヘアピンで返球すると、どうしてもネットに引っかけるミスが多くなってしまいます。ネットからの距離感が悪いのと、ラケット面に当てるだけやネットぎりぎりに入れる意識が強いのが原因です。調子がよいときや余裕があるときは、自コートにフライトの頂点があり、ネットぎりぎりに忍び込むリフティング（持ち上げ）動作を使い、ヘアピンを打ってください。それ以外のときは、手首を柔らかく使い腕全体でシャトルを運ぶような感覚でヘアピンを打ちましょう。ミドルの打点や低い打点のヘアピンは、ラリーをつなぐことが目的で無理に決めにいくことはありません。ミドルの打点のミスが少ないかが、ネット前を制するラリーの鍵を握っています。

❸低い打点のヘアピン

低い打点は深く大きくロブで返球し、自分の体勢を立て直すのが一般的です。しかし、ロブが打てない体勢でシャトルをとらえたときは、ヘアピンでネット前に返球するしかありません。低い打点のヘアピンは、ランジング姿勢（ネット前の体勢）の安定が欠かせません。ひざと手首を柔らかく使い、シャトルを浮かせず球足が伸びないようにしましょう。低い打点のヘアピンは、相手がネット前に詰めているケースが多いので、クロスネットの選択も視野に入れましょう。

❹シングルスのヘアピン

どちらかというとつなぎ球としてのイメージが強かったヘアピンは、スピンネットの普及で攻撃的なイメージのストロークに変わってきました。バドミントンはネット前の攻防がゲームを左右し、特にヘアピンの優劣がシングルスにおいて大きな影響を及ぼします。シングルスのヘアピンは、他のストロークに比べミスの確率が高くなりますが、打点の高低・相手のストロークのスピード・ネットからの距離・自分の返球体勢（ランジング姿勢）を一瞬に判断し、体全体を使い柔らかなリストワークを使えばミスが少なくなります。シングルスのヘアピンは、まず確実に入れることです。そのあとにスピンネットやフェイントなどの変化をマスターしましょう。攻撃型の選手にとって、ヘアピンはスマッシュを打つ前の相手を崩す大切なストロークです。ネットぎりぎりにコントロールし、甘い返球を誘ってスマッシュで決めるパターンが、シングルスでもっとも効果があるラリーパターンです。守備型の選手にとっても、ヘアピンを丁寧に入れることでラリーをつなぎ、長いラリーに持ち込んで相手のミスを誘うパターンが大切です。ネットから離れた打点のヘアピンは、特にコントロールに注意しなければなりませんが、ヘアピンをネットぎりぎりに落下させ、相手の返球がヘアピンならプッシュ、甘いロブならスマッシュでエースを狙いましょう。

⑤ダブルスのヘアピン

ダブルスはシングルスと違い、少しでもヘアピンが甘くなると相手の前衛にプッシュされます。相手のドロップ（カット）を素早く読み、スピンネットで上げさせるのが理想ですが、相手の前衛が立ちはだかっているので、プレッシャーがかかりなかなかヘアピンで攻守を逆転できません。ダブルスのヘアピンは、シングルスのようにネットぎりぎりを狙うのではなく、浮かないよう高さに注意しながらやや球足を長くします。ショートサービスのリターンを含め、ダブルスでもヘアピンを積極的に使うラリー展開に取り組みましょう。

⑥フォア前の内切りスピンネット

内切りと外切りのスピンネットを、どの打点とタイミングで打てばよいのでしょうか。一般的には、左足と右足を結んだ延長線上か内側が内切り、延長線上か外側が外切りになりますが、違う見方をすれば、直線にフットワークしたときは内切り、斜めにフットワークしたときは外切り、ともいえます。フォア前の内切りのスピンネットは、ひじを軽く曲げラケット面を斜めに立て、グリップは指先で軽く握りシャトルを待ちましょう。次にひじを伸ばし、手首を支点に時計回りに2時から8時をなぞるような感覚でスイングします。インパクトのとき親指と人差し指でツマミを閉めるようにグリップを握り込み、最初はゆっくりで5時から8時の間でスピードをつけると、よりシャトルに回転がかかります。

⑦フォア前の外切りスピンネット

踏み出した右足が内側に寄りすぎたりフットワークが遅れたりした、左足と右足の延長線上の外側や斜めのフットワークのときに使いましょう。ひじを曲げラケット面を床と平行にして、指先でグリップを軽く握りシャトルを待ちます。次にひじを伸ばし手首を支点に時計の逆回りに8時から2時をなぞるように下から上へスイングします。親指と人差し指でグリップを緩め、インパクトで握り込むとシャトルに回転がかかりますが、ラケット面が外側に逃げるような感覚で打つのがポイントです。

⑧バック前の内切りスピンネット

ひじを軽く曲げラケット面を斜めに立てた状態から、外側から内側へ斜めUの字をイメージし、斜め上から下へスイングしましょう。ひじを伸ばしながら、時計の逆回りの10時から4時の方向へなぞるようにスイングします。外側から内側へのスピンネットは、ややクロス気味に内側へ落下しますが、ストレートに落とすことを気にせず、シャトルの回転で勝負するようにしましょう。

⑨バック前の外切りスピンネット

ひじを軽く曲げラケット面を床と平行の目の高さで構え、手首をヘビのかま首のようにし、ラケット面をやや下げた状態にします。手首を前に伸ばしながらひじを前に突き出し、リラックスさせたグリップを握り込んで、時計回りの4時から10時の方向へ、なぞるようにスイングします。シャトルを浮かせずネットにからめるようにするには、意識してネットテープから10～20センチ低い打点でインパクトするようにしましょう。フォア前でも同様ですが、サイドライン近くでスピンネットを打つときは、サイドアウトを防止するため内側にこすり上げるようにします。

⑩遅いスピードに対するスピンネット

ドロップやヘアピンなど比較的スピードの遅いシャトルは、手首を折り曲げてからラケット面を急激に変化させスピンネットします。手首とラケット面の角度は、シャトルのスピード、打点の高低、ネットまでの距離、自分の捕球体勢（ランジング姿勢）で調整をしましょう。フォアハンドは、インパクトの瞬間にラケット面をコルク部分に当て、すぐに左方向にラケット面を跳ね上げ、Vの字を描くようなスイングになります。バックハンドも同じ要領でグリップを握り込みながら、Vの字を描くように手首を突き出しながら打ちましょう。

⑪速いスピードに対するスピンネット

カットやショートリターンなど球足の速いシャトルに対するスピンネットは、手首を曲げずラケット面を床に平行にしたまま、横へなぎ払うような感覚でスイングします。バックハンドで主に使いますが、グリップの狭い部分に親指と人差し指を添え、ややウェスタン気味に軽く握りながらグリップを握り込みます。インパクトのタイミングが悪いとホップアップ（シャトルが浮く）しますが、うまくスピンがかかるとシャトルのコルクとスカートの部分が、上下左右にブレながら驚くほど変化します。より攻撃的なプレースタイルを目指すなら、ドロップやショートリターンなどネットから離れた距離でも、積極的にスピンネットを打つべきです。このときは手首を曲げ、ラケット面に角度をつけて押し出す感覚で打ち、ネットからの距離を調節するようにしましょう。

⑫フェイントのヘアピン

フェイントのヘアピンは、ラケットワークとボディアクションを同時に使うと効果があります。高い位置でシャトルをとらえ、ロブで返球すると見せかけ打点を意識的に下げ、ヘアピンを落とします。ひじを伸ばしノーバックスイングからロブを打つと見せかけ、インパクトの直前にラケット面を急激に引き戻し、ストップ気味にヘアピンを打ちます。ちょうどロングサービスの途中でラケットをストップし、ショートサービスに切り替えるのと似た感覚です。相手のフットワークが一瞬止まり、落下点に入るのが遅くなりノータッチを奪えることもあります。意識的に打点を低くしたりスイングを急に止めたりと、コントロールが大変難しいフェイントですが、フェイントを十分に利かせ、相手のフットワークを止めることが目的なので、ネットすれすれのコントロールにあまりこだわる必要はありません。世界のトップ選手の中には、ボディアクションと目線をはずす高度なフェイントのヘアピンを使います。

⑬高い打点のクロスネット

【手首を立てクロスネット】

●フォア

高い打点でとらえたクロスネットは、素早く相手に落とすことを意識しましょう。手首を立てラケット面を保ちながら、外側から内側へ10～20センチくらいスイングしますが、ひじを支点にすることがコントロールの安定につながります。ネットぎりぎりにコントロールしたいときは、ひじを引きラケット面を内側に巻き込むようにします。

●バック

バックハンドからのクロスネットも、ラケットワークの要領はフォアハンドと同じです。この手首を立てながら打つラケットワークは、フォアハンド・バックハンドとも腰から上の比較的高い打点のときに使いましょう。フェイントを意識しすぎワンテンポ遅らせて打ったのでは、せっかく高い打点でシャトルをとらえた意味がありません。高い打点では相手に読まれても、手首を立てた状態から一気に相手コートに落とす、攻撃的なクロスネットを心がけてください。

【斜め下へスライスのクロスネット】

●フォア

フォアハンドからのクロスネットは、シャトルが浮きやすくコントロールが難しくなります。バックハンドと違い手首を内側に巻き込むようにラケット面をスライスし、シャトルを速く運ぶような感覚で打ちましょう。クロスネットをコントロールするには、踏み出した右足のひざより内側で、シャトルをとらえることがポイントになります。高い打点でとらえながらプッシュのタイミングを逃したときなどは、クロスネットで積極的にノータッチを狙いましょう。

●バック

バックハンドからはひじをやや曲げ、ラケット面を斜めに立ててシャトルをとらえましょう。ひじを支点にグリップを握り込みながら体の外側から内側へ、20～30センチくらいラケット面で弾くように、上から下へラケット面をスライスさせます。このクロスネットはスピードがありスライスさせながら打つので、床に落ちる寸前に失速し、サイドアウトのミスを防ぐことができます。バックハンドからスライスさせるクロスネットは、❶相手がフォア奥から、苦しい体勢でネット前にストレートのドロップやつなぎ球で返球したとき、❷相手が崩れた体勢から、スマッシュのショートリターンをストレートに返球したとき、❸相手が床すれすれの低い打点から、ストレートにヘアピンを打ったとき、などに効果的です。

⑭ミドル打点のクロスネット

●フォア

ラケットワークは円の左半分を上から下へなぞるようにしますが、フォアハンドはひじを体の外側に巻き込むようにするとコントロールが安定します。ロブと同じくフォアハンドは人差し指、バックハンドは親指を使って打ちますが、人差し指は親指に比べグリップ操作が難しいので、フォアハンドはバックハンドよりひじを使いグリップ操作をカバーしましょう。

●バック

床と平行のラケット面からひじを支点とし、親指と人差し指を使いラケット面にシャトルを乗せ、運ぶような感覚で打ちましょう。手首を柔らかく使い、円の右半分を上から下へなぞるようなイメージでスイングしましょう。このクロスネットはネットに近い位置や低い打点でとらえたときなどに、また速いシャトルに対して効果があります。

⑮低い打点のクロスネット

●フォア
クロスネットはラリーの攻防を一瞬にして逆転させるストロークの一つです。ネットすれすれに落下させればエースを奪え、浮いたり球足が伸びてしまうと、プッシュやアタックロブで攻撃されてしまいます。ひじをやや伸ばした状態で、手首を支点に体の外側から内側へ約10～20センチ、ラケット面を床と平行に保ちながら横へなぎ払うような感覚でスイングします。親指と人差し指でグリップを握り込みながら、ラケット面にシャトルを乗せ運ぶような感覚で、スライスさせながら打ちます。

●バック
バックハンドでの打ち方もフォアハンドと同じですが、外側から内側へなぎ払うような感じでスライスさせて打ちます。フォアもバックもフライトの頂点を自コート側にすれば、ネットすれすれに忍び込むようにコントロールできます。ネット際の低いシャトルをとらえたときは、ヘアピンでラリーをつなぐしかありませんが、ストレートの返球では待ち構えている相手にプッシュやアタックロブされてしまいます。クロスネットを打ちたくても、打点が低いだけに普通のラケットワークでは、ネットに引っかけてしまいます。スライスさせるクロスネットはコントロールが難しくなりますが、厳しい状況からでもラリーをつなげることができます。

ヘアピンのポイント

□ ネット前のランジング姿勢はロブと同じですが、最後の1歩を大きく跳び込みヘアピンはより高い打点でとらえるように意識しましょう。

□ ランジング姿勢は、できるだけ左足を引きつけず残すようにすると、相手からのクロスネットに対する反応が速くなります。

□ 高い打点のヘアピンで左手を高く上げるフェンシングのポーズは、姿勢の安定と相手にプレッシャーを与える効果があります。

□低い位置のランジング姿勢は腕を伸ばすバレリーナのポーズを、高い位置はひじを曲げ高く上げるフェンシングのポーズを使い分けましょう。

□ スピンネットのフォアハンドの内切りと外切り、バックハンドの内切りと外切りは、フットワークの方向とシャトルをとらえる位置で使い分けましょう。

□ ヘアピンのフェイントは、相手のフットワークを止める・ノータッチを誘う、などの効果があるのでラリーの中で積極的に使いましょう。

□ 攻撃的なヘアピンと守備的（つなぐ）なヘアピンを意識して使い分けましょう。ネットから離れた低い位置でシャトルをとらえるヘアピンは、コントロールが難しいので腕全体で運ぶような感覚で打ちます。

□ クロスネットはいろいろな打ち方があり、ラリーの状況に応じて使い分けましょう。また、長い距離のクロスネットを狙うだけでなく、短い距離のクロスネットも効果があります。

□ ヘアピンは、ホップアップ（浮く）・ネットに引っかける・ラインをはずす、などのミスが多いので、腕や指先の感覚に最新の注意を払いコントロールを重視しましょう。

□ヘアピンを打ったあとの相手のヘアピンに対し、プッシュができるようラケット準備を速くします。

□ ヘアピンを自由自在にコントロールするには、❶相手からのシャトルのスピード、❷ネットからの距離、❸打点の高低、を瞬時に判断しラケット操作をします。

□シングルスとダブルスのヘアピンは、フライトの軌跡が違うことを意識しましょう。

□ シングルスのショートサービスに対するヘアピンの返球は、フェイントをかけるか素早く跳び込んでネット前に落とす、2つの返球を使い分けるようにしましょう。

□ リフティング（持ち上げ動作）を使い、自コートにフライトの頂点がある緩い球足で、ネットぎりぎりにコントロールさせるヘアピンは効果があります。

□バドミントンはネット前の攻防がゲームを左右します。ヘアピンの優劣がゲームを決める大きな要因です。

□ネットへ引っかけるヘアピンのミスは、体の寄せ（突っ込み）が不足しているのが原因です。

第5章

パターン練習

クリアーとクリアー、ドロップ（カット）とロブ、ヘアピンとヘアピンなど、1～2種類のストロークを交互に打ち合うのを「基本練習」と呼んでいます。確かに各ストロークが不安定な初級レベルの段階では必要な練習ですが、ある程度ストロークが完成されている選手には、あまり効果的・実戦的な練習とはいえません。バドミントンは動きながらスピードやコントロールなど、ストロークの威力を競い合うスポーツなので、ゲームを想定した練習を普段から行っていなければ、練習のための練習になってしまいます。基本練習からすぐゲームに入ってしまうと、ラリーをつないでいく消極的なラリー展開になってしまいます。パターン練習は次に打つストロークが決められているので、どんな苦しい体勢からでもクリアー、スマッシュ、ヘアピン、ロブなどを打たなければいけません。基本練習に対する意識を変え、パターン練習を積極的に練習メニューに加えるようにしましょう。初歩的なパターン練習には、ドロップ交互やスマッシュ交互があります。簡単なストロークの組み合わせなので、初級レベルの選手にも入りやすく、動きのバランス、リズム感、スピードを養成する、動きの中のストロークのミスを減らす、効果があります。半面ではラリーが長く続き比較的簡単なパターン練習も、シングルスコート全面になるとミスが多くなり難しくなります。シングルスの強化は全面を使う時間に比例します。基本→応用→ゲームという強化の流れの中で、全面を使っての応用練習に多くの時間を費やすことが、シングルス強化の近道になります。しかし、コート数や人数の関係で、全面を使う練習時間がなかなかとれないのが現状だと思います。仮に1コートを4人半面でパターン練習するとしたら、全面で15分間の2交代に変えたり、ローテーションでパターン練習を行うようにしましょう。半面の練習量を減らし全面の練習量を増やす、この当たり前とも思えるパターン練習のシステム改革が、シングルスの強化につながることは間違いありません。パターン練習は、次にどのストロークがくるとわかる1本ずつから始め、慣れてきたらラリーの中にランダムに打ち合うストロークを入れるようにしましょう。パターン練習で一番注意しなければならない、先に（早くに）動かない、相手を崩したかどうかの判断力の養成、に効果があります。

クリアーのパターン練習

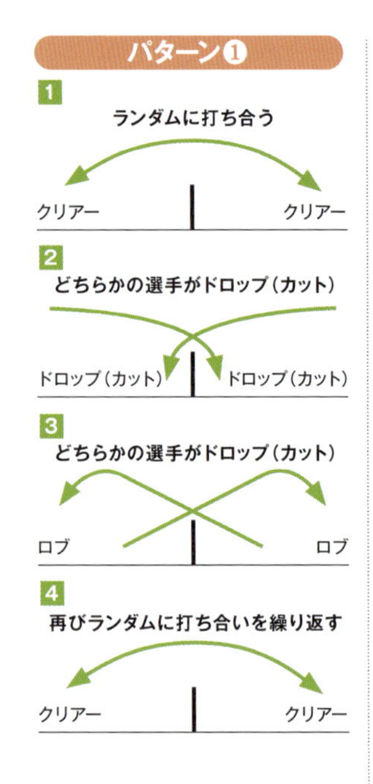

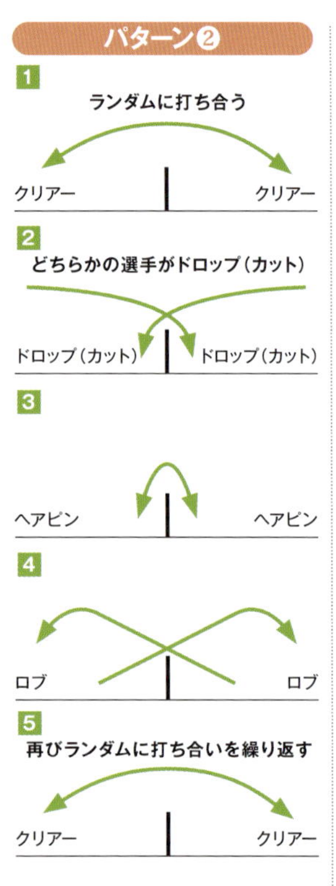

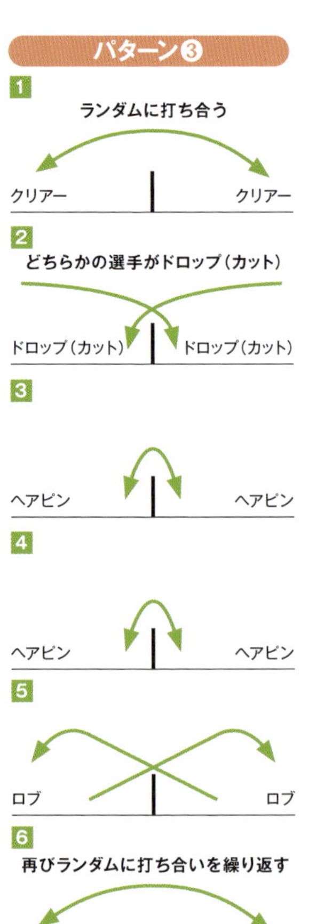

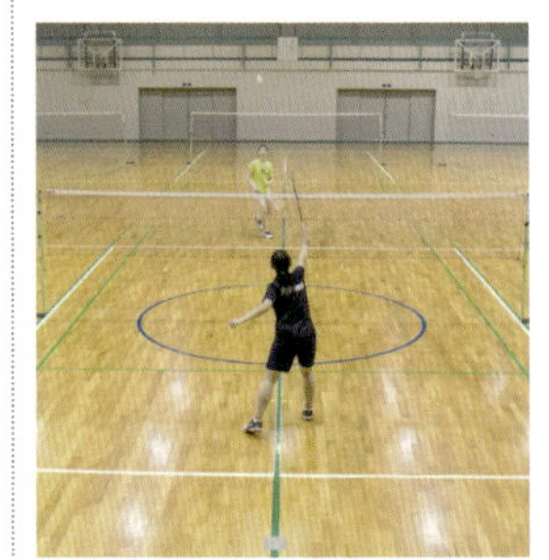

パターン❹

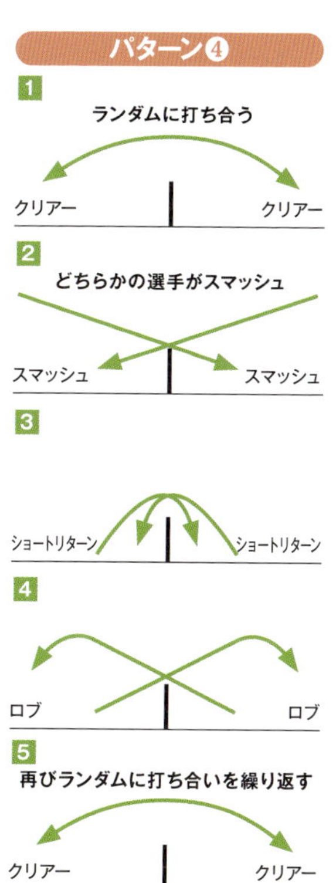

パターン❺

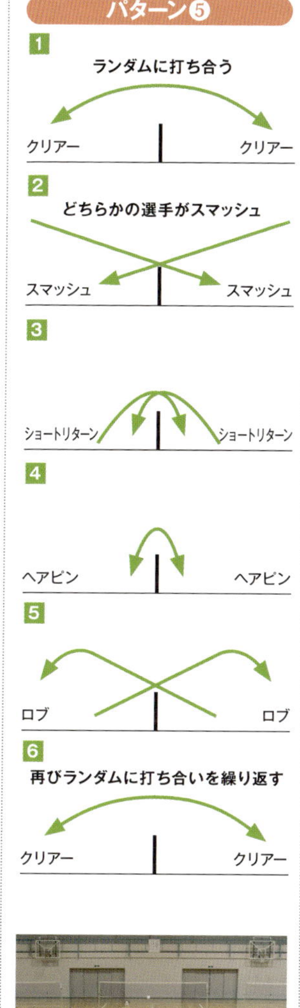

パターン❻

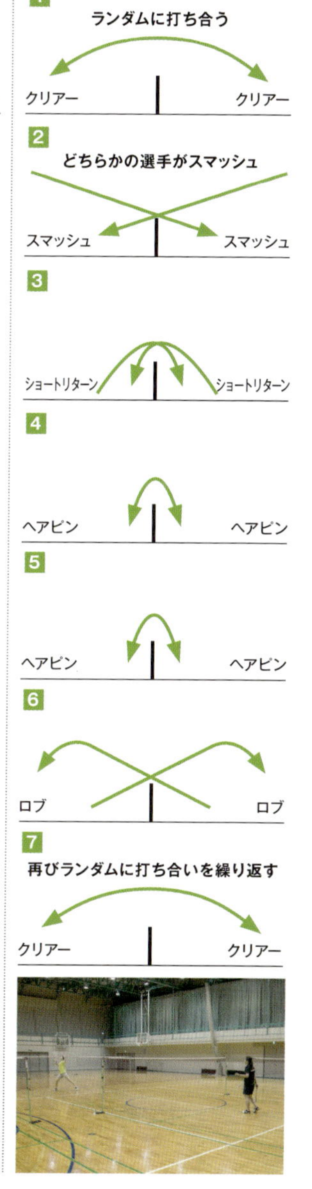

ドロップ（カット）のパターン練習

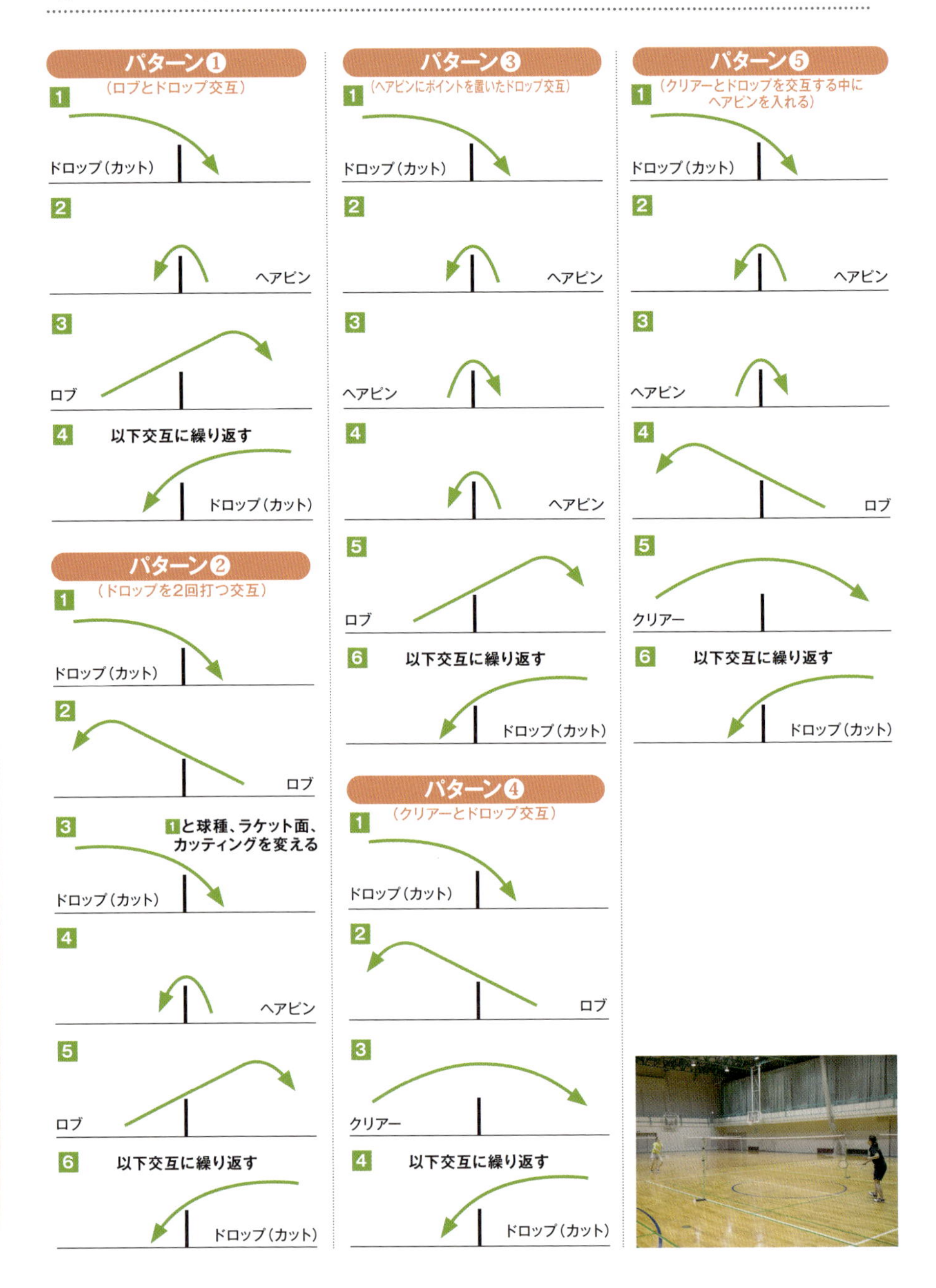

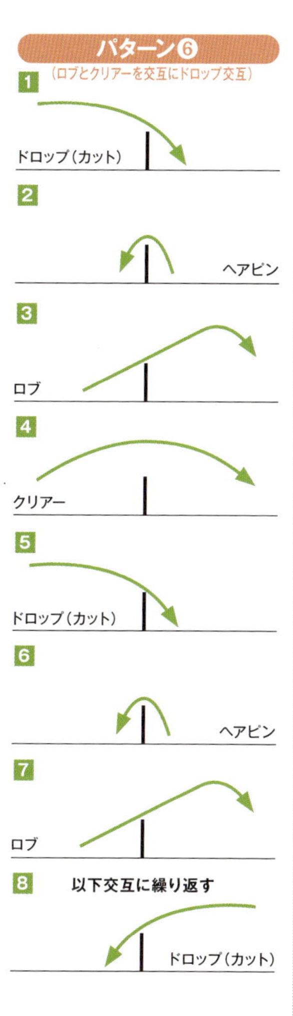
パターン❻
（ロブとクリアーを交互にドロップ交互）
1
ドロップ（カット）
2
ヘアピン
3
ロブ
4
クリアー
5
ドロップ（カット）
6
ヘアピン
7
ロブ
8
以下交互に繰り返す
ドロップ（カット）

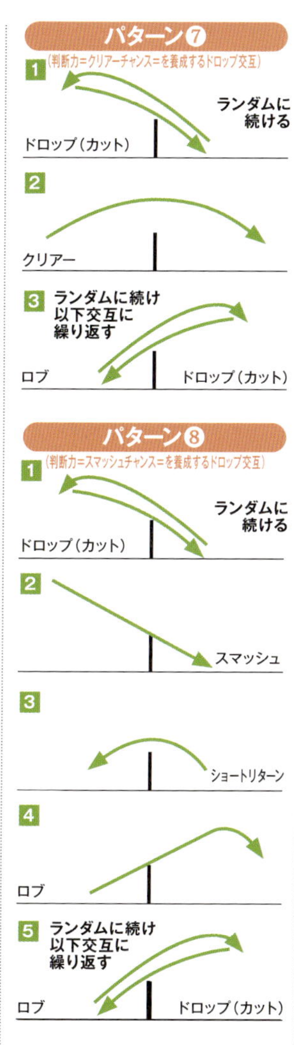
パターン❼
（判断力＝クリアーチャンス＝を養成するドロップ交互）
1
ランダムに
続ける
ドロップ（カット）
2
クリアー
3
ランダムに続け
以下交互に
繰り返す
ロブ
ドロップ（カット）
パターン❽
（判断力＝スマッシュチャンス＝を養成するドロップ交互）
1
ランダムに
続ける
ドロップ（カット）
2
スマッシュ
3
ショートリターン
4
ロブ
5
ランダムに続け
以下交互に
繰り返す
ロブ
ドロップ（カット）

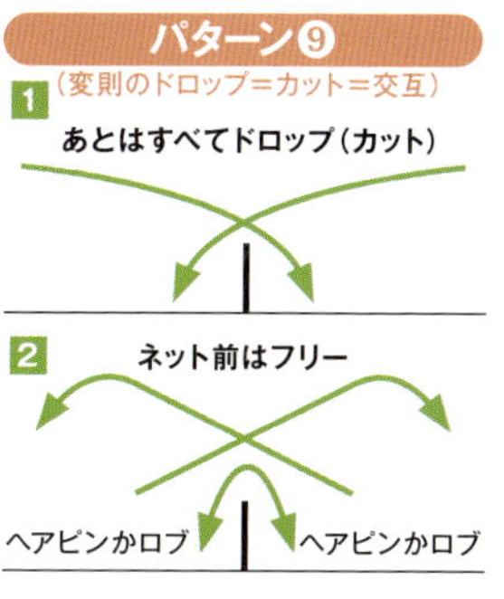
パターン❾
1
（変則のドロップ＝カット＝交互）
あとはすべてドロップ（カット）
2
ネット前はフリー
ヘアピンかロブ
ヘアピンかロブ

スマッシュのパターン練習

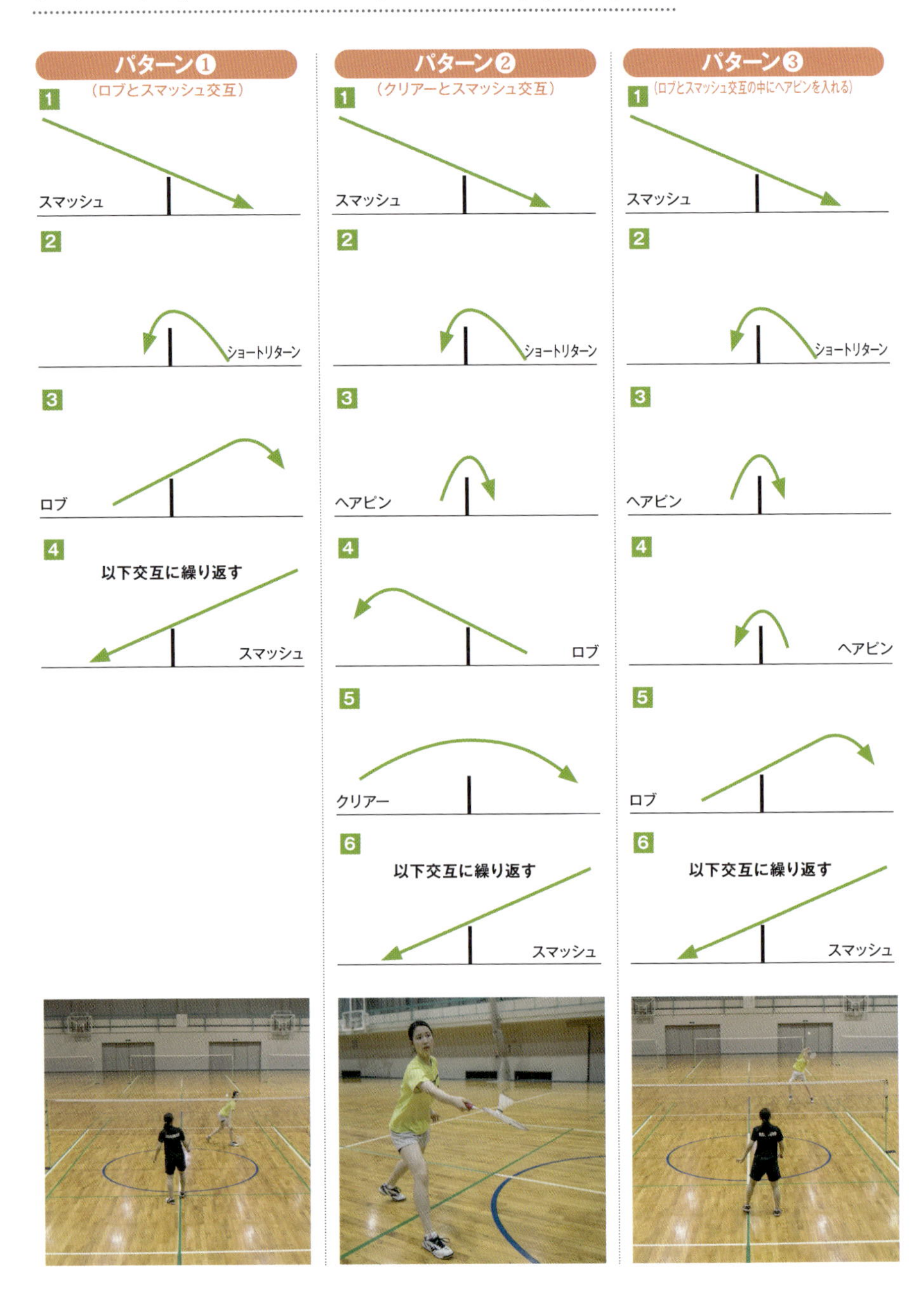

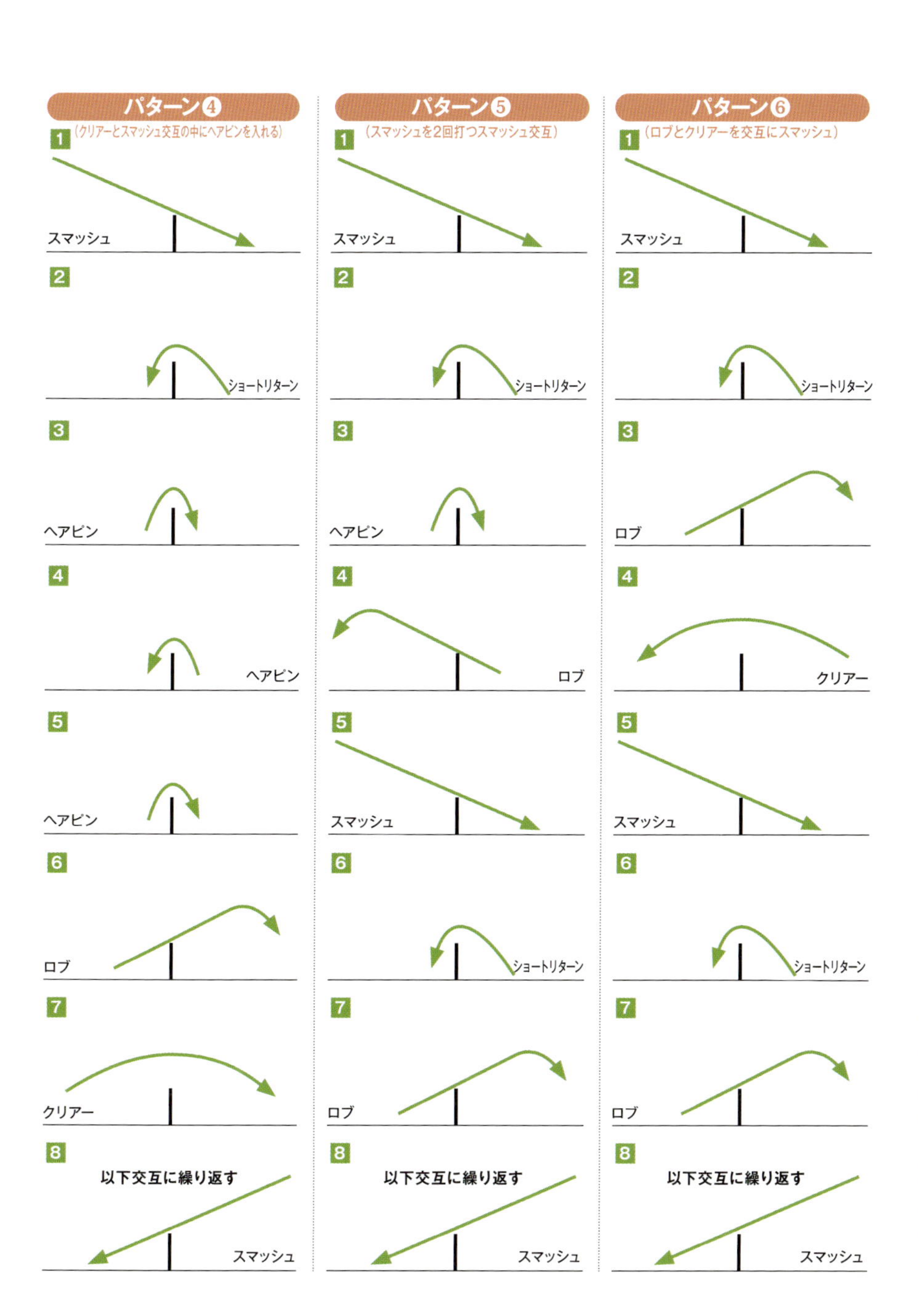
パターン❹
（クリアーとスマッシュ交互の中にヘアピンを入れる）
1
スマッシュ
2
ショートリターン
3
ヘアピン
4
ヘアピン
5
ヘアピン
6
ロブ
7
クリアー
8
以下交互に繰り返す
スマッシュ
パターン❺
（スマッシュを2回打つスマッシュ交互）
1
スマッシュ
2
ショートリターン
3
ヘアピン
4
ロブ
5
スマッシュ
6
ショートリターン
7
ロブ
8
以下交互に繰り返す
スマッシュ
パターン❻
（ロブとクリアーを交互にスマッシュ）
1
スマッシュ
2
ショートリターン
3
ロブ
4
クリアー
5
スマッシュ
6
ショートリターン
7
ロブ
8
以下交互に繰り返す
スマッシュ

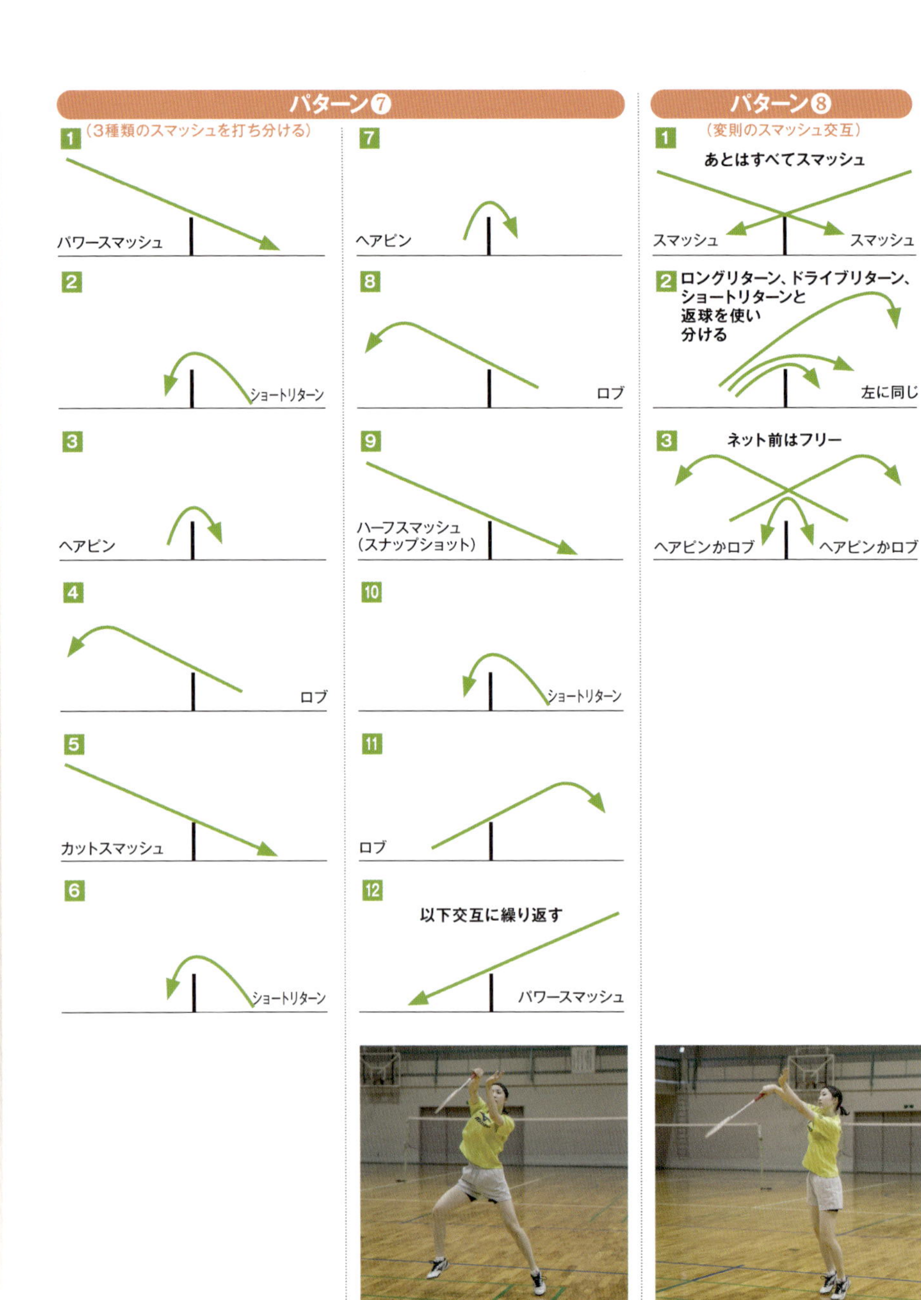
パターン⑦
1 （3種類のスマッシュを打ち分ける）
パワースマッシュ
2
ショートリターン
3
ヘアピン
4
ロブ
5
カットスマッシュ
6
ショートリターン
7
ヘアピン
8
ロブ
9
ハーフスマッシュ
（スナップショット）
10
ショートリターン
11
ロブ
12
以下交互に繰り返す
パワースマッシュ
パターン⑧
（変則のスマッシュ交互）
1
あとはすべてスマッシュ
スマッシュ
スマッシュ
2 ロングリターン、ドライブリターン、
ショートリターンと
返球を使い
分ける
左に同じ
3
ネット前はフリー
ヘアピンかロブ
ヘアピンかロブ

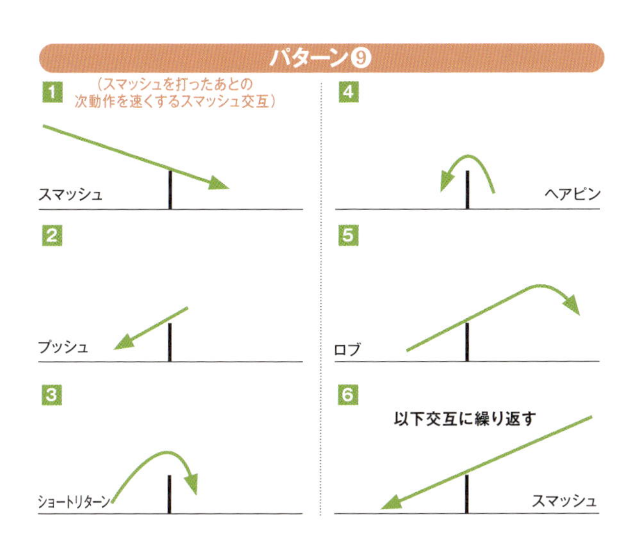
パターン❾
1
（スマッシュを打ったあとの
次動作を速くするスマッシュ交互）
スマッシュ
2
プッシュ
3
ショートリターン
4
ヘアピン
5
ロブ
6
以下交互に繰り返す
スマッシュ

オーバーヘッドの複合パターン練習A
(ロブをドロップ、クリアーをスマッシュ)

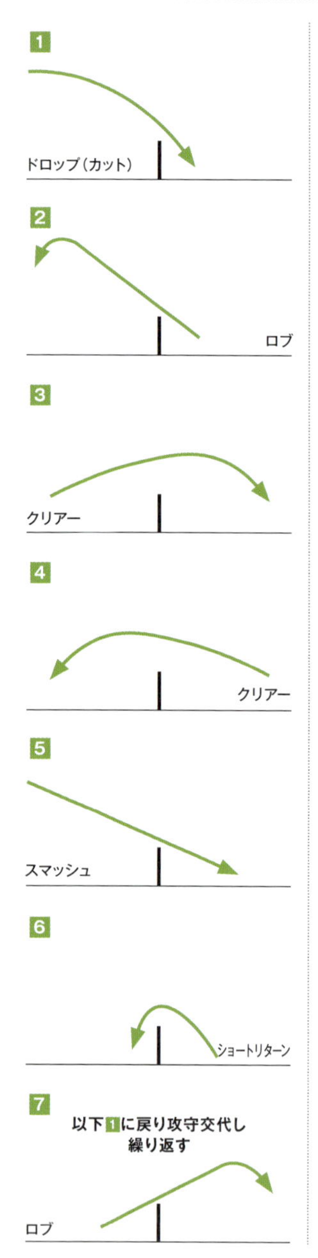

●応用1
1のドロップ(カット)と2のロブをランダムに打ち合い、左の選手がクリアー、以下続ける。

●応用2
3と4のクリアーをランダムに打ち合い、左の選手がスマッシュ、以下続ける。

●応用3
「応用1」と「応用2」をダブルで行う。

●応用4
1のドロップ(カット)をヘアピン→ヘアピン→2のロブとつなぐ。

●応用5
6のショートリターンをヘアピン→ヘアピン→7のロブとつなぐ。

●応用6
「応用4」と「応用5」をダブルで行う。

オーバーヘッドの複合パターン練習B
(クリアーをドロップ、ロブをスマッシュ)

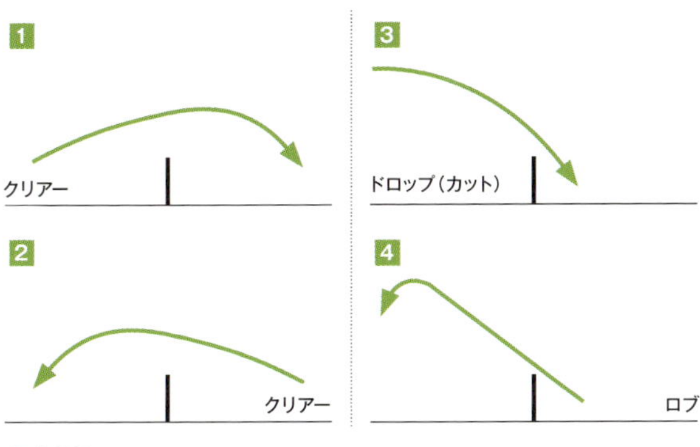

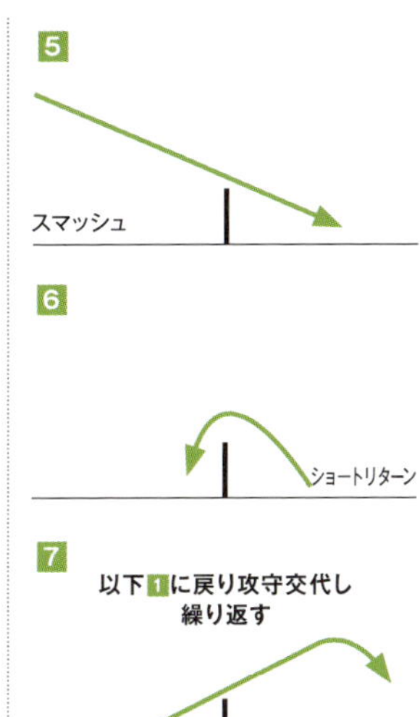

●応用1

1と2のクリアーをランダムに打ち合い、左の選手がドロップ(カット)、以下続ける。

●応用2

3のドロップ(カット)と4のロブをランダムに打ち合い、左の選手がスマッシュ、以下続ける。

●応用3

「応用1」と「応用2」をダブルで行う。

●応用4

3のドロップ(カット)をヘアピン→ヘアピン→4のロブとつなぐ。

●応用5

6のショートリターンをヘアピン→ヘアピン→7のロブとつなぐ。

●応用6

「応用4」と「応用5」をダブルで行う。

ラリーを途中で交代するパターン練習

❶オールロングをスマッシュ→ショートリターン→ロブで交代し、以下交互に繰り返す（動かしている選手スマッシュ）。
❷オールロングをスマッシュ→ショートリターン→ロブで交代し、以下交互に繰り返す（動かされている選手がスマッシュ）。
❸オールロングで動かされている選手がヘアピン→ロブで交代し、以下交互に繰り返す。
❹オールショートをクリアー→ドロップ（カット）で交代。
❺オールショートをスマッシュ→ショートリターン→ロブで交代し、以下交互に繰り返す。

ストロークを制限するパターン練習

❶ドロップなしのフリー。
❷クリアーなしのフリー。
❸スマッシュなしのフリー。
❹ヘアピンなしのフリー。
❺ロングサービスなしのフリー。
❻フォアハンドなしのフリー。

1人がスマッシュなしのフリー、もう1人は前後のストロークが制限されるパターン練習

❶1人がスマッシュなしのフリー、もう1人が前はヘアピンで後ろはクリアー。
❷1人がスマッシュなしのフリー、もう1人が前はロブで後ろはドロップ（カット）。
❸1人がスマッシュなしのフリー、もう1人が前はヘアピンで後ろはクリアーかドロップ（カット）。
❹1人がスマッシュなしのフリー、もう1人が前はヘアピンで後ろはクリアーかスマッシュ。
❺1人がスマッシュなしのフリー、もう1人が前はヘアピンで後ろはドロップ（カット）かスマッシュ。
❻1人がスマッシュなしのフリー、もう1人が前はヘアピンで後ろはフリー。
❼1人がスマッシュなしのフリー、もう1人が前はロブで後ろはクリアーかドロップ（カット）。
❽1人がスマッシュなしのフリー、もう1人が前はロブで後ろはクリアーかスマッシュ。
❾1人がスマッシュなしのフリー、もう1人が前はロブで後ろはドロップ（カット）かスマッシュ。
❿1人がスマッシュなしのフリー、もう1人が前はロブで後ろはフリー。
⓫1人がスマッシュなしのフリー、もう1人が前はロブかヘアピンで後ろはクリアー。
⓬1人がスマッシュなしのフリー、もう1人が前はロブかヘアピンで後ろはドロップ（カット）。
⓭1人がスマッシュなしのフリー、もう1人が前はロブかヘアピンで後ろはスマッシュ。

返球コースを制限するパターン練習

❶1人がスマッシュなしのフリー、もう1人がオールロングをすべてストレートに返球。
❷1人がスマッシュなしのフリー、もう1人がオールロングをすべてクロスに返球。
❸1人がスマッシュなしのフリー、もう1人がオールショートをすべてストレートに返球。
❹1人がスマッシュなしのフリー、もう1人がオールショートをすべてクロスに返球。
❺1人がフリー、もう1人がすべてストレートに返球。
❻1人がフリー、もう1人がすべてクロスに返球。

攻撃と守備のパターン練習

❶1人が攻撃でもう1人も攻撃。
❷1人が守備でもう1人も守備(スマッシュなし)。
❸1人が攻撃でもう1人が守備(守備の後ろはすべてクリアー)。
❹1人が守備でもう1人が攻撃(守備の後ろはすべてクリアー)。
❺1人が攻撃でもう1人が守備(守備の後ろはフリー)。
❻1人が守備でもう1人が攻撃(守備の後ろはフリー)。

ダブルスのパターン練習

❶ドロップ交互(ドロップ→ヘアピン→ロブを交互に繰り返す)。
❷スマッシュ交互(スマッシュ→ショートリターン→ロブを交互に繰り返す)。
❸変則のドロップ交互(ドロップとロブをランダムに繰り返し、ヘアピン→ロブで交代)。
❹変則のスマッシュ交互(スマッシュとロングリターンをランダムに繰り返し、ショートリターン→ロブで交代)。
❺オールショートをスマッシュ→ショートリターン→ロブで交代。
❻オールロングをスマッシュ→ショートリターン→ロブで交代。
❼ドライブリターンの交互(スマッシュ→ドライブリターン→ショートリターン→ヘアピン→ロブで交代)。
❽攻撃と守備(交互に交代)。
❾ミックス(スマッシュを打たれても前·後衛のミックス陣形)。
❿ティカティカ(3対3)。
⓫3対3のつなぎ球のローテーション(3人がネット前のセンター近くから移動し、1本ずつつなぎ球=ハーフ球=をローテーションで連続して打ち合う)。
⓬1ペアが相手のスマッシュをネット前でプッシュ→ショートリターン→ロブを繰り返す。

スマッシュレシーブのパターン練習

❶スマッシュ→ショートリターン→ヘアピン→ロブでラリーを続ける。
❷スマッシュ→ショートリターン→ロブ→クリアーでラリーを続ける。 
❸スマッシュ→ショートリターン→ヘアピン→ヘアピン→ロブ→クリアーでラリーを続ける。
❹クリアーで崩し、❶のパターンでラリーを続ける。
❺クリアーで崩し、❷のパターンでラリーを続ける。
❻クリアーで崩し、❸のパターンでラリーを続ける。
❼ドロップ⇔ロブで崩し、❶のパターンでラリーを続ける。
❽ドロップ⇔ロブで崩し、❷のパターンでラリーを続ける。
❾ドロップ⇔ロブで崩し、❸のパターンでラリーを続ける。
❿オールロングで崩し、❶のパターンでラリーを続ける。
⓫オールロングで崩し、❷のパターンでラリーを続ける。
⓬オールロングで崩し、❸のパターンでラリーを続ける。

クロスヘアピンのパターン練習

パターン①（ストレートのドロップをクロスヘアピン）

①ドロップ（カット）　②　③ロブ　④　⑤クロスヘアピン　⑥

クロスヘアピン　ドロップ（カット）　ロブ

★逆サイドも同様に行う　★応用は①と④のドロップ（カット）とロブをランダムに打ち合う

パターン②（パターン①をクロスへロブ）

①ドロップ（カット）　②　③ロブ　④　⑤クロスヘアピン　⑥

クロスヘアピン　ドロップ（カット）　ロブ

★逆サイドも同様に行う　★応用は①と④のドロップ（カット）とロブをランダムに打ち合う

パターン③（クロスのドロップをクロスヘアピン）

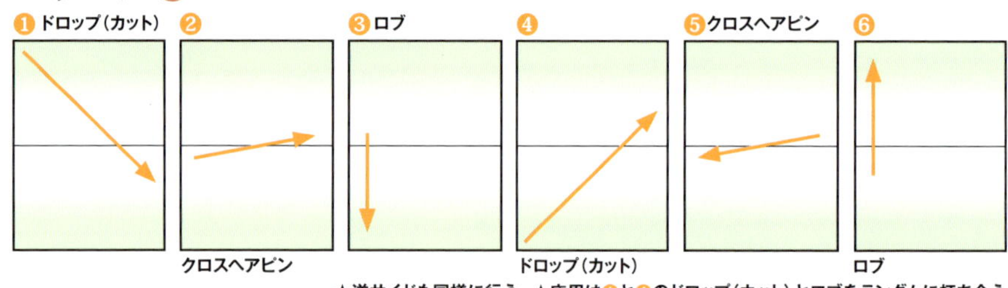

★逆サイドも同様に行う　★応用は①と④のドロップ（カット）とロブをランダムに打ち合う

パターン④（パターン③）をクロスヘアピン

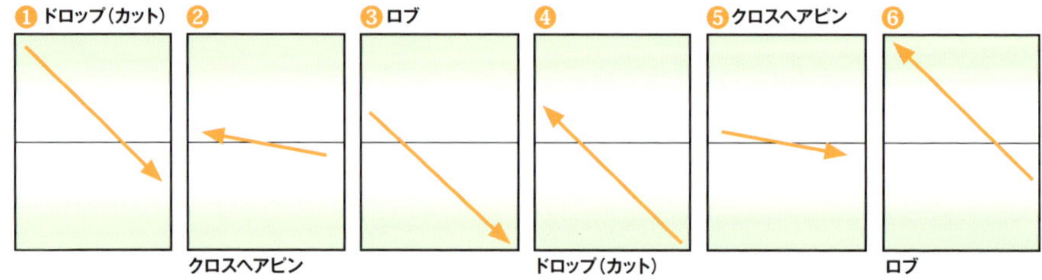

★逆サイドも同様に行う　★応用は①と④のドロップ（カット）とロブをランダムに打ち合う

パターン⑤（ストレートのヘアピンをクロスヘアピン）

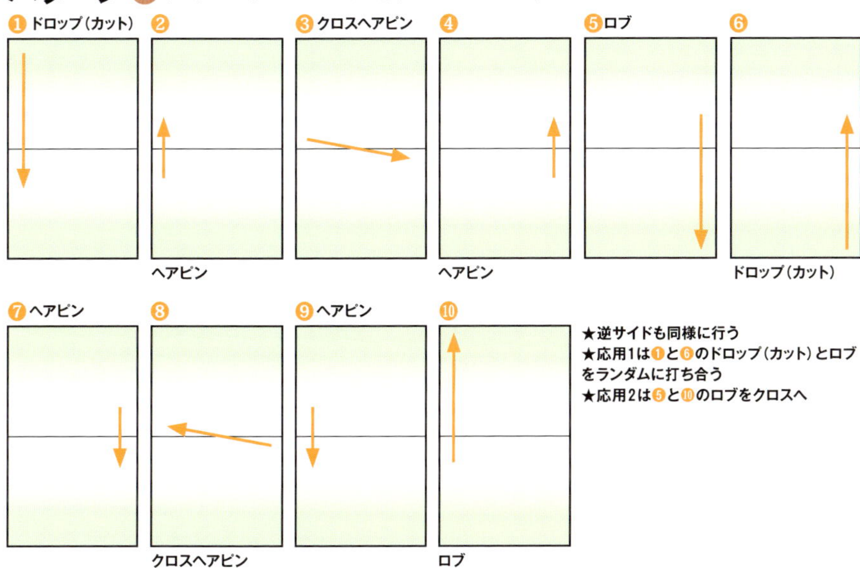

パターン⑥（パターン⑤をクロスへドロップ＝カット＝）

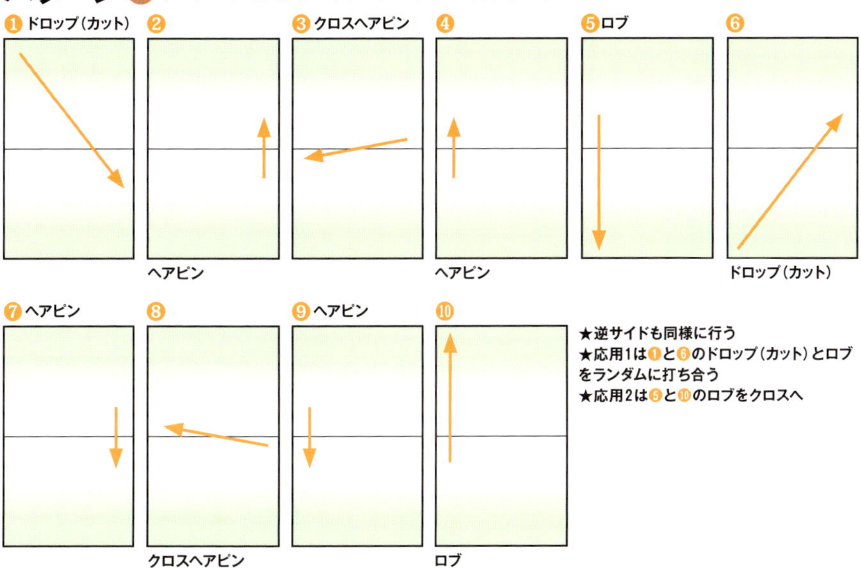

パターン⑦（ストレートのショートリターンをクロスへアピン）

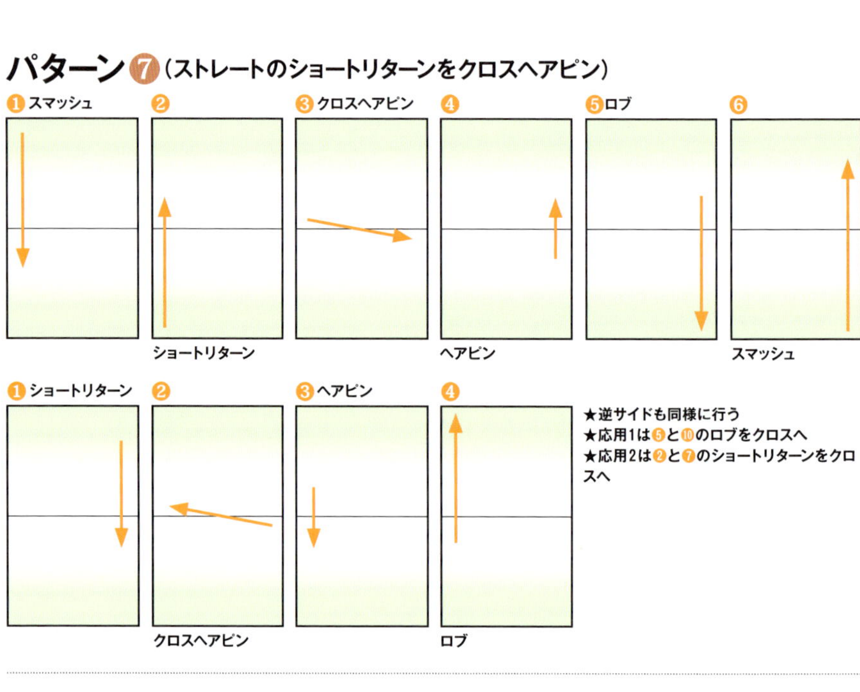

★逆サイドも同様に行う
★応用1は⑤と⑩のロブをクロスへ
★応用2は②と⑦のショートリターンをクロスへ

パターン⑧（パターン⑦をクロスへスマッシュ）

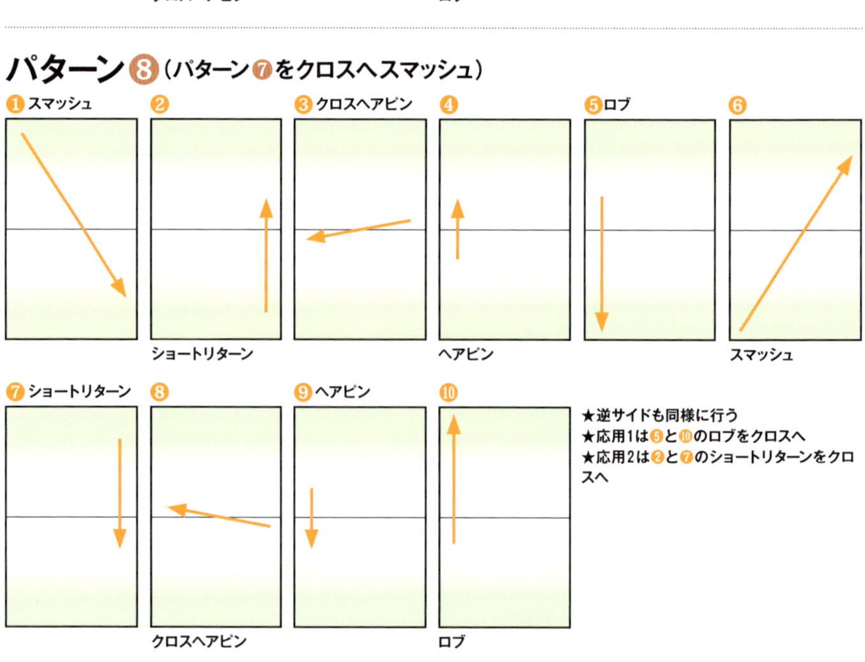

★逆サイドも同様に行う
★応用1は⑤と⑩のロブをクロスへ
★応用2は②と⑦のショートリターンをクロスへ

ショートリターンのパターン練習

パターン1（ストレートのスマッシュをクロスへショートリターン返球）

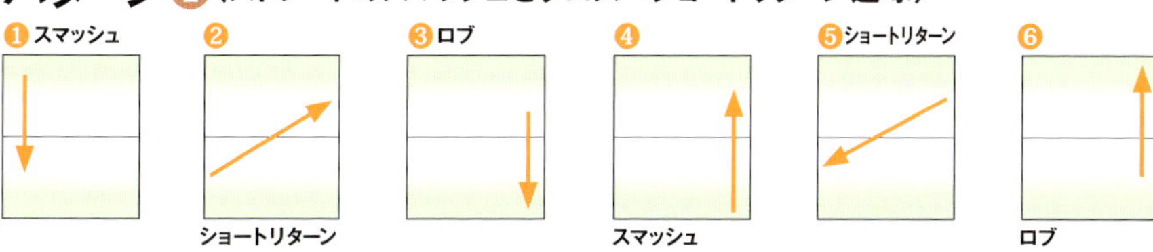

★逆サイドも同様に行う　★応用は3と6のロブをクロスへ

パターン2（パターン1にヘアピンを入れる）

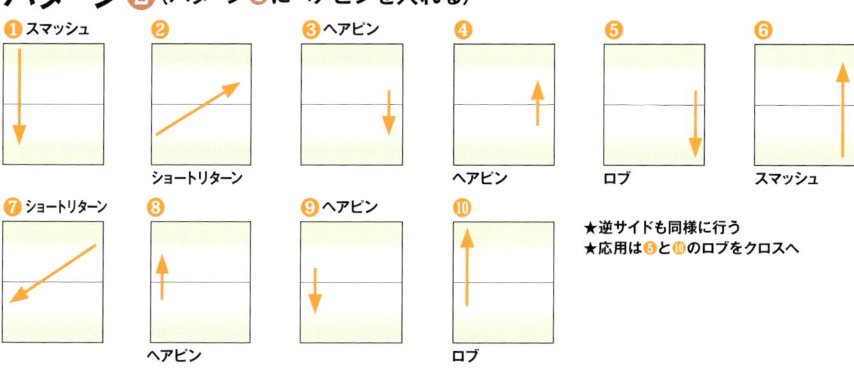

★逆サイドも同様に行う
★応用は5と10のロブをクロスへ

パターン3（クロスのスマッシュをクロスへショートリターン返球）

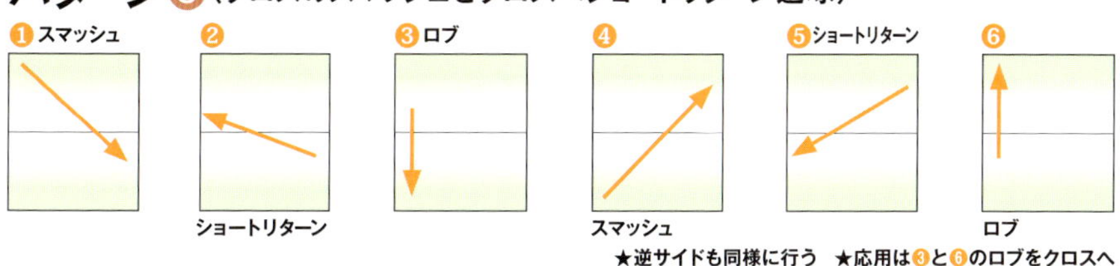

★逆サイドも同様に行う　★応用は3と6のロブをクロスへ

パターン4（パターン3にヘアピンを入れる）

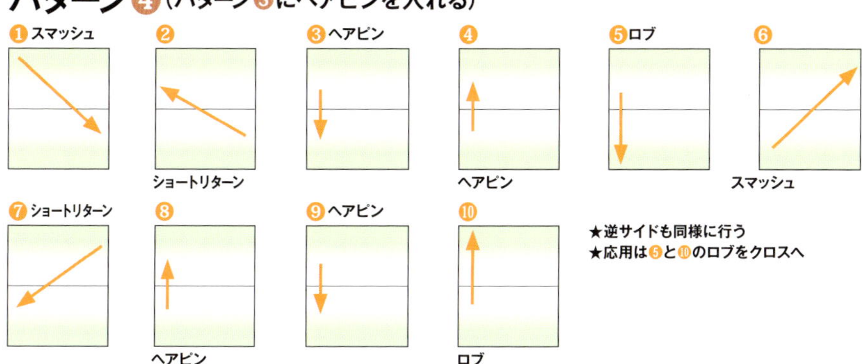

★逆サイドも同様に行う
★応用は5と10のロブをクロスへ

1点返球のパターン練習

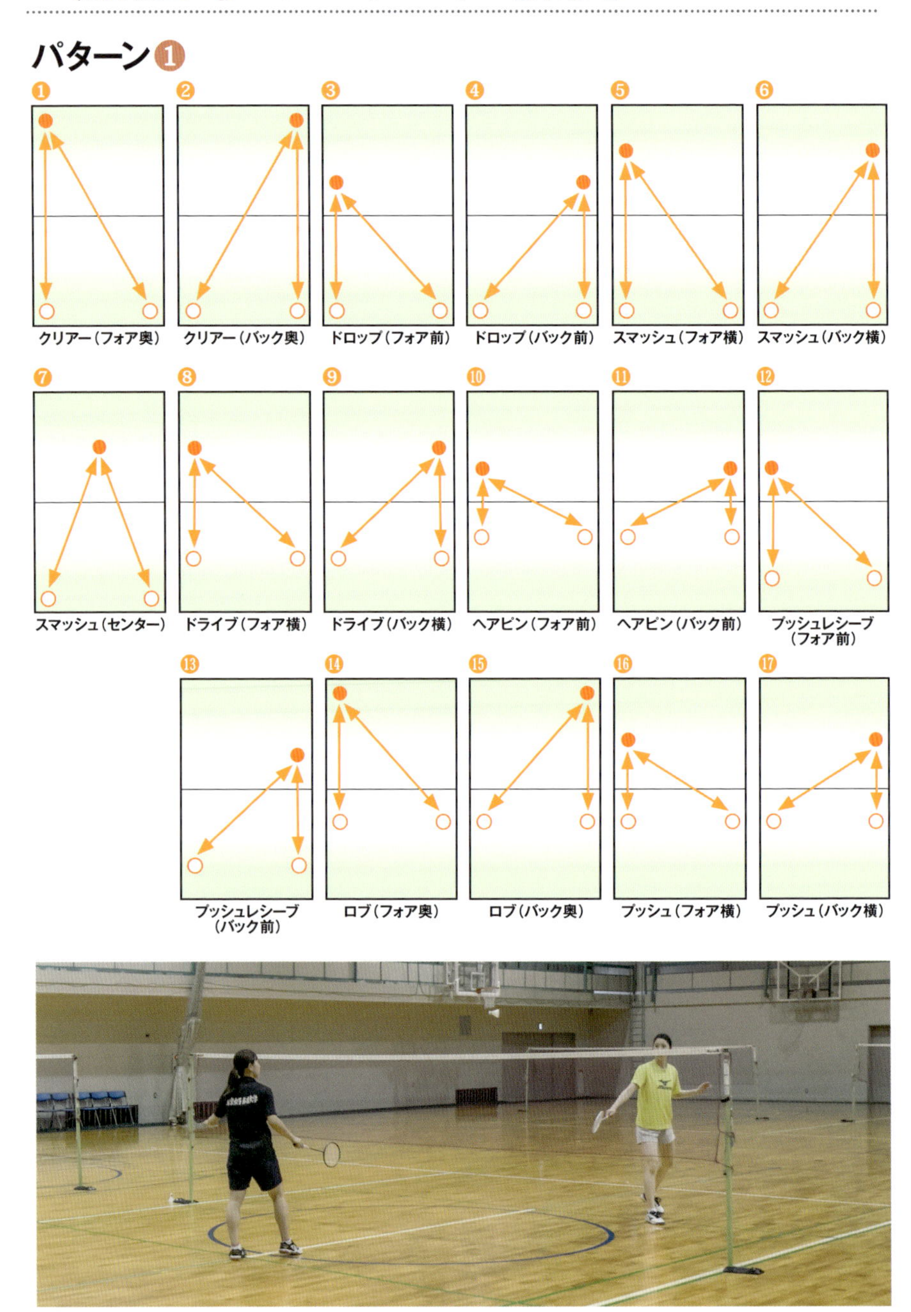

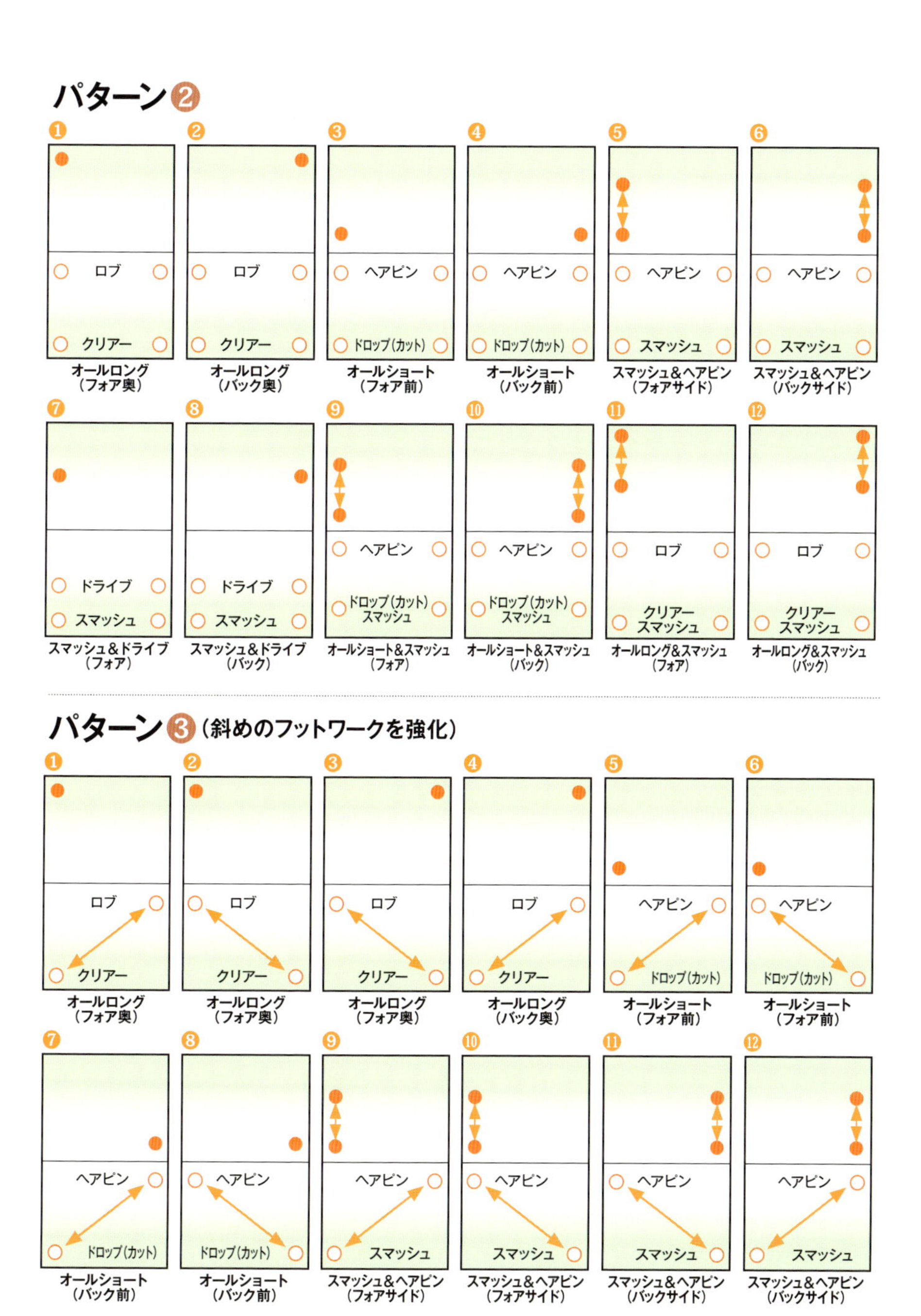
パターン②
①
ロブ
クリアー
オールロング
（フォア奥）
②
ロブ
クリアー
オールロング
（バック奥）
③
ヘアピン
ドロップ（カット）
オールショート
（フォア前）
④
ヘアピン
ドロップ（カット）
オールショート
（バック前）
⑤
ヘアピン
スマッシュ
スマッシュ＆ヘアピン
（フォアサイド）
⑥
ヘアピン
スマッシュ
スマッシュ＆ヘアピン
（バックサイド）
⑦
ドライブ
スマッシュ
スマッシュ＆ドライブ
（フォア）
⑧
ドライブ
スマッシュ
スマッシュ＆ドライブ
（バック）
⑨
ヘアピン
ドロップ（カット）
スマッシュ
オールショート＆スマッシュ
（フォア）
⑩
ヘアピン
ドロップ（カット）
スマッシュ
オールショート＆スマッシュ
（バック）
⑪
ロブ
クリアー
スマッシュ
オールロング＆スマッシュ
（フォア）
⑫
ロブ
クリアー
スマッシュ
オールロング＆スマッシュ
（バック）
パターン③（斜めのフットワークを強化）
①
ロブ
クリアー
オールロング
（フォア奥）
②
ロブ
クリアー
オールロング
（フォア奥）
③
ロブ
クリアー
オールロング
（フォア奥）
④
ロブ
クリアー
オールロング
（バック奥）
⑤
ヘアピン
ドロップ（カット）
オールショート
（フォア前）
⑥
ヘアピン
ドロップ（カット）
オールショート
（フォア前）
⑦
ヘアピン
ドロップ（カット）
オールショート
（バック前）
⑧
ヘアピン
ドロップ（カット）
オールショート
（バック前）
⑨
ヘアピン
スマッシュ
スマッシュ＆ヘアピン
（フォアサイド）
⑩
ヘアピン
スマッシュ
スマッシュ＆ヘアピン
（フォアサイド）
⑪
ヘアピン
スマッシュ
スマッシュ＆ヘアピン
（バックサイド）
⑫
ヘアピン
スマッシュ
スマッシュ＆ヘアピン
（バックサイド）

2点返球のパターン練習

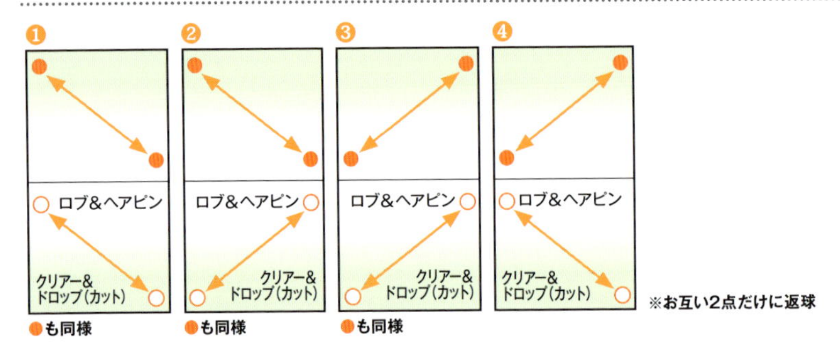

3点返球のパターン練習

パターン❶(スマッシュなし)

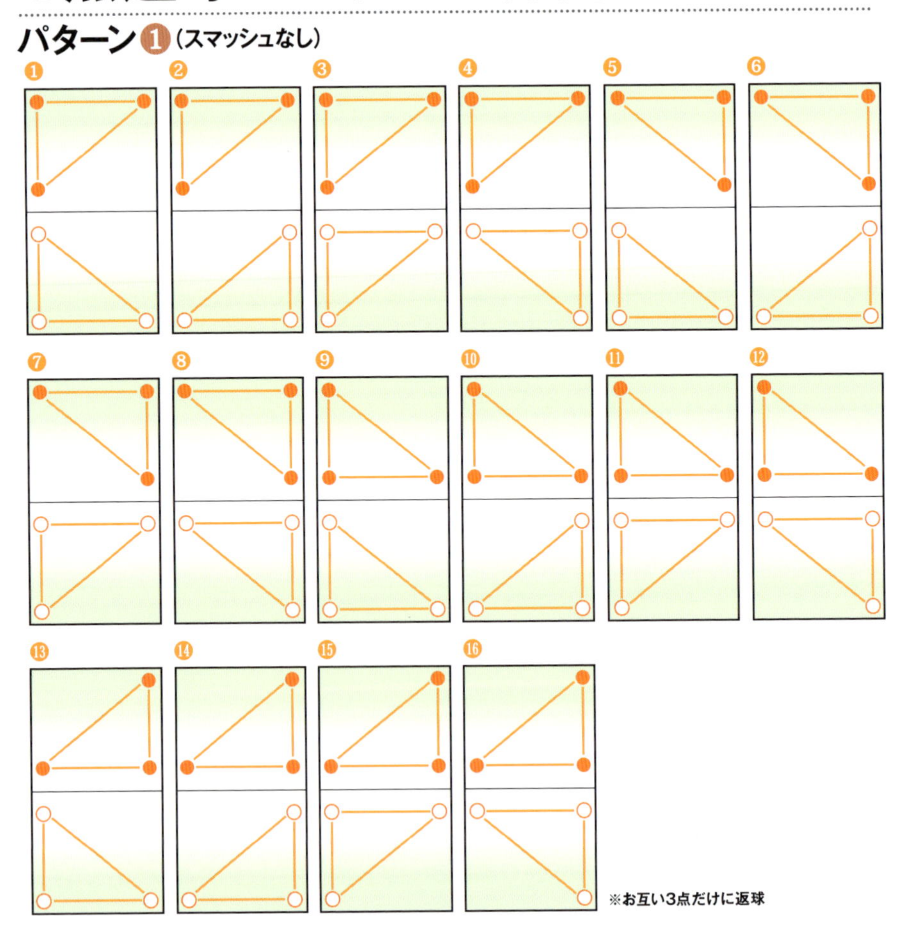

パターン❷（スマッシュあり）

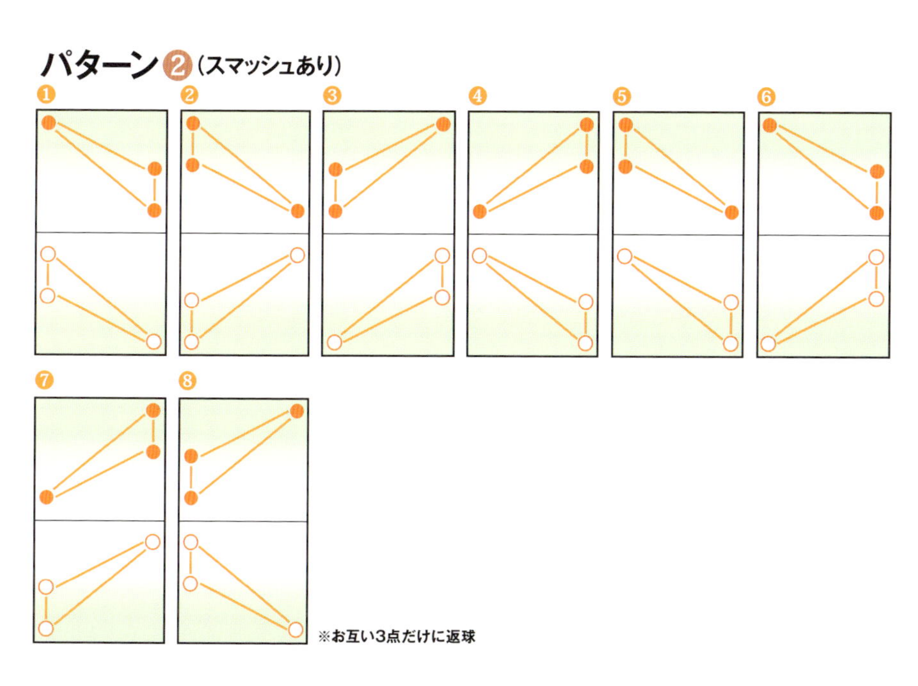

※お互い3点だけに返球

2点返球と3点返球のパターン練習

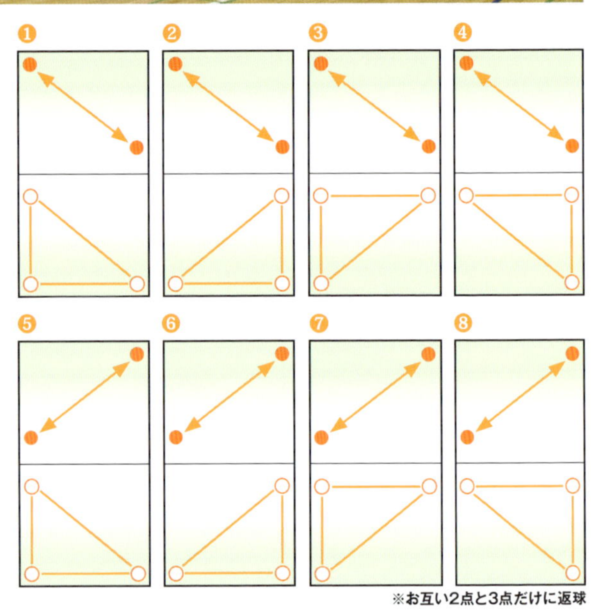

※お互い2点と3点だけに返球

ラリーを切るパターン練習

パターン❶（クロスのドロップ＝カット＝でラリーを切る）

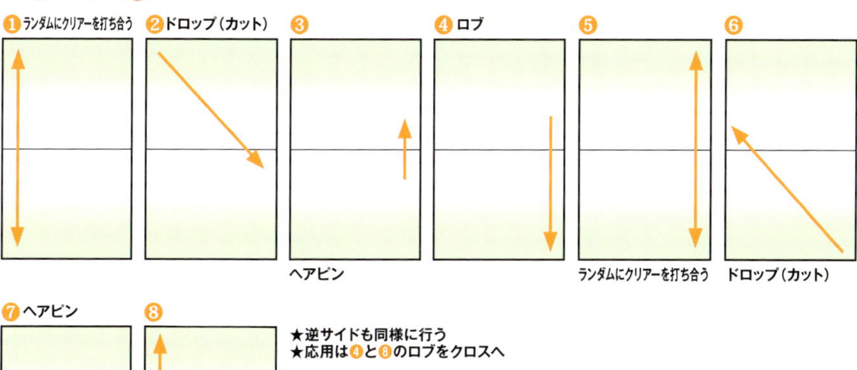

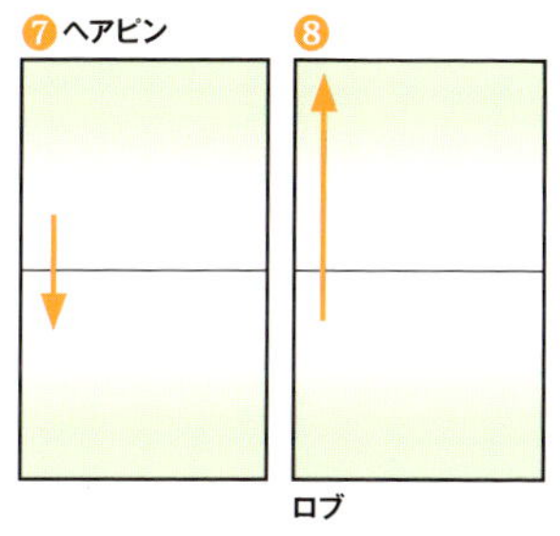

★逆サイドも同様に行う
★応用は④と⑧のロブをクロスへ

パターン❷（ストレートのドロップ＝カット＝でラリーを切る）

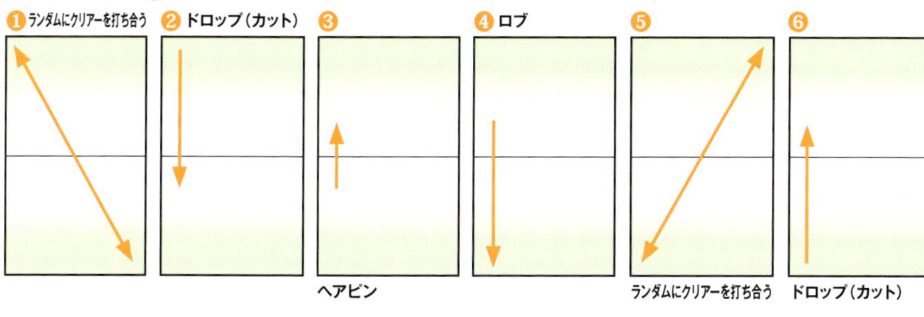

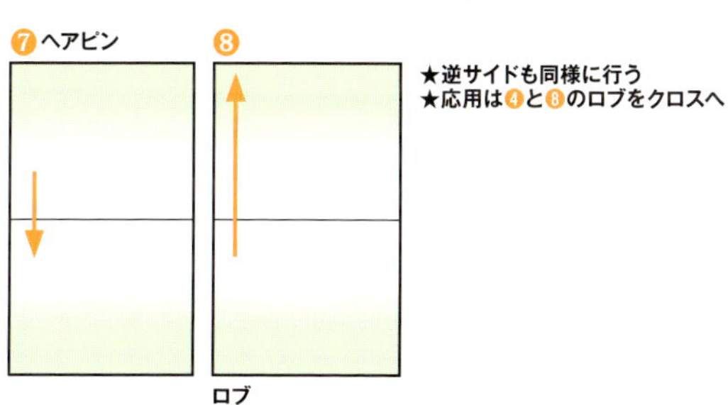

★逆サイドも同様に行う
★応用は④と⑧のロブをクロスへ

パターン③（クロスのスマッシュでラリーを切る）

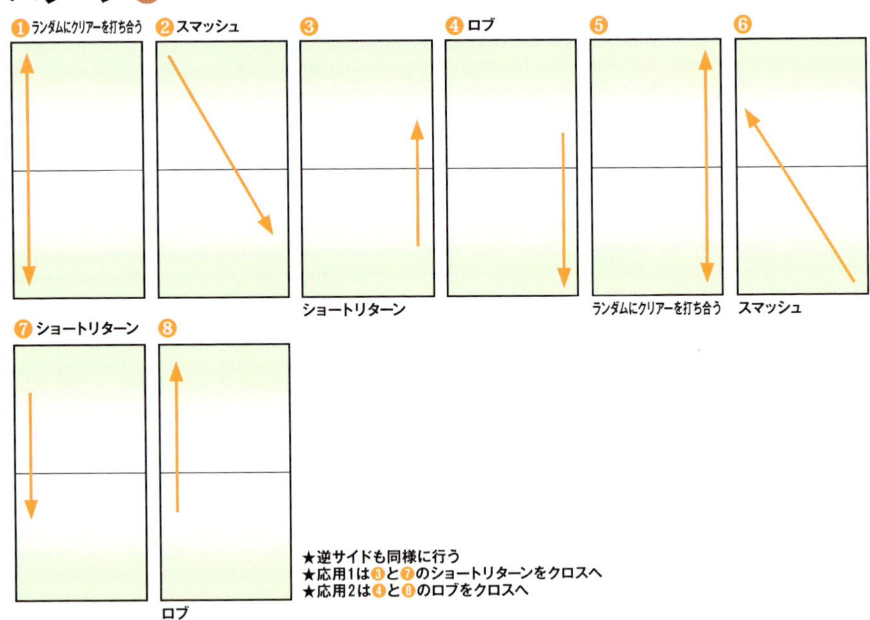

★逆サイドも同様に行う
★応用1は③と⑦のショートリターンをクロスへ
★応用2は④と⑧のロブをクロスへ

パターン④（ストレートのスマッシュでラリーを切る）

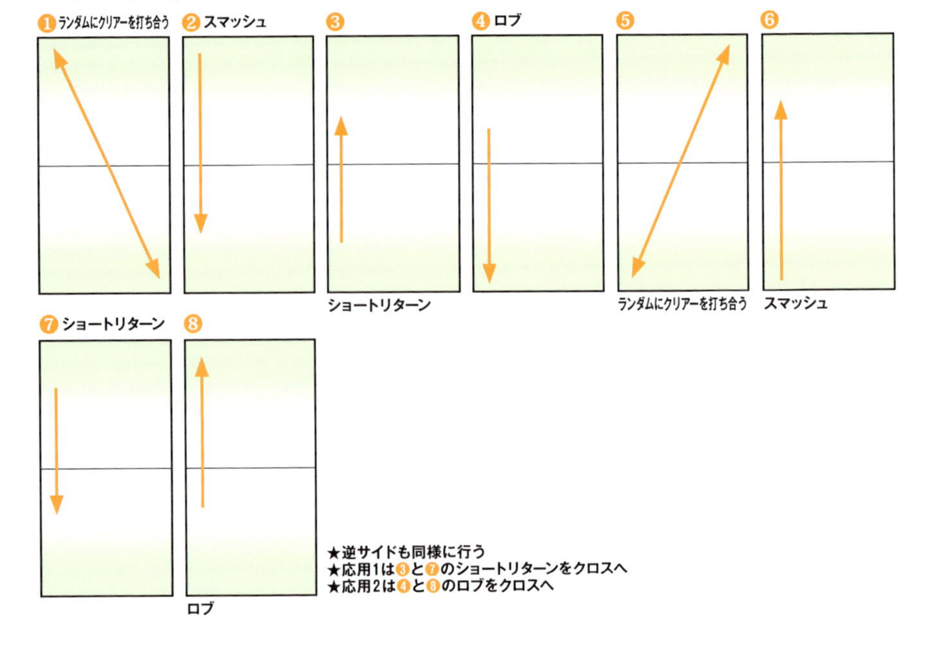

★逆サイドも同様に行う
★応用1は③と⑦のショートリターンをクロスへ
★応用2は④と⑧のロブをクロスへ

パターン⑤（クロスのスマッシュでラリーを切る）

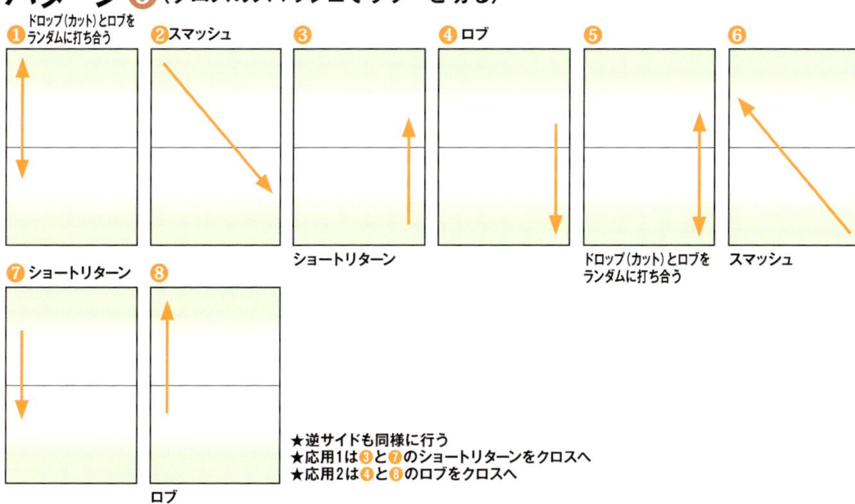

★逆サイドも同様に行う
★応用1は③と⑦のショートリターンをクロスへ
★応用2は④と⑧のロブをクロスへ

パターン⑥（ストレートのスマッシュでラリーを切る）

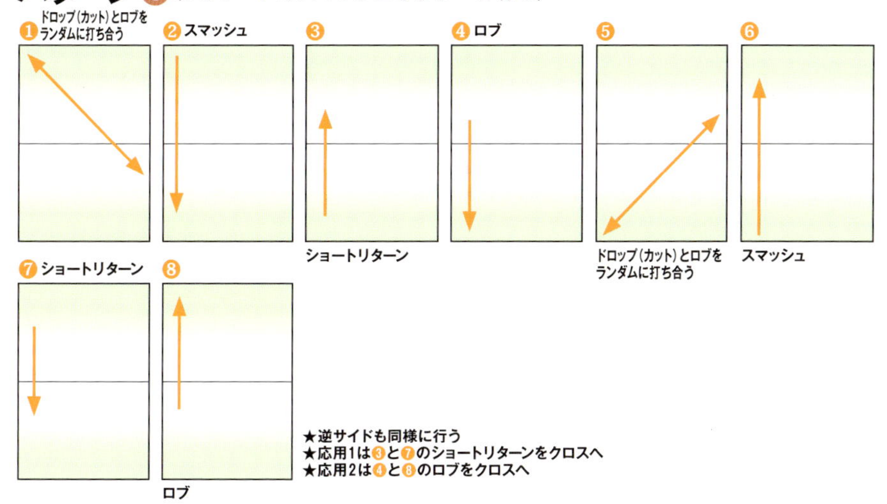

★逆サイドも同様に行う
★応用1は③と⑦のショートリターンをクロスへ
★応用2は④と⑧のロブをクロスへ

パターン⑦（クロスのクリアーでラリーを切る）

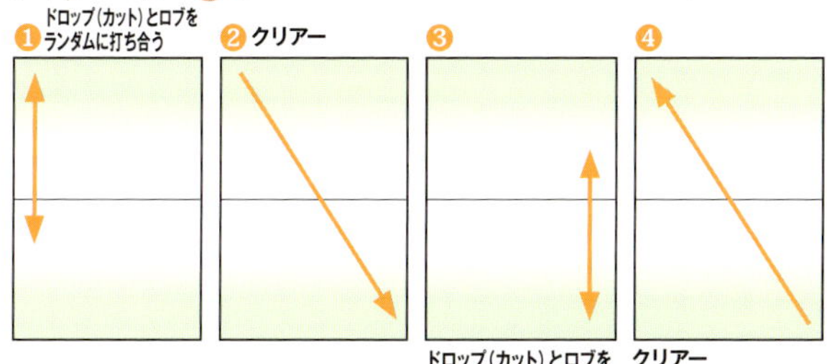

★逆サイドも同様に行う

パターン⑧（ストレートのクリアーでラリーを切る）

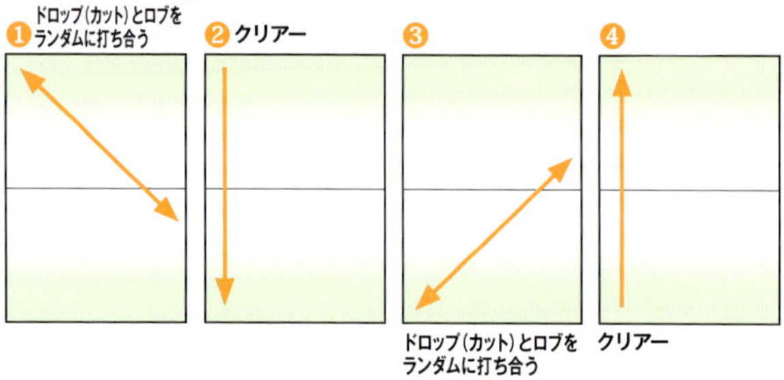

❶ドロップ（カット）とロブをランダムに打ち合う
❷クリアー
❸
❹

ドロップ（カット）とロブをランダムに打ち合う
クリアー

★逆サイドも同様に行う

パターン⑨（ストレートのスマッシュでラリーを切る）

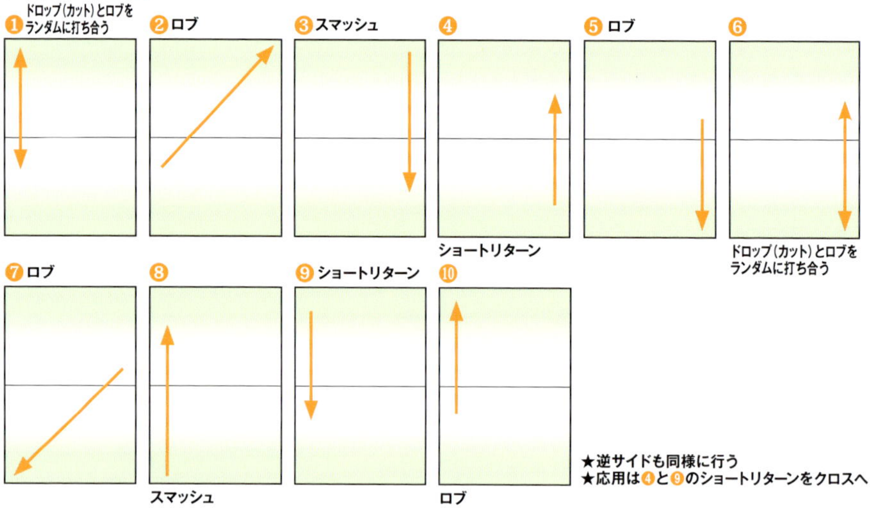

❶ドロップ（カット）とロブをランダムに打ち合う
❷ロブ
❸スマッシュ
❹
❺ロブ
❻

ショートリターン
ドロップ（カット）とロブをランダムに打ち合う

❼ロブ
❽
❾ショートリターン
❿

スマッシュ
ロブ

★逆サイドも同様に行う
★応用は❹と❾のショートリターンをクロスへ

パターン⑩（クロスのスマッシュでラリーを切る）

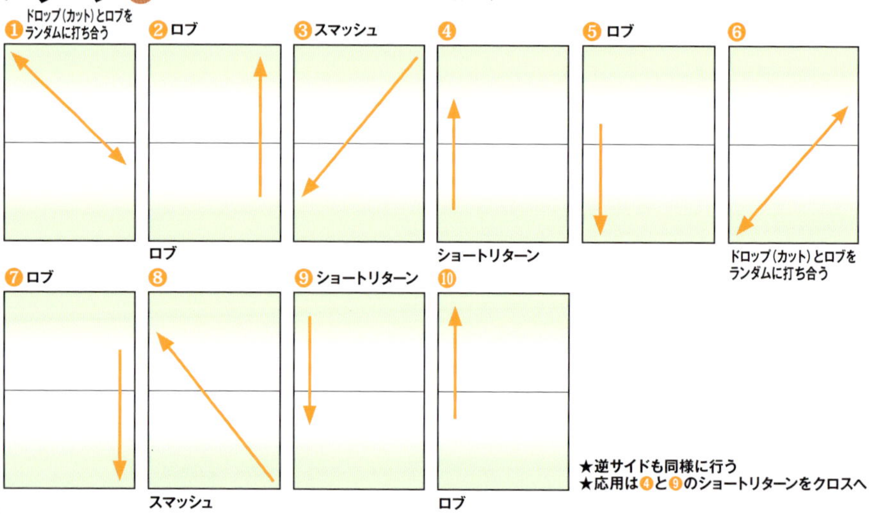

❶ドロップ（カット）とロブをランダムに打ち合う
❷ロブ
❸スマッシュ
❹
❺ロブ
❻

ロブ
ショートリターン
ドロップ（カット）とロブをランダムに打ち合う

❼ロブ
❽
❾ショートリターン
❿

スマッシュ
ロブ

★逆サイドも同様に行う
★応用は❹と❾のショートリターンをクロスへ

第6章 ユニークな練習法

バドミントンの上達に欠かせないのは、正しいグリップとフォーム、ラケットワーク、フットワークであることはいうまでもありません。それらに加え、筋力や体力の強化、一瞬の判断力を養うことも必要です。フォームづくりやフットワーク、コーディネーション(調整力)、筋力などをアップさせるユニークな練習法をご紹介しましょう。

1●新聞投げでオーバーヘッドのフォームづくり

◆バドミントン、テニス、卓球などのラケット競技は、フォームをおろそかにしては上達が極端に遅くなってしまいます。その中でもバドミントンは、フォームに占めるオーバーヘッドの割合が高く、合理的で美しいオーバーヘッドのフォームが、そのまま勝利に結びつくといっていいほど重要です。フォームが悪くてもスピードはつきますが、コントロールはつきません。ここで紹介するフォームづくりに効果がある新聞投げは、投手が遠投によってフォームをつくることからヒントを得ました。バドミントンやテニスにおけるオーバーヘッドのフォームづくりは、ラケットを思い切り遠くへ投げることが最良の方法です。もちろん、高価なラケットを投げるわけにいかないので、代わりに新聞紙を丸めて投げてみましょう。つくり方は、新聞紙4枚を縦長に丸めラケットと同じ重さにして上・中・下の3ヶ所をガムテープで巻きますが、このときグリップと同じ太さにするのがポイントです。オーバーヘッド以外のハイバックハンドのフォームづくりやフォームの欠点矯正にも役立ちます。

※写真は34ページ参照

2●目隠しノックでフットワークの反応を速く

◆ノックを受ける選手はシャトルの打ち出しが隠されているので、前後左右どこにくるかわかりません。目隠しされたところからいきなり飛び出してくるシャトルに対して瞬時に判断し、すぐに反応しなければノータッチを繰り返したりしてしまいます。ネットの一部や全体を園芸用シートで隠す方法と、ホームセンターで購入したハンガーラックや卓球台の移動しやすい器具で隠す方法の2種類ありますが、後者のほうが練習しやすい、と思います。ノックのタイミングやコースとスピードを不定期にすると練習効果が飛躍的にアップします。どんなノックがくるかネットを越えるまでわからないので、ラリー中の鋭い反応、逆をつかれたときの対応力、ゲーム中の集中力、を大きくアップさせます。最初はフォア奥とバック奥の、2つのコースの落下点に速く入る目隠しノックからスタートしましょう。

3●穴あきラケットカバーでスイングスピードをアップ

◆選手はレベルが上がるにしたがい、小さく・鋭い・弾くようなコンパクトなスイングにしなければなりません。スイングのスピードアップを目指すには、ラケットカバーに穴を開け空気抵抗で負荷を大きくする素振りやトスノックが効果的です。ラケットカバーをそのまま使用したのでは空気抵抗が大きすぎ、かえってフォームを崩してしまいます。筋力、練習の種類などによって、それぞれ穴の数や大きさを変えて負荷を調節しましょう。注意点は負荷を伴う練習は決して最初から無理をせず、レベルアップに応じて負荷を大きくすることです。この穴あきラケットカバーを振り続けると前腕や握り込みが強化され、自分でも驚くほどスイングスピードがアップします。この穴あきラケットカバーの練習メニューには、素振りの他にフットワーク、ドライブやプッシュの打ち合い、トスノックなどがあります。スイングスピードのアップは攻撃だけでなく、バックスイングが極端に小さくなるので、レシーブやバックハンドの強化にも役立ちます。

4●重いホースの縄跳びでパワーアップ

◆リズム感を養う、ジャンプ力をつけるなどの目的で、いろいろなスポーツの分野で縄跳びを使うトレーニングが広く取り入れられています。この重いホースを使う縄跳びは、腕の筋力アップに重点を置く気軽にできるトレーニングです。ホームセンターなどで市販されているゴムホースかビニールホースを適当な長さに切り、中に砂を詰めて重くします。砂の量の加減で負荷を調節し、両端の切り口をティッシュや綿を詰めて砂がもれないようにしてその上からビニールテープかガムテープを巻いて切り口を塞ぎます。 1重回しを連続で行い腕の筋力アップを図りますが、 1回に30〜60秒くらいが適当です。筋力アップのトレーニングは、身近にあるものを工夫し利用すれば、バーベルなどを使わなくても同様の効果を得ることができます。普通の縄より重いぶん、回しているうちに腕がしびれてきますが、毎日続けていると驚くほど腕の筋力がアップします。

5●バウンドスマッシュでスマッシュ力をアップ

◆相手コートの床に叩きつける強烈なスマッシュは、エースを狙うストロークで相手に最大のプレッシャーを与えます。ネット前からスマッシュを叩きつけ、バウンドさせるこの練習は、スマッシュのスピードアップやスマッシュの連打に効果があります。練習法に2通りあり、いずれも1セットを15〜20球の範囲で行いましょう。 1つはトスノックで、ノッカーがネット前に上げバウンドスマッシュします。もう1つは2人1組で行い、バウンドしたスマッシュを卓球のスマッシュレシーブの要領でつなぎ、ラリーを継続させます。スマッシュだけでなくレシーブ力のアップに効果がありますが、ネット前にスマッシュを打ちやすいように上げるには、相当の技術が要求されます。半面でのバウンドスマッシュに慣れてきたら、左右にサイドジャンプしながら打つ、バックハンドで打つなどにもチャレンジしてみましょう。バドミントンのシャトルが球体ではないので、野球のようにスピードガンで測定できませんが、バウンドの高低でスマッシュ力を測る目安にしましょう。

6●切ったグリップでグリップをマスター

◆箸の握り方が悪くても食事はできますが、豆のように小さく滑りやすいものは、なかなか挟むことができません。ラケットを握る場合も同じで、握り方（グリップ）が悪いと、小さく微妙なラケットワークを必要とするヘアピンやフェイントを自由自在に打てません。正しいグリップを初期段階でしっかりマスターしなければ、いくら練習を積み重ねてもなかなか上達はしません。グリップの良否がバドミントンのスタートなのです。そこで使わなくなった古いラケットのグリップから上の部分を切断し、持ち運びが簡単にできるようにコンパクトにします。これをいつも持ち歩き、時間を見つけて正しいグリップや指の操作を練習しましょう。正しいグリップをマスターするアイデアですが、チョークやテープを使いグリップと指の接点にそれぞれ目印をつける方法も正しいグリップのマスターには効果的です。

7●インターセプトのオールロング

◆フットワークの速さがバドミントン、特にシングルスの強化に大きな影響を与えます。フットワークの練習は、シャドーのフットワーク練習かノックでスピードアップを図りますが、ここではラリーの途中でシャトルをインターセプトし、フットワークを速くしましょう。バックバウンダリーラインの1〜2メートルくらいホームポジションのやや後ろに、卓球台のような高い台を置きます。動かされる選手は、台上のラリーの途中でインターセプトされたシャトルを、 1点返しの要領で台上のやや後ろのコーナーを狙い返球します。ラリーの中間で返球されるためテンポが速く、打球後の次動作や第1歩目のスタートを速くしなければノータッチが多くなってしまいます。一瞬も気が抜けないこの練習は、続けているうちに自然にフットワークが速くなります。ハードな練習なので、 2〜3人のローテーションで行うようにしましょう。台上の移動が困難なため、動かされる選手はよいコースへ返球しなければラリーが途切れてしまうので、コントロールがアップする効果もあります。また、台上から打ち出されるドロップ（カット）やスマッシュは角度が鋭いので、上背のある選手やジャンプ力のある選手と対戦している、という仮想練習にもなります。コート内でネットを挟んでのラリーの他に、体育館のステージを使っても同じような効果のある練習ができます。

8●しゃもじを使いスナップ強化

◆お風呂の中では何もしないで湯船につかり体を温めていると思いますが、この時間を利用しスナップ強化に取り組んでみましょう。トレーニング方法は簡単で、しゃもじを湯船の中で前後左右に動かします。水の抵抗を利用するスナップ強化法ですが、普段の生活の一環なので気軽にでき習慣づけられる利点があります。しゃもじにもいろいろな大きさがありますが、最初は小さいしゃもじから始め徐々に大きく、また時間も長くするようにしましょう。スナップがジワーッと重くなったら一時中断し、また時間を置いてから行ってください。ワインやビールのビンに砂や水を詰めて行うスナップ強化法や市販のスナップ強化の器具もありますが、この練習法は気軽に毎日行え、そして効果が目に見えるユニークな発想の練習です。

9●水泳トレーニングで筋力アップ

◆トレーニングで筋力の強化を図らなければ、今以上の高度なプレーは目指せません。よい原因がなければよい結果は生まれてこないのです。一般的に、筋力アップやランニングなどの体力トレーニングを、苦しい、厳しい、単調などのマイナスイメージでとらえている選手も多いと思います。そのイメージを変えるには、トレーニングのメニューを楽しくするように工夫することが大切です。トレーニング練習のマンネリ化防止や気分転換の意味からも、ぜひ、この水泳トレーニングによる筋力アップの練習法を取り入れてみてください。水泳トレーニングとネーミングしていますが、プールで行うのではなく体育館のフロアー使う水泳をイメージした筋力トレーニングです。2人1組で行い1人が足を押さえ、1かき（ワンストローク）で1メートル進むと仮定し、50～100メートルを設定し、多人数で行うなら順位を競います。種目はクロール・平泳ぎ・バタフライ（いずれも三角筋、僧帽筋、菱形筋、上腕三頭筋、広背筋を強化）、背泳ぎ・横泳ぎ（いずれも腹直筋、内腹斜筋、外腹斜筋を強化）の5種目です。よりユニークにするなら犬かきを加えてみましょう。チーム対抗リレーや個人メドレーなど、いろいろ工夫すればさらに面白くなります。上体が上がらないのは、泳法違反で失格です。

クロール

平泳ぎ

バタフライ

背泳ぎ

10●シャトルを弾くフットワーク練習

◆フットワークが遅い選手に効果がある練習で、ストローク練習やノック練習に変化を加えてみましょう。ストロークやノックでシャトルを打ったあと、フットワークを使い床に置かれたシャトルをラケットで弾きます。シャトルの置き方には2通りあり、1つは最初からシャトルを10～15個を横一列かランダムに並べる方法で、もう1つは1～4名が打ち終わったタイミングを見ながら、1個ずつシャトルをそのつど床に置く方法です。いずれも選手のレベルに応じて、置く位置や個数を調整しましょう。ストローク練習のクリアーの打ち合いはショートサービスラインの前後、ドロップ（カット）やスマッシュのときはホームポジションのやや前、ロブはホームポジションのサイドライン近くにセッティングします。1回のラリーでシャトルを弾くのが理想ですが、最初から無理をすることはありません。遅れたり体勢が崩れたりしたら、シャトルを弾くのを1回パスしましょう。また、この練習はロブを小さく・鋭い・弾くようなコンパクトなスイングにする効果があります。弾く前にラケット面を一瞬止めるようにするのが練習ポイントです。

11●サンドイッチ走で脚力アップ

◆シングルスはフットワークの競い合いという一面があります。シャセのステップは、ランニングステップよりリズム感やスピードが出るので、速いフットワークを目指すならゲームで積極的に使っていくべきです。世界のトップ選手は、シャセの小さなステップをフットワークの中に上手に取り入れています。一般的に、日本の選手はフットワークの中に、シャセの小さいステップを入れる回数が少なく、不得意な傾向にありますが、これは初級段階でのステップ練習の不足に原因があります。シャセの小さなステップワークを、フットワークに上手に取り入れる目的のこの練習は、サンドイッチのように真ん中に1人を挟み、他の2人が並走する様子からネーミングしました。3人1組が基本ですが、状況に応じて人数を加減しましょう。真ん中の選手はシャセの大小のステップで、ランダムに左右へ移動し、止まった状態ではインディアンステップやチャイナステップなどで、外側の2人をかく乱します。外側の2人は真ん中の選手のステップを、そっくりそのまま真似しなければなりません。真ん中の選手は急な方向転換やボディアクションのフェイントで、外側の2人に挟まれないようにしましょう。男子が50～60秒、女子が30～40秒が適当です。

12●リボン（ビニールひも）を使うフォームづくり

◆新体操のリボンが最適ですが、コンビニやスーパーなどで売っている荷造り用のビニールひもでも十分代用ができます。レベルに応じて長さを調節しますが、ラケットの5～6本の範囲内で行いましょう。ラケットヘッドの先端にリボン（ビニールひも）を結び、オーバーヘッドの素振りをします。肩→ひじ→手首の運動連鎖がスムーズにいかないと、リボン（ビニールひも）がラケットにからまってしまいます。あまりリボン（ビニールひも）がからまるようでしたら、短く切り上達に応じて徐々に長くするようにしましょう。ハイバックハンド、サイドアーム、バックハンドなど、オーバーヘッド以外のフォームづくりにも応用できます。

13●ビニールひもを使いスイングの大振り防止

◆バドミントンのスイングのポイントは、大振りしないことです。大きなスイングは、威力あるストロークが打てませんし、多彩なラケットワークによるシャトルの変化もつけにくくなります。ラケットが重かったときのロブは、肩を支点とする遠心力を利用した大きなものでした。ラケットの軽量化や性能アップで反発力が向上した今では、テークバックやフォロースルーを極端に抑えたコンパクトなスイングで、ロブを弾くように打たなければなりません。この練習はビニールひもを適当な長さに切り、一端をイチョウ（T字）部分に結び、もう一方を足に巻きつけるか手で握りスイングします。ビニールひもが伸びた状態で止まるので、コンパクトな鋭いスイングができるようになります。この練習はロブだけでなく、スマッシュレシーブ、プッシュレシーブ、バックハンドのスイングを小さく・鋭い・弾くようなコンパクトなスイングにする効果もあります。

※ロブの写真は42ページ参照

14●ポケットに左手を入れるストローク練習

◆以前にマレーシアに行ったときに、ナショナルチームの練習で目にした練習法をご紹介します。左手をポケットに突っ込み、シングルスゲームを行っていましたが、最初は基本ストロークや半面シングルスで行うほうがよい、と思います。一見すると左手が使えないのでバランス感覚を高める練習、と思いますが、実際に体験してみるとオーバーヘッドで左肩をしっかり入れるための練習だと気がつくことでしょう。この左手をポケットに入れる練習をすると、フリーハンドの左手の大切さが再認識できます。もちろん、ネット前のランジング姿勢のバランス感覚を高めるのにも効果があります。

15●シャトルケースのフタでサッカー

◆サッカーは瞬発力と判断力を養うのに適し、中国では男子選手を中心に、ウォーミングアップやトレーニングのマンネリ化防止のために、練習メニューの最初に行われています。狭い体育館でサッカーボールを蹴るのは危険なので、シャトルケースのフタを使い安全を確保しましょう。スピードも手ごろで体育館でも大丈夫です。フタを2つ重ねテープで止めるとスピード感がアップし、どこに飛んでいくかわからない面白さがあります。楽しい中にも意外にハードな一面もあり、反射神経、瞬発力、ボディバランス、判断力や予見力などを身につけることができます。シャトルケースをスティックに、フタをパックに見立てゴールを狙うアイスホッケー風の楽しみ方もあります。毎日が苦しく厳しい練習の繰り返しでは、バドミントンに興味を失いバーンアウトに陥ってしまいます。スポーツは楽しくという原点を忘れないためにも、このような遊び感覚の練習をときどきは加えてみましょう。

16●シャトルキック

◆ラインを使い1〜1.5メートル間隔でトスをする人とキックをする人に分かれます。各ラインを挟んだ長方形のサービスエリアに、シャトルをランダムにトスします。キッカーはトスされたシャトルが床に落ちる前に空中でキックし、ラインの外へ蹴り出しますが、どちらの足でキックしても構いません。トスする人はコーナーを狙う、フェイントをかける、スピードを加減するなどトスに変化をつけましょう。中国では1人で何回も空中でシャトルをドリブルし、床に落とさないサッカーのリフティングそっくりのシャトルキックがありますが、エリア内を移動しながらキックするぶん、こちらのほうも難しくなります。

この練習はボディバランス、体幹、瞬発力、反射神経の養成に効果があり、逆をつかれてバランスを崩しながらの1歩目の踏み出しは、フェイントに対するフットワークの強化に大きな効果があります。1セット15〜20球で3〜5セットを1日おきに行うと効果があります。特にバドミントンを始めたばかりの子供たちに人気のあるユニークな練習法です。

17●障害物でロブの大振り防止

◆小さく・鋭い・弾くようなコンパクトなスイングでロブが打てると、インパクトの直前までヘアピンとの区別がつかず、相手は戸惑ってしまいます。大きいロブのスイングを直すには、コート内に障害物を置いてスイングを矯正する練習をしましょう。跳び箱やイスなど何でもよいのですが、いろいろ試してみましたが、10打入りのシャトルの箱を重ねるのが便利です。トスされる落下点の後ろに障害物を置き、大きいスイングのロブですと障害物にぶつかるため、コンパクトなロブで返球せざるを得ません。ロブやヘアピンの打点が低い選手にも効果があります。股関節が硬くひざのクッションをうまく使えない選手は、この練習にイスをプラスしてみましょう。イスの上に左足を乗せ、右足を前後に踏み出して、トスされたシャトルをロブで返球しますが、リズム感をつけることや左足を残す効果もあります。お手軽なのは選手を立たせ、お尻にぶつけないようにロブのスイングをしましょう。

※写真は42ページ参照

18●バスケットボールで筋力アップ

◆プロ野球の打撃練習にトスされたシャトルを打つ練習法があります。違うスポーツを経験することで新鮮な気持ちでトレーニングを楽しめ、それにより練習効果もアップします。同じ練習メニューが続けば、選手はバドミントンに飽きてしまいますし、特にトレーニングではなおさらです。練習の大敵はマンネリ化でそれを避ける意味でも、バドミントンに効果があると思われるものは、他のスポーツ種目から積極的に取り入れるようにしましょう。ここで紹介するバスケットボールを使うトレーニングは、①チェストパス(前腕の伸展力強化)、②スローイン(腹筋)、③バック投げ(背筋)、④遠投(肩)、⑤床からの腹筋、⑥床からの背筋、⑦ドリブル(指先の強化)などがあります。⑤・⑥は2人1組か3人1組のローテーションで行えば練習効果がアップします。①・②・③は20〜30球、④は10〜20球、⑤・⑥は15〜20球、⑦は40〜50回が適当な練習量です。

19●スマッシュ→プッシュの基本練習

◆この練習法をぜひメニューに取り入れ、まずは半面で行いましょう。ダブルスの前衛やシャトルに対する反応が強化されますが、1人がショートサービスライン近くに構え、相手のスマッシュを前に足を踏み出しながらプッシュします。次にスマッシュを打った人がネット前にしぼり、プッシュをした人はロブを上げラリーを続けます。スマッシュ→プッシュ、ショートリターン→ロブとなりますが、スマッシュを全力で打つとプッシュが打てないので、スピードを加減し、慣れてきたら徐々にスマッシュのスピードを上げるのがポイントです。最初はスピードに対する恐怖心があり、足を踏み出せずお尻を後ろに引きがちですが、慣れてくるとコースを素早く判断し、シャトルがネットを越えたタイミングで打てるようになります。プッシュをする人の練習がメインに感じますが、スマッシュを打ったらすぐにレシーブをしなければならないので、スマッシュの次動作を速くする効果もあります。プッシュのエリアを徐々に広げる、全面で1対2(プッシュ)で行う、全面の1点返球の要領でスマッシュレシーブを強化する、などの応用練習もあります。腰が引けて前に足が踏み出せないときは、プッシュの人の後ろにイスを置く練習が効果的です。

20●クリアーのスナップ打ち

◆これも基本練習のメニューに加えてみてはいかがでしょう。テークバックとフォワードスイングを省略し、ひじをやや曲げた状態で構え、インパクトは手首の握り込みだけでクリアーを打ちます。落下点に速く入り右肩の前で打たないと、シャトルが遠くへ飛んでくれません。一瞬のタイミングをとらえて打つこの練習は、慣れてくると普通の飛距離のクリアーやスマッシュが打てるようになります。どのストロークにもいえますが、弾くような感覚で打つには軽く指先で握ったグリップを、インパクトの瞬間に強く握り込むことがポイントになります。クリアーの基本練習で、インパクト直後すぐにラケットを引き戻す打ち方にもチャレンジしてみましょう。レベルが上がるほどスイングは、小さく・鋭く・弾くようなコンパクトなスイングで打つことを意識しなければなりません。ボクシングのノックアウトパンチや野球のホームランも、インパクトの瞬間の強い握り込みから生まれてくるのです。

21●縄跳びを使う変化跳び

◆トレーニングの一環として行われる縄跳びは、2重跳びが主流になっています。しかし、その2重跳びは1分間に120回を目標に跳んでみましょう。もちろん、縄を回すスピード、ジャンプの高さ、引っかけるミス、に注意しないと目標達成ができません。また、レベルを上げ女子選手でも3重跳びを連続30回できるようにしましょう。しかし、2重跳びの他にもバドミントンに効果的な跳び方があります。コーディネーション（調整力）を練習目的とする縄跳びです。2重跳びを1回、1重跳びを1回と連続で跳びます。このとき、どうしても1重跳びになると極端にスピードが落ちてしまいますが、できるだけ全体のスピードを一定にしながら跳ぶようにしましょう。ラリーが長くなると自分からミスをする選手を多く見かけますが、コーディネーション不足に原因があります。ラケットや体の使い方が、シャトルの返球に合わないことからです。縄跳びも一緒で、縄を回すスピードとジャンプが一致しないためにミスが起こります。そこでラリーにおけるコーディネーションを高める目的で、この練習法を考えました。ランダムに2重跳びと1重跳びの回数をセッティングし、チャレンジしてみましょう。また、構えからのスピードが遅い選手は、1重跳びで右足の1歩目だけを踏み出す練習法を行ってください。驚くほど1歩目のスタートが速くなります。

※写真は54〜55ページ参照

22●壁を使う2人組のフットワークの強化

◆フットワークが遅い、と悩んでいる選手が多いのではないでしょうか。足の使い方のステップワークにも問題がありますが、多くは足の筋力不足が原因になっていることが多いようです。そこでダンベルやバーベルなどの器具を使わないで、手軽に足の筋力強化ができる練習法をご紹介します。もちろん1人でもできますが、ここではより筋力効果をアップするため2人1組で行いましょう。壁を使い1人がもう1人を肩車しますが、ちょうど壁から両手を伸ばした位置で行い、近すぎても離れすぎてもいけません。肩車されている人は軽く壁に手をつき、バランスを保ちましょう。練習法は、①両足のかかとをゆっくりできるだけ高く持ち上げる、②右足のかかとをゆっくりできるだけ高く持ち上げる、③左足のかかとをゆっくりできるだけ高く持ち上げる、④腰を落としスクワットの体勢から上に持ち上げる、の4種類です。いずれも1セット10〜15回で1〜2セット行いましょう。あまり知られていませんが、フットワークを足首を上に持ち上げる前脛骨筋の強化がポイントになります。下肢の骨の側にある筋肉です。注意してほしいのは、この練習の2人1組は負荷が大きいので、最初から無理をしないことです。肩車される人の体重を考えたり、回数を少なくしたり、自重を使う1人で行ったり、と練習法を工夫してください。

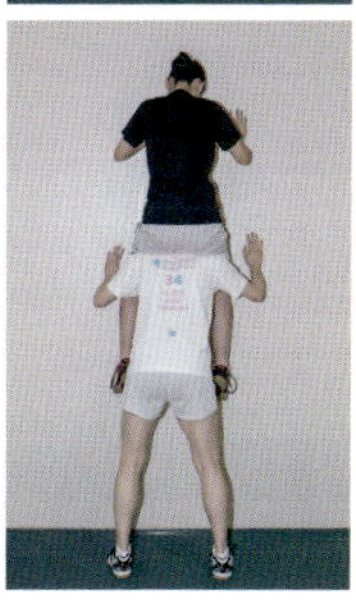

23●半分のシャトルケースを使うステップワーク

◆右足と左足の蹴りの強さは、最後の1歩を大きくするなどフットワークにおいて大切な要件です。一般的に何も利用法が考えられず捨てられているシャトルケースを使って左右の蹴り足を強化してみましょう。シャトルケースをカッターナイフなどで断面が半円形になるようタテ長に半分に切ります。1人で行う場合は1〜5個を床に置き、その上を両足か片足でスピードをつけて連続で跳び越えますが、前後・左右に1セット15〜20回を目安に行いましょう。多人数のローテーションで行う場合は、30〜40個で間隔をランダムに置きステップワークで跳び越えます。メニューは①ダッシュ、②両足跳び、③片足跳び（ケンケン）、④もも上げダッシュ、⑤サイドステップ、⑥斜めシャセの前進・後退、⑦開閉の前進、⑧ツイスト横進、などです。縄ばしごのようなラダーを使ってのトレーニングもありますが、等間隔ではないランダムの設定なのでコーディネーション（調整力）のアップにも効果があります。

24●クリアー合戦

◆シングルスはクリアーやロブで相手を後ろへ追い込み、相手を崩してからスマッシュやドロップ（カット）でオープンスペースを狙う、のが有効な戦法です。その中でもドリブンクリアーはスピードで相手を追い込むもっとも有効なストロークといえます。もちろん100パーセントのフルパワーでバックバウンダリーラインへクリア―を打つより、80〜90パーセントのパワーでクリアーが打てればコントロールは大きくアップします。それを練習目的に、この練習を考えてみました。体育館のセンター付近からクリアーを打ち合いながら相手を壁際に押し込みます。クリアー合戦とネーミングしましたが、前腕の伸展力とグリップの握り込みを使い、決して大振りにならない正しいフォームで打ち合いましょう。

25●ノックのアイデア補助具

◆ノックシャトルを片手で持つ場合は、20球くらいが限度です。シャトルをノッカーに手渡す場合は、補助員が何人も必要です。そうした悩みを解消し、1人でトス（手投げ）ノックやラケットノックをスムーズにするための補助具をつくってみましょう。つくり方は簡単で、ホームセンターなどで市販されている円筒形の塩化ビニール製の雨どいを利用します。口径75ミリが本体で、それに口径60ミリのキャップをはめ込み完成です。2打入りは67.5センチ、3打入りは90センチ、4打入りは135センチが目安となります。シャトルが自動的に落下するので、トスノックの効率が大幅にアップします。写真のラケットノックの補助具もホームセンターのパイプを使いつくりました が、1回で100級くらいラケットノックができます。シャトルが古くなって補助具に止まらずに落下する場合は、すき間風防止のテープを取り出し口に巻けばスムーズに取り出せます。

26●シャトルを目で追う反応の強化

◆フットワークの1歩目が遅い、スマッシュに対する反応が遅い、などで悩んでいるプレーヤーが多いと思います。目からの情報で体が動くので、反応を速くするには目を鍛えなければなりません。練習法には2つありますが、1つは台やステージの上にシャトルを2〜4個置き、1メートルくらい離れ、顔を動かさず目で素早く追います。最初は横1メートル、奥行き50センチくらいにシャトルを置き、慣れてきたら距離を広げましょう。もう1つは同じように各ラインの15の交点を同じように顔を動かさずに素早く目で追いかけます。ストップウォッチでタイムを測るとより効果があります。立ち位置はタテと横がありますが、いずれもラインから1メートルくらい離れましょう。シャトルを横か斜めに2個置き、素早く目で追いかけ50〜100回数える練習法も効果があります。

第7章

ノック

ノックはバドミントンに限った練習法ではありません。しかし、野球やバレーボールがレシーブの強化を目的としているのに対し、バドミントンのノックはレシーブに限らない多目的な練習といえます。バドミントン強国の中国・インドネシア・マレーシアは、ノック練習の頻度や内容が日本に比べかなり高くなっています。一般的に日本のノック練習は、持久力（スタミナ）の養成に重点を置いていますが、ノックの練習法を増やしたりノッカーの技術力をアップするなど、ノック練習に工夫と改善を加えなければなりません。ノック練習にはトスノック（手投げ）とラケットノックの2種類があり、練習目的に応じて使い分けましょう。もっとも大切なポイントは、ノック練習をする前に指導者や選手が練習の目的をしっかり把握していなければ、ノック練習の効果が上がりません。ノックを受ける人数、ノックの本数、ノックを出すテンポ、ノッカーのノックする打点、などがノック練習の目的で違ってくるからです。ノッカーは、台の上からのノック、目隠しノック、ノッカーが2人、などノック方法をいろいろ工夫しましょう。ノッカーのペースではなく、選手のレベルに合わせて球出しをすることがポイントになります。練習法の図は●がノッカー、○が選手です。

【ノック練習の目的】

❶正しいフォーム、ラケットワーク、フットワークをマスターする。
❷ストロークのコントロールをつける。
❸スマッシュやフットワークのスピードをつける。
❹持久力（スタミナ）をつける。
❺反射神経や予見力をアップさせる。
❻体のバランスやリズム感を養う。
❼悪いクセや欠点を矯正する。
❽いろいろなフェイントやスピンネットなどの技術をマスターする。

初級レベルのトスノック

【練習目的】

❶オーバーヘッドとロブのフォームをマスターする。
❷ドライブ、プッシュ、ヘアピンの打ち方をマスターする。
❸バックハンドのドライブで前腕の伸展力をアップする。

練習要領は、1セット10～15球を2～3人の選手がローテーションで行い、ノッカーは左腕に15～20球くらい乗せ、テンポよくトスしましょう。ノッカーは至近距離からトスするので、返球がノッカーに当たる可能性があります。ケガになりかねないので、ノッカーは立ち位置や選手のレベルなどに十分注意してください。

【練習法1】

片ひざをつくクリアーのフォームづくり

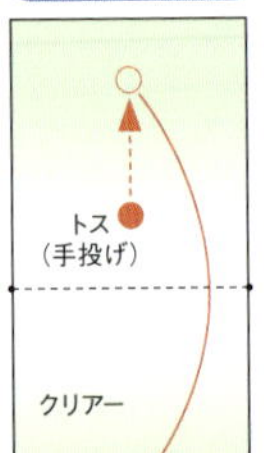

●選手は折りたたんだタオルに片ひざを置き、もう片方の足を後ろへ伸ばします。
●ノッカーと選手との間隔を約1メートルにします。
●正しいクリアーのフォームづくりが練習目的なので、力まかせに遠くへ飛ばそうとしてはいけません。

【練習法2】

片ひざをつくロブのフォームづくり

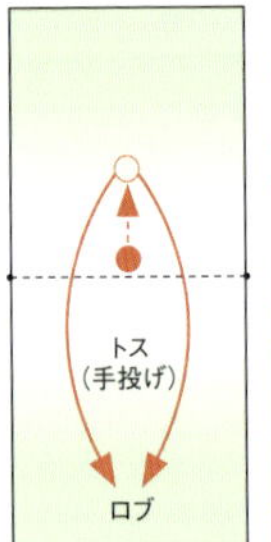

●選手は折りたたんだタオルに片ひざを置き、もう片方の足を後ろへ伸ばします。
●ノッカーと選手との間隔を約1メートルにします。
●正しいロブのフォームづくりが練習目的なので、力まかせに遠くへ飛ばそうとしてはいけません。

【練習法3】

片ひざをつくサイドアームのドライブのフォームづくり

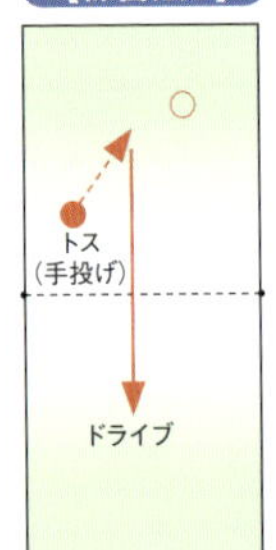

●選手は折りたたんだタオルに片ひざを置き、もう片方の足を後ろへ伸ばします。
●ノッカーと選手との間隔を約1メートルにします。
●前腕の伸展力を使い、フライトが浮かないように注意しながら、サイドアームでドライブをストレートに打ちましょう。
●小さく・鋭い・弾くようなコンパクトなスイングでドライブを打つには、テークバックとフォロースルーをできるだけ小さくしなければなりません。

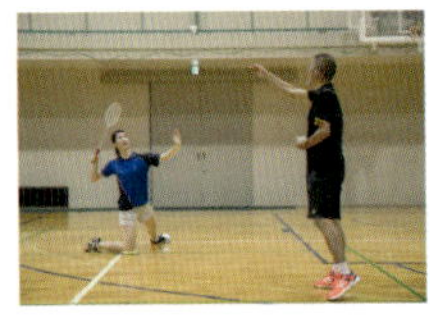

【練習法4】

片ひざをつくバックハンドのドライブのフォームづくり

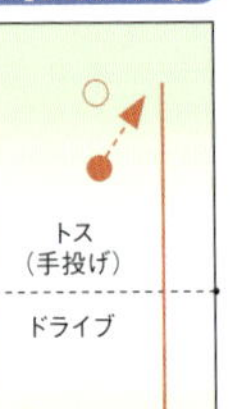

●選手は折りたたんだタオルに片ひざを置き、もう片方の足を後ろへ伸ばします。
●ノッカーと選手との間隔を約1メートルにします。
●イースタンバックハンドのグリップで握り込みながら親指を強く押し、前腕の伸展力を使いバックハンドのドライブをストレートに打ちましょう。

【練習法5】 フォアハンドのプッシュのフォームづくり

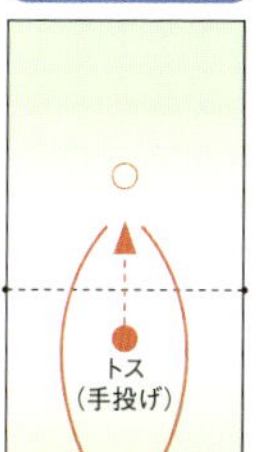

●ノッカーはアンダーハンドでネット前にトスし、選手は右足を1歩踏み出しプッシュします。
●プッシュは小さく・鋭い・弾くようなコンパクトなスイングで打たなければ、ネットに引っかけるミスが多くなります。テークバックとフォロースルーをできるだけ小さくしましょう。

【練習法6】 バックハンドのプッシュのフォームづくり

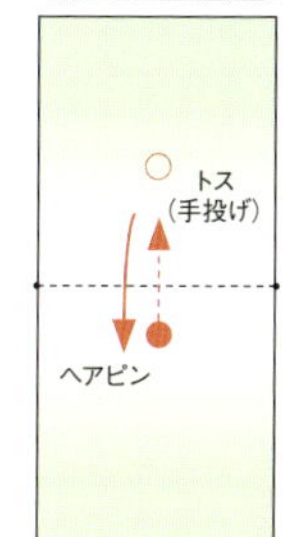

●バドミントンで難しいとされるバックハンドは、早い段階でスタートさせるようにしましょう。そのバックハンドは、比較的簡単なプッシュからスタートするとマスターしやすくなります。
●選手は右足を1歩斜めに出し、イースタンバックハンドのグリップを握り込みながら、親指を強く押しプッシュします。
●ネットへ引っかけるミスを防ぐには、小さく・鋭い・弾くようなコンパクトなスイングで打たなければいけません。それにはテークバックとフォロースルーを小さくするのがポイントになります。

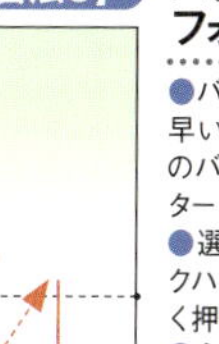

【練習法7】 ロブのフォームづくり

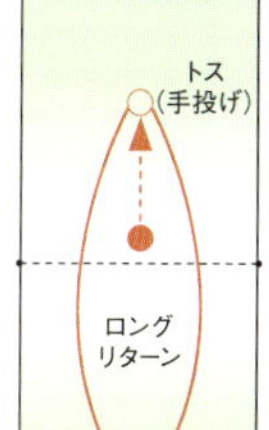

●選手は自分の身長や手足の長さを考え、ネットからの距離を調節しましょう。
●ノッカーはネット前に立ち、アンダーハンドかオーバーヘッドでトスし、選手は1歩足を踏み出してロブを打ちます。

【練習法8】 ヘアピンのフォームづくり

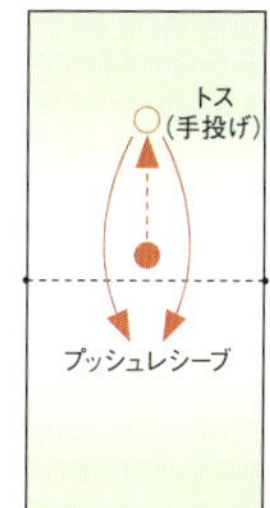

●選手は自分の身長や手足の長さを考え、ネットからの距離を調節しましょう。
●ノッカーはネット前に立ち、アンダーハンドかオーバーヘッドでトスし、選手は1歩足を踏み出してヘアピンを打ちます。

【練習法9】 スマッシュレシーブのフォームづくり

●ノッカーと選手の間隔は1.5～2メートルくらいで、ノッカーは選手のボディめがけて、オーバーヘッドからテンポよくトスします。
●選手はコンパクトなスマッシュレシーブのスイングで、ノッカーの頭上を越える大きな返球をしましょう。

【練習法10】 プッシュレシーブのフォームづくり

●ノッカーと選手の間隔は1.5～2メートルくらいで、ノッカーは選手の腰から下をめがけて、オーバーヘッドからテンポよくトスします。
●選手はノーテークバックのスイングでプッシュレシーブします。

【練習法11】 バウンドスマッシュでオーバーヘッドのフォームづくり

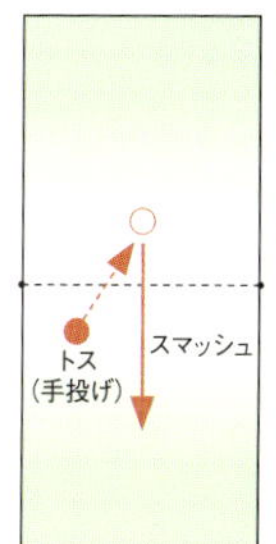

●選手はショートサービスラインのやや前に立ち、ノッカーからネット前へアンダーハンドでトスされたシャトルを、床に叩きつけるようにスマッシュします。
●スマッシュは、体を前後に入れ替える、体を入れ替えない、の2つのボディバランスを使い分けましょう。

中級レベルのトスノック

初級レベルのトスノックの練習目的は動かないでフォームやストロークをマスターすることに重点を置きましたが、中級レベルでは動きながらそれらのレベルを上げるようにしましょう。

【練習目的】

❶動きながらオーバーヘッドとロブのフォームをレベルアップする。
❷動きながらドライブ、プッシュ、ヘアピンをレベルアップする。
❸バックハンドの正しいフォームをマスターする。
❹フォア前、バック前、フォア奥、バック奥、フォア横、バック横の6方向のフットワークのステップをマスターする。
❺シャトルに跳びつき高い打点で打つ意識を高める。
❻ロブとヘアピンのコントロールをつける。
❼フォア前、バック前のストロークとコースを打ち分ける。
❽前への斜めのフットワークをスピードアップする。

練習要領は、1セット15～20球を2～3人の選手がローテーションで行い、ノッカーは左腕にシャトルを15～20球くらい乗せ、テンポよくトスしましょう。ノッカーは至近距離からトスするので、返球がノッカーに当たる可能性があります。ケガになりかねないので、ノッカーは立ち位置や選手のレベルなどに十分注意してください。台上からのノックは、オーバーヘッドを含めたノックの精度が大きくアップします。

【練習法1】片ひざをつくハイバックハンドのフォームづくり

トス（手投げ）
ハイバックハンドのクリアー

●選手は折りたたんだタオルに片ひざを置き、もう片方の足を後ろへ伸ばします。
●ノッカーと選手の間隔を約1メートルにします。ノッカーはアンダーハンドでトスします。
●選手はグリップを強く握り込みながら、ハイバックハンドのクリアーを打ちましょう。

【練習法2】スタンディングでハイバックハンドのフォームづくり

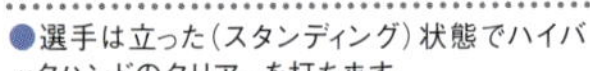

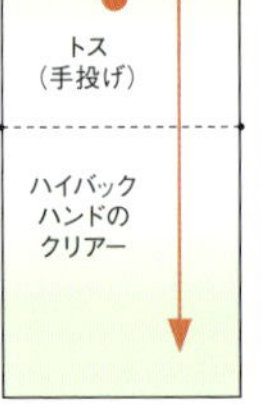

●選手は立った（スタンディング）状態でハイバックハンドのクリアーを打ちます。
●ポイントは「練習法1」と同様です。

【練習法3】左右交互のバウンドスマッシュでオーバーヘッドのフォームづくり

トス（手投げ）
スマッシュ

●選手はネットから50センチくらい離れて立ち、ノッカーから左右交互にアンダーハンドでトスされたシャトルをストレートへ床に叩きつけるようにスマッシュします。
●左右にワンジャンプでシャトルに跳びつき、鋭く前腕を振り抜きながらスマッシュします。
●床に叩きつけるバウンドの高さによって、スマッシュ力を判断できます。
●バック前のスマッシュのとき、ラケットが後ろから出る、大振りになりやすいので注意しましょう。

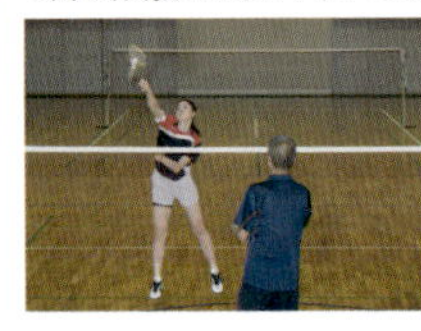

【練習法4】左右交互のトスノックでプッシュのフォームづくり

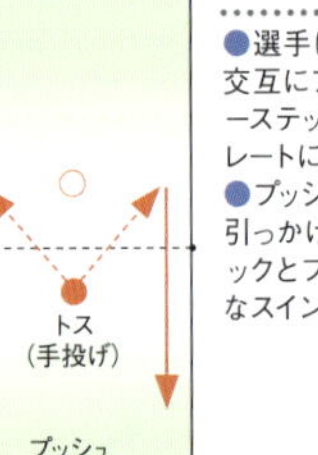

●選手はショートサービスライン上に立ち、左右交互にアンダーハンドでトスされたシャトルをツーステップで、フォアハンドとバックハンドでストレートにプッシュします。
●プッシュはスイングが大振りになるとネットへ引っかけるミスが多くなってしまいます。テークバックとフォロースルーが極端に小さいコンパクトなスイングでミスを少なくしましょう。

【練習法5】 左右交互のトスノックでドライブのフォームづくり

●ノッカーはアンダーハンドからサイドライン近くに左右交互にトスします。
●選手はトスされたシャトルを、サイドアームとバックハンドでドライブを打ちます。
●サイドアームとバックハンドのドライブは、腰の鋭いひねりとグリップの強い握り込みがポイントになります。

トス（手投げ）
ドライブ

【練習法6】 左右交互のトスノックでオーバーヘッド（スマッシュ）のフォームづくり

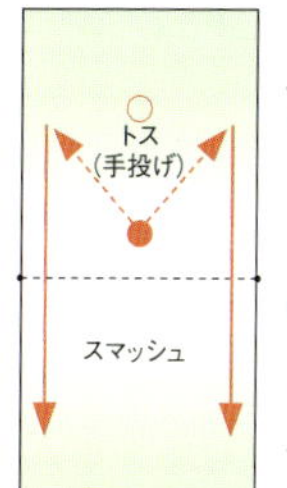

●ノッカーと選手の間隔を1メートルくらいにし、アンダーハンドで左右交互にトスします。
●選手はシャトルにワンジャンプで跳び込み、体を入れ替えないサイドジャンプでスマッシュを打ちます。フォアは右ひじが背中方向に入りすぎない、バックはラウンドザヘッドのラケットが後ろから出る大振りをしない、この2つの点に十分注意しながらストレートにスマッシュしましょう。

【練習法7】 左右交互のトスノックでスマッシュレシーブのフォームづくり

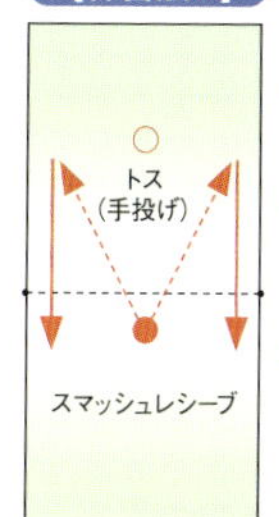

●ノッカーはネットの近くに立ち、オーバーヘッドからサイドライン近くの低い位置に左右交互にトスします。
●選手は左右に跳びつきスマッシュレシーブをしますが、このとき注意するのはテークバックを大きくとらない、打点は横のやや前にするの2点です。
●スマッシュレシーブに限ったことではありませんが、レシーブはまずラケット面をつくり、そのまま腕を使い押し出すようにします。スマッシュレシーブのミスの多くは、ラケット面のつくり方が悪いことに原因の多くがあります。
●ストレート返球にこだわらず、上達してきたらクロス返球にもチャレンジしてみましょう。

【練習法8】 左右交互のトスノックでオーバーヘッド（クリアー、スマッシュ）のフォームづくり

●ノッカーは選手の近くに立ち、アンダーハンドからフォア奥とバック奥に左右交互にトスします。
●両肩の入れ替え、サイドジャンプ、追い込まれた体勢など、いろいろなオーバーヘッドのボディバランスで、クリアーとスマッシュを打ち分けましょう。
●クリアーはストレート返球だけでなく、クロス返球も行いましょう。スマッシュは危険なので避けたほうが無難です。ランダムにトスすると練習効果がよりアップします。

【練習法9】 左右交互のトスノックでロブのフォームづくりとコースの打ち分け

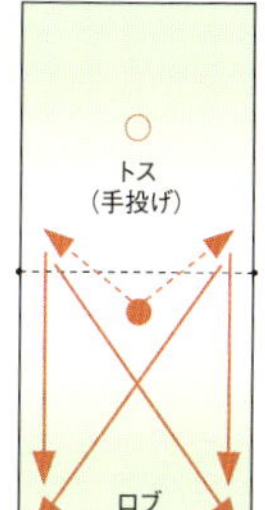

●ノッカーはネット近くに立ち、アンダーハンドとオーバーヘッドで左右交互にネット前へトスします。
●選手はランニング、シャセ、ツーステップ、1歩動の各ステップを使い、ネット前へのフットワークを強化するとともに、正しいコンパクトなフォームでロブを打ち分けましょう。
●ランダムにトスすると、練習効果がよりアップします。

【練習法10】 左右のトスノックでヘアピンのフォームづくりとコースの打ち分け

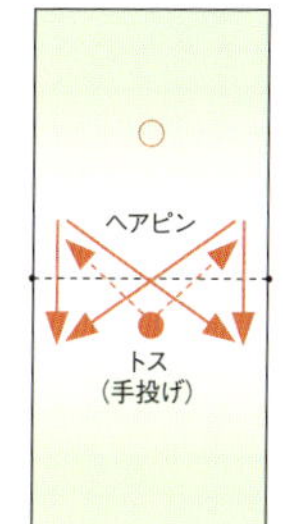

●ノッカーはネット近くに立ち、アンダーハンドとオーバーヘッドで左右交互にトスします。
●選手はランニング、シャセ、ツーステップ、1歩動の各ステップを使い、ネット前へのフットワークを強化するとともに、柔らかく手首を使いヘアピンをストレート、クロスへとコントロールしましょう。
●ランダムにトスすると、練習効果がよりアップします。

【練習法11】 多人数のローテーション練習

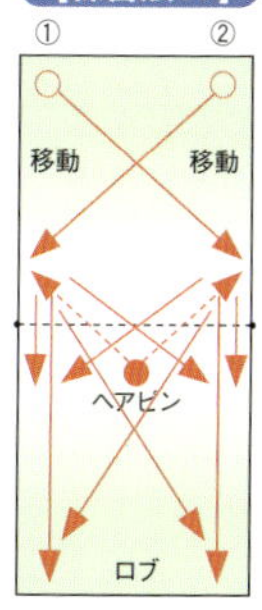

●ノッカーはネット近くに立ち、アンダーハンドとオーバーヘッドで左右交互にネット前へトスします。
●これは斜め前へのフットワーク（コート内の最長距離）のスピードアップに効果があります。同様に斜め後ろへのフットワークはラケットノックでご紹介します。
●多人数でコートが少ないときのフットワーク練習に最適で、10人以上の選手が、このトスノックに参加できます。
●練習要領は、①で素振りのあとバック前にトスされたシャトルを斜めのフットワークで移動し、ロブかヘアピンを打ちます。前の選手がホームポジション近くを通過したら、次の選手がスタートしましょう。打球後は②に移動し次の順番を待ち、フォア前の返球後に①に移動し繰り返します。注意してほしいのは、フォア前・バック前で返球しながらコート外に出ないことです。ランジング（ネット前の体勢）も練習目的の大切な部分です。

上級レベルのトスノック

初・中級レベルに比べ、上級レベルのトスノックは難易度が大きくアップします。動きも激しくてケガも多くなるので、ノックの本数や選手のレベル把握には十分注意しましょう。

【練習目的】

❶ハイバックハンドを強化する。
❷ノータッチが多いネット前とサイドのフットワークを強化する。
❸後ろとサイドのフットワークを強化する。
❹フットワークの方向転換をより鋭くする。
❺反応や敏捷性を高める。
❻オールコートのフットワークを強化する。
❼腰とひざのひねりによる45度、90度、135度の方向転換を鋭くする。

練習要領は、1セット15～20球を2～3人の選手がローテーションで行い、ノッカーは左腕にシャトルを15～20球くらい乗せ、テンポよくトスします。ノッカーは立ち位置や選手のレベル把握などに十分注意しましょう。

【練習法1】左右交互のバウンドスマッシュでバックハンドスマッシュ

トス（手投げ）
バックハンドスマッシュ

●ノッカーはネットの近くに立ち、アンダーハンドで左右交互にネット前にトスします。選手はネットから50センチくらい離れて立ち、ノッカーから左右交互にトスされたシャトルをストレートへ床に叩きつけるようにスマッシュしましょう。中級ノックの「練習法3」では、左右ともフォアハンドでスマッシュしましたが、ここではバック側のシャトルをバックハンドでスマッシュします。

●フォア側のシャトルをワンジャンプでスマッシュしたあと、再びワンジャンプで体をひねり、ネットに背中を向けながら空中で、バックハンドのスマッシュを打ちます。バックハンドのスマッシュは難しい技術ですが、この練習からスタートすれば、比較的容易にマスターすることができます。前腕の鋭い振り、高い打点、グリップの握り込みなどがポイントになります。最初のうちはラケット面がカットするのでバウンドしませんが、慣れてくると少しずつ床から弾むようになります。

●日本ではハイバックハンド、スピンネット、フェイント、カッティング、クロスネットなどの難しい技術を後回しにする傾向がありますが、これではマスターする時期が遅くなってしまいます。苦手なものほど早く取り組まなければ、いつまで経ってもこれらのストロークを打てるようになりません。

【練習法2】バックハンドスマッシュのコースの打ち分け

ストレート
クロス
トス（手投げ）
バックハンドスマッシュ

●ノッカーはネット近くのコート外に立ち、アンダーハンドで選手のバック側にトスします。選手はネットから50センチくらい離れて立ち、ノッカーからトスされたシャトルをバックハンドのスマッシュで、ストレートとクロスへコースを打ち分けましょう。

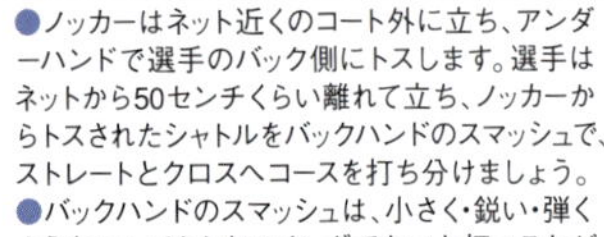

●バックハンドのスマッシュは、小さく・鋭い・弾くようなコンパクトなスイングでないと打つことができません。バックハンドからのクリアーやスマッシュが苦手な選手は、①右腕の脇が空く、②スイングの支点のひじが動く、③背中をネット方向に向けるタメがない、④スイングが大きい、⑤インパクトのときのラケット面が悪い、ことに原因があります。このトスノックの練習をする前に、旗打ちなどのフォームづくりをしっかり行うようにしましょう。「急がば回れ」のたとえではありませんが、結局はハイバックハンドのマスターの近道になります。

【練習法3】前と横の4方向（フォア前、バック前、フォア横、バック横）に動くフットワークの強化

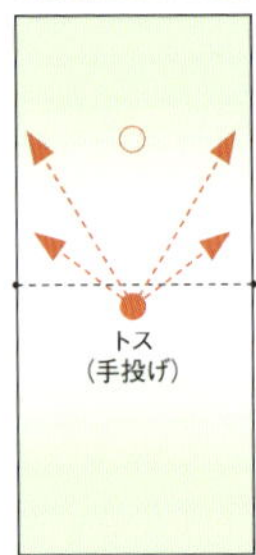

●ノッカーはネット近くの台上に立ち、オーバーヘッドからネット前とサイドラインの4点にトスします。選手はシャトルをフリーで返球しますが、ノッカーのテンポが速くなったりフェイントをかけられたりするとノータッチが多くなります。ノータッチはスマッシュを打たれた両サイド、ドロップやヘアピンを打たれたネット前、がラリーにおいて圧倒的に比率が高くなります。ゲームにおいていかにノータッチを減らすかが強化のポイントになるのです。この練習で、シャトルに対する反応、重心移動、最後の1歩が大きいフットワーク、などに磨きをかけノータッチを激減させましょう。

【練習法4】後ろと横の4方向（フォア奥、バック奥、フォア横、バック横）に動くフットワークの強化

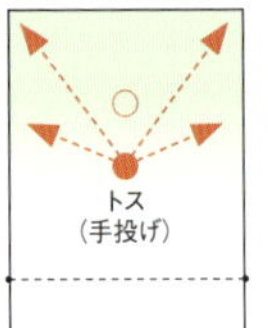

●ノッカーと選手の間隔を約1メートルにし、アンダーハンドかオーバーヘッドから4点にトスします。選手はシャトルをフリーに返球しますが、打球後の次動作を速くすることを意識すれば、ノータッチは極端に少なくなります。フォア奥は、①体を入れ替える、②体を入れ替えないサイドジャンプ、③追い込まれた体勢、の3つのオーバーヘッドの体の使い方を、バック奥のラウンドザヘッドは、①右肩を引く、②右肩をあまり引かず上体中心で打つ、③ハイバックハンド、のこちらも3種類の使い方をしましょう。

●「練習法3」の前と横も同じですが、この練習の注意点はフットワークがふくらまないことです。この4点のトスノックは、45度、90度、135度の方向転換があります。当然、45度の方向転換が難しくなりますが、腰とひざを激しく使わないと直線的なフットワークができません。クリアーの返球後にスマッシュを打たれ決められるケースが多い選手には、この練習が欠かせません。

【練習法5】前・後ろ・横の6方向に動くフットワークの強化

●今度は「練習法3」と「練習法4」をドッキングさせた6点です。ノッカーと選手との間隔を50センチから1メートルにし、ノッカーはアンダーハンドからトスします。ポイントはノッカーも積極的に移動し、随所にフェイントを入れることです。
●トスノックの利点は、ラケットノックより正確にピンポイントにノックできることです。ラケットノックでは難しいフェイントも自由自在にかけることができます。フットワークの強化やフォームづくりにトスノックは欠かせません。普段の練習に積極的に取り入れるようにしましょう。

【練習法6】前・後ろ・横の6方向に動く1歩動(ワンステップ)のフットワークの強化

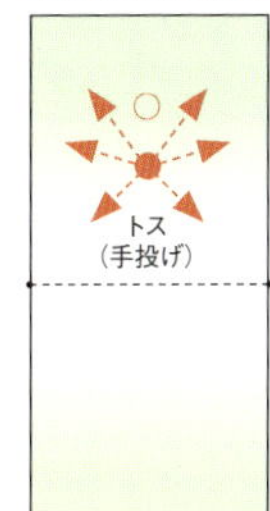

●「練習法5」と同じ要領で行いますが、ノッカーはあまり移動しないようにしましょう。選手は速いテンポで繰り出されるシャトルを、1歩で跳びつき返球します。速いテンポはバック奥がサイドジャンプになりがちですが、腰をひねり右足の蹴りによる体の入れ替えを使って打つようにしましょう。
●シャトルへの反応や敏捷性が要求され、この練習を続けるとそれらが速くなります。ノッカーによるシャトルの落下点の操作で、大きい1歩でシャトルに跳びつくようになります。
●腰とひざの鋭いひねりで、無駄のない重心(体重)移動を行わなければなりません。3〜4人のローテーションで行うと練習効果がアップします。

【練習法7】前・後ろ・横の6方向に動くスクワットからのフットワークの強化

●「練習法6」を、今度はスクワットの低い体勢からスタートさせましょう。トレーニングの要素も含まれますが、1歩でシャトルに跳びつき返球します。10本をすぎるころからきつくなりますが、選手の状況に応じてノッカーは、本数を加減するようにしましょう。

【練習法8】ネット前の台上の3ヶ所から、前・後ろ・横の6方向に動くフットワークの強化

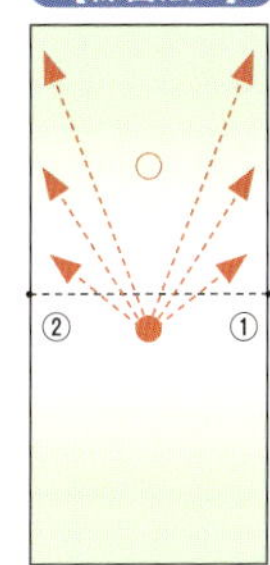

●ノッカーはネットの近くの台上に立ち、オーバーヘッドからフォア前、バック前、フォア奥、バック奥、フォア横、バック横の6方向にトスします。選手はシャトルをフリーで返球しますが、ノッカーのテンポが速くなったりフェイントをかけられられたりするとノータッチが多くなります。最初はバックバウンダリーラインまで、シャトルがなかなか飛んでくれませんが、練習すると自由自在にオーバーからのノックができます。
●応用練習は、図の①と②の位置から同様にトスしましょう。ノックの方向が変わるので、より実戦的な練習になります。ネット前が至近距離になるので、オーバーからだとノータッチが多くなってしまいます。そういうときはネット前だけアンダーハンドでもかまいません。

【練習法9】135度の方向転換でフットワークの強化

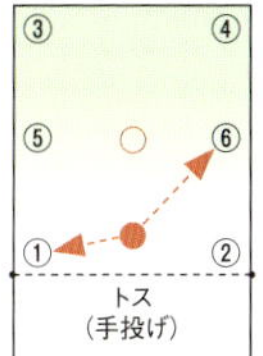

●ノッカーはアンダーハンドから①と⑥にランダムにトスします。①のロブを⑥にスマッシュされたケースと、⑥からのスマッシュレシーブを①にヘアピンされたケースを想定しましょう。この他に135度の方向転換は、②⇔⑤、③⇔⑥、④⇔⑤があり、それぞれゲームを想定しながらフットワークします。

【練習法10】90度の方向転換でフットワークの強化

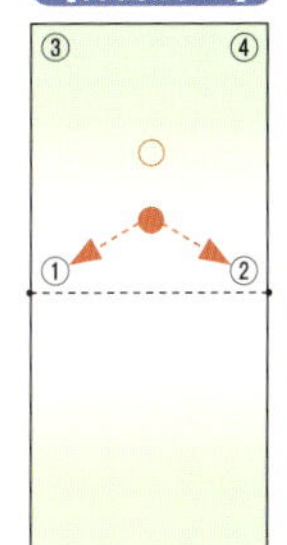

●ノッカーはアンダーハンドから①と②にランダムにトスします。①と②にドロップかヘアピンされたケースを想定しましょう。この他に90度の方向転換は、②⇔③、③⇔④、①⇔③があり、それぞれゲームを想定しながらフットワークします。

【練習法11】45度の方向転換でフットワークの強化

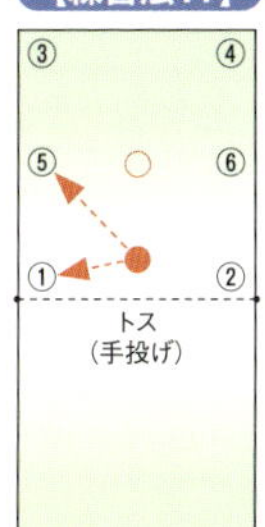

●ノッカーはアンダーハンドから①と⑤にランダムにトスします。この他に45度の方向転換は、②⇔⑥、③⇔⑤、④⇔⑥があり、それぞれゲームを想定しながらフットワークをしましょう。もちろん、角度が小さくなるほどフットワークの方向転換が難しくなり、腰とひざの鋭いひねりが要求されます。ハイレベルのラリー展開では、スマッシュはオープンスペースは狙わず、ストレートやボディへのコースが多くなります。

初級レベルのラケットノック

初級レベルのラケットノックは、正しい効率的な打ち方（フォーム）で各ストロークをマスターすることです。動きは前後のフットワークのみで、斜めのフットワークは中級レベル以降にしましょう。

【練習目的】

❶オーバーヘッドのクリアー、ドロップ、スマッシュの正しい打ち方をマスターする。
❷レシーブのロブ、スマッシュレシーブ、プッシュレシーブの正しい打ち方をマスターし、小さく・鋭い・弾くようなコンパクトなレシーブのスイングを身につける。
❸①と②以外のストロークのドライブ、プッシュ、ヘアピンの正しい打ち方をマスターする。
❹前後のフットワークのいろいろなステップをマスターし、スピードアップを図る。
❺サイドアームとバックハンドのドライブ、バックハンドの打ち方をマスターする。

練習要領は、選手のレベルに応じて1セット10～20球を2～3人の選手がローテーションで行います。多人数のときは、5～8人の選手が1～3球の範囲内でローテーションを行います。ノッカーはアンダーハンドだけではなく、オーバーヘッド、サイドハンドなどいろいろな高さからノックできるようにしましょう。

【練習法1】クリアーをマスター

●バドミントンは、後ろへ素早くフットワークしなければなりません。選手は軽くネットにタッチする右足が前の準備体勢から、ノッカーからシャトルが打ち出された瞬間に後ろへスタートします。右足で床を強く蹴り、スタートを速くすることがポイントです。落下点に入るのが遅い選手は、ショートサービスラインに右足を置き、スタートラインを少し下げるようにしましょう。ショートサービスラインあたりにイスを置き座る部分に軽くタッチするスタートも効果があります。遠くへクリアーを飛ばすことに重点を置かず、正しいオーバーヘッドのフォームで打っているかをチェックしましょう。

クリアー

【練習法2】ドロップ（カット）をマスター

●「練習法1」の要領で行い、ドロップ（カット）を打ちましょう。正しいオーバーヘッドのフォームで打つのが大切です。ドロップ（カット）の球足が伸びないことにも注意しましょう。

ドロップ

【練習法3】スマッシュをマスター

●「練習法1」の要領で行い、スマッシュを打ちましょう。スマッシュのスピードより正しいフォームで打っているかをチェックしましょう。

【練習法4】ロブをマスター

●ノッカーはネット前にフワッとした感じのアンダーハンドのノックを出し、選手はホームポジションのやや後ろからスタートし、いろいろなステップでネット前へフットワークします。小さく・鋭い・弾くようなコンパクトなスイングでロブを打ちましょう。ロブには高い打点から相手を追い込むアタックロブと、低い打点から滞空時間の長い返球で体勢を立て直す守備的なロブの2種類があります。いずれも相手コートの奥深くまでしっかり返し、相手のチャンス球にしないことが大切です。

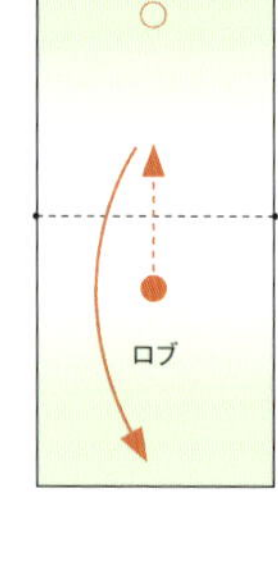

【練習法5】 スマッシュレシーブをマスター

ドライブリターン
ロングリターン

●ノッカーはネットの近くに立ち、オーバーヘッドから選手のボディめがけてノックします。小さく・鋭い・弾くようなコンパクトなスイングで、ロングリターンかドライブリターンのスマッシュレシーブをしましょう。相手の攻撃を封じるためには、決め球のスマッシュをことごとくレシーブしラリーをつなげることです。

【練習法6】 プッシュレシーブをマスター

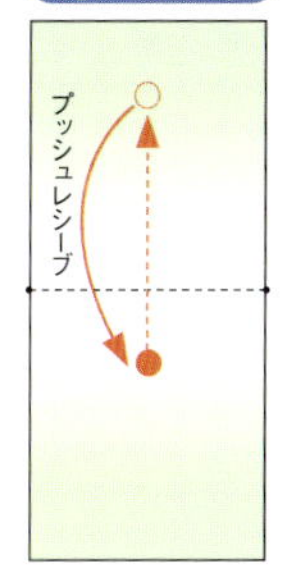

●「練習法5」の要領でノックをしますが、プッシュレシーブは、スマッシュレシーブよりコンパクトなスイングで返球しなければなりません。テークバックとフォロースルーを極端に小さくしましょう。

【練習法7】 ドライブをマスター

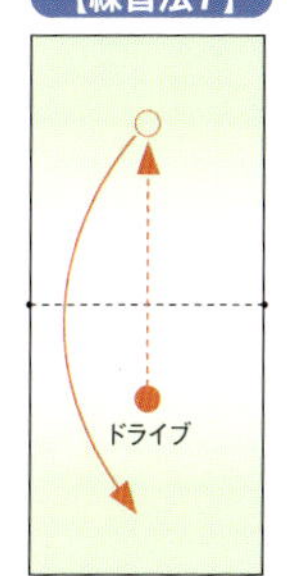

●ノッカーはショートサービスラインの1メートルくらい後ろから、オーバーヘッドで選手の胸より上をめがけてノックします。体全体で前腕の伸展力を使いドライブを打ちましょう。

【練習法8】 サイドアームのドライブをマスター

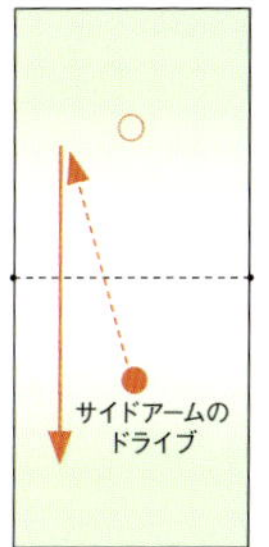

●ノッカーは選手のフォア側にアンダーハンドからドライブ系のノックを打ち、選手はサイドアームのドライブでストレートに打ち返します。テークバックで右足に重心(体重)をかけ、腰と上体のひねり前腕とラケットを一直線にします。サイドアームは、ひじが下がらない、肩で打点の高低の調節をしない、ことがポイントになります。

【練習法9】 バックハンドのドライブをマスター

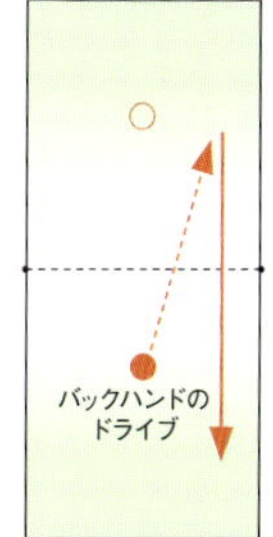

●ノッカーは選手のバック側に、アンダーハンドからドライブ系のノックを打ち、選手はバックハンドのドライブでストレートに打ち返します。腰→肩→ひじ→手首の運動連鎖を使い、前腕の伸展力と強い握り込みでスイングします。

【練習法10】 プッシュをマスター

プッシュ

●ノッカーはコートの後ろから、アンダーハンドでやや強めにネット前にノックします。選手はネット前に右足を1歩踏み出し、小さく・鋭い・弾くようなコンパクトなスイングでプッシュします。

【練習法11】 バックハンドのプッシュをマスター

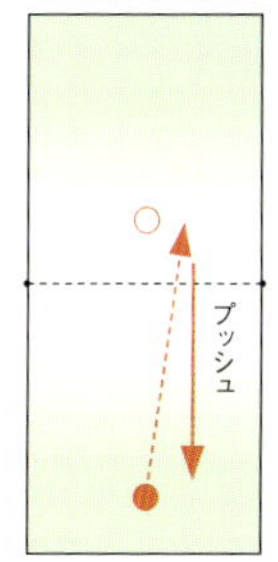

●ノッカーはコートの後ろから、アンダーハンドでやや強めにネット前にノックし、選手はバックハンドのプッシュで返球します。プッシュはパワーを必要とせずタイミングで打てるので、大振りをせずインパクトの直前にグリップを握り込みながら、親指を強く押しながら打ちましょう。

【練習法12】 ヘアピンをマスター

ヘアピン

●ノッカーはホームポジションあたりから、アンダーハンドでフワッとした感じのシャトルをノックします。選手はホームポジションからいろいろなステップのフットワークを使い、できるだけ高い打点でヘアピンを打ちましょう。ヘアピンは手首を柔らかく使うのがポイントです。

中級レベルのラケットノック

中級レベルのラケットノックは斜めのフットワークを中心に、動きながらのムリ・ムダ・ムラの3つの「ム」がないフットワークとフォームを目指します。

【練習目的】

❶各方向へいろいろなステップワークと小さく・鋭い・弾くようなコンパクトなスイングを目指す。
❷サイドのいろいろな高さのストロークを打ち分ける。
❸ラケットノックで、135度、90度、45度の方向転換でフットワークの強化。
❹X型のフットワークで、斜めのフットワークを強化。
❺ランダムなノックで、斜めのフットワークを強化。
❻2人組でフォア奥、バック奥の強化。
❼2人組でフォア前、バック前の強化。
❽2人組でサイドの強化。

練習要領は、選手のレベルに応じて1セット10～20球を2～3人の選手がローテーションで行います。多人数のときは、5～8人の選手が1～3球の範囲内でローテーションを行います。ノッカーはアンダーハンドだけではなく、オーバーヘッド、サイドハンドなどいろいろな高さからノックできるようにしましょう。

【練習法1】 前と後ろの4方向（フォア前、バック前、フォア奥、バック奥）のフットワークと正しいフォームのマスター

●ノッカーはアンダーハンドかオーバーヘッドで、フォア前にノックします。選手はランニング、シャセ、ツーステップ、1歩動の各ステップを使い分けフットワークしましょう。ネット前のロブは大振りしてはいけません。ランジング姿勢（ネット前の体勢）を安定させることもポイントになります。②、③、④でも同様に行いますが、ゲームでは②、④のバック側はどうしても1歩でフットワークするケースが多くなるので、1歩動のフットワークを意識的に取り入れましょう。
●③のフォア奥はシャセ、1歩動、クロスステップのフットワークを使い、体を入れ替える、サイドジャンプ、追い込まれた体勢、の3種類のボディバランスで返球しましょう。
●④のバック奥はランニング、スキップ、シャセ、1歩動のフットワークを使い、余裕のあるときは右肩を引く、余裕のないときは上体だけで、の2種類のボディバランスで返球しましょう。

【練習法2】 サイドの2方向（フォア横、バック横）のフットワークの強化と正しいフォームのマスター

●ノッカーはアンダーハンドかオーバーヘッドで、フォア横とバック横にノックします。最初は左右交互に、慣れてきたらランダムにノックしましょう。サイドジャンプのスマッシュ、ドライブ、スマッシュレシーブの3種類のストロークを、ノッカーは上・中・下の高さに分けてノックします。

【練習法3】 135度の方向転換でフットワークの強化と正しいフォームのマスター

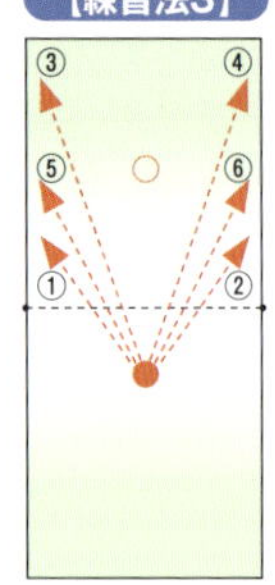

●135度の方向転換は、❶ロブをスマッシュされる、❷クリアーをスマッシュされる、❸ショートリターンをヘアピンでネット前に落とされる、❹ショートリターンをロブで後ろに打たれる、の4つのケースがあります。⑤のフォア横、⑥のバック横でスマッシュを決められるのは、フットワークの戻りが遅いことに原因があります。打球後の次動作の戻りを速くし、ホームポジションではまず腰をひねって落下点に跳び出しましょう。135度のフットワークの方向転換は、①⇔⑥、②⇔⑤、③⇔⑥、④⇔⑤の4種類があり、ノッカーはアンダーハンドかオーバーヘッドでランダムにノックします。

【練習法4】 90度の方向転換でフットワークの強化と正しいフォームのマスター

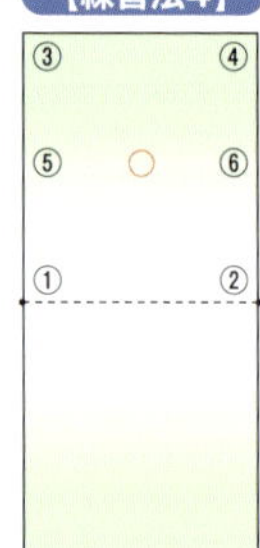

●ノッカーはアンダーハンドかオーバーヘッドで、ランダムにノックします。90度のフットワークの方向転換は①⇔②、②⇔④、③⇔④、①⇔③の4種類があります。

【練習法5】 45度の方向転換でフットワークの強化と正しいフォームのマスター

●ノッカーはアンダーハンドかオーバーヘッドでランダムにノックします。45度と角度が小さくなれば方向転換が難しくなり、腰やひざの鋭いひねりによる重心（体重）移動が要求されます。45度のフットワークの方向転換は、①⇔⑤、②⇔⑥、③⇔⑤、④⇔⑥の4種類があります。

【練習法6】 斜め後ろへ下がるX型でフットワークの強化と正しいフォームのマスター

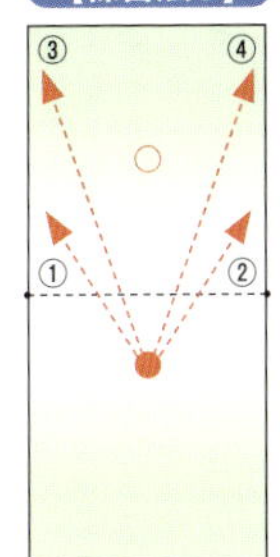

●シングルスの強化は、斜めのフットワークを速く前に出る、速く後ろへ下がる、かがポイントになります。③→①→④→②→③の順にノックを繰り返します。ノッカーはテンポよくシャトルを各コーナーに送り出し、③・④はスマッシュかクリアー、①・②はヘアピンかプッシュの攻撃的なストロークの構成にします。最初は3～4往復、慣れてきたら5～6往復以上をノルマにしましょう。②→③の斜めのフットワークは打球後すぐに両足を入れ替え左足が前のシャセの移動が、もっともスピードがアップします。

【練習法7】 斜め前に出るX型のフットワークの強化と正しいフォームのマスター

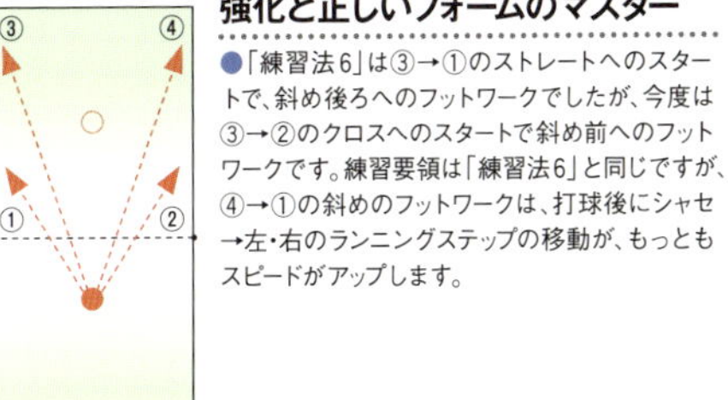

●「練習法6」は③→①のストレートへのスタートで、斜め後ろへのフットワークでしたが、今度は③→②のクロスへのスタートで斜め前へのフットワークです。練習要領は「練習法6」と同じですが、④→①の斜めのフットワークは、打球後にシャセ→左・右のランニングステップの移動が、もっともスピードがアップします。

【練習法8】 フォア前→バック奥で斜めのフットワークの強化と正しいフォームのマスター

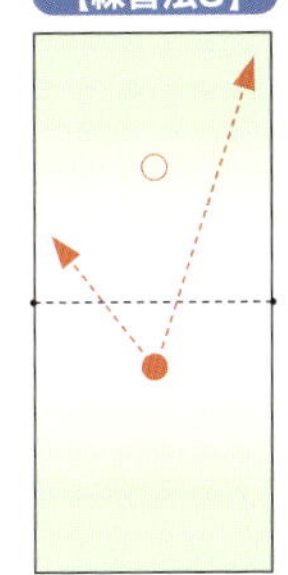

●ノッカーはフォア前とバック奥の2ヶ所へアンダーハンドかオーバーヘッドでランダムにノックします。選手はフリーに返球しますが、ノータッチにならないよう十分注意しましょう。バドミントンは50メートル走や100メートル走と違い、フットワークの距離が極端に短いので、スタートの第1歩と打球後の次動作が速ければ、フットワークのスピードアップができます。

【練習法9】 バック前→フォア奥で斜めのフットワークの強化と正しいフォームのマスター

●ノッカーはバック前とフォア奥の2ヶ所へアンダーハンドかオーバーヘッドでランダムにノックします。ゲームでのバック前は、シャセのステップだと最初に腰をひねる動作が入るので、フォア前に比べワンテンポ遅れてしまい、必然的にバック前のフットワークは1歩動が多くなります。そのことを意識しバック前へのフットワークに、1歩動を多く取り入れましょう。

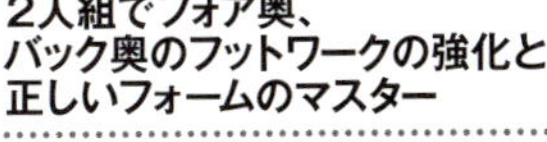

【練習法10】 2人組でフォア奥、バック奥のフットワークの強化と正しいフォームのマスター

●ショートサービスライン近くにイスを置き、選手は右足が前の準備体勢でイスの座る部分に軽くタッチします。ノッカーは左右交互にアンダーハンドで12～20本くらいノックし、1人の選手はフォア奥、もう1人の選手はバック奥からクリアーかスマッシュを返球します。2～4組の4～8人をローテーションで回すと練習効果が上がります。選手はフォア奥で返球したら次はバック奥の返球とチェンジしましょう。

【練習法11】 2人組でフォア前、バック前のフットワークの強化と正しいフォームのマスター

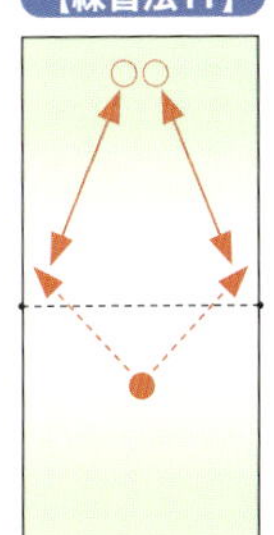

●選手はホームポジションより後ろに構え、1人の選手がフォア前、もう1人の選手はバック前からロブかヘアピンを打ちます。この構えの位置を変え負荷を与えるフットワーク練習は効果があり、慣れてきたら構える位置を少しずつ下げ、負荷を高めていきましょう。左足の拇指球の鋭い蹴りで、最後の1歩を大きくしないとノータッチが多くなってしまいます。練習要領は「練習法10」と同じです。

【練習法12】 フォア横、バック横のサイドのフットワークの強化と正しいフォームのマスター

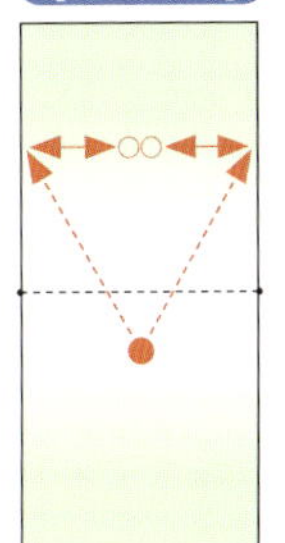

●ノッカーはサイドジャンプのスマッシュはアンダーハンド、ドライブとスマッシュレシーブはオーバーヘッドでノックします。ドライブとスマッシュレシーブだけはダブルスのサイドラインめがけてノックするようにしましょう。練習要領は「練習法10」と同じです。

上級レベルのラケットノック

上級レベルのラケットノックは、ハイバックやフットワークの強化、バドミントン技術のマスター、シングルスとダブルスの強化など多岐にわたります。

【練習目的】

❶ハイバックハンドを強化する。
❷各コーナーからストロークを打ち分ける。
❸スピンネット、フェイント、クロスヘアピンなどの技術をマスターする。
❹速いノックで反応を強化する。
❺全面のフットワークを強化する。
❻シングルスを強化する。
❼ダブルスを強化する。
❽カットスマッシュを強化する。
❾低い打点のヘアピンをコントロールする。

上級レベルはシャトルの本数を増やしましょう。シングルスは1セット20～30球、ダブルスは30～50球が適当でしょう。シングルスのラケットノックは2～4人、ダブルスは2～3組の範囲で行うと、練習の効果がアップします。上級レベルのラケットノックは、初･中級レベルに比べ、格段にオーバーヘッドが多くなります。ノッカーがオーバーヘッドから自由自在にノックできることが、選手の成長に大きな影響を与えます。

【練習法1】ハイバックハンドの強化

イス

●ノッカーは図の位置からバック奥へアンダーハンドでノックします。選手はイスの座る部分に軽くタッチし、シャトルが打ち出されてからバック奥へフットワークし、ハイバックハンドでクリアー、ドロップ、スマッシュを打ち分けます。上級レベルを目指すなら、ハイバックハンドを自由自在に打てるようにしましょう。

【練習法2】前、後ろ、横の6方向（フォア前、バック前、フォア奥、バック奥、フォア横、バック横）からの打ち分け

③ ④ ① ② ドロップ（カット） スマッシュ クリアー

●ノッカーは③のフォア奥、④のバック奥にアンダーハンドで6球ノックします。選手は③のフォア奥から、ストレートとクロスのドロップ（カット）、ストレートとクロスのスマッシュ、ストレートとクロスのクリアー、の6種類を同じフォームから打ち分けましょう。③を打ち終えたら④で再び6種類を打ち分けます。①のフォア前、②のバック前からは、ストレートとクロスのヘアピン、ストレートとクロスのロブを打ち分けます。①→②→③→④や④→③→②→①の順に20球を連続で打ち分ける練習法も効果があります。

【練習法3】スピンネット、フェイント、クロスヘアピンなど技術のマスター

③ ④ ① ②

●シャトルに回転を与えるスピンネット、相手の逆をつくフェイント、コントロールが難しいクロスヘアピン、は難しいバドミントン技術です。③と④ではクリアーとドロップを同じフォームで、ストレートとクロスのコースを読まれないようにします。①と②ではスピンネット、クロスネット、いろいろなフェイントをマスターしましょう。ノッカーはアンダーハンドからノックしますが、選手は最初はフットワークなしで、次はフットワークを伴う順に行うと技術のマスターがより早くなります。

【練習法4】速いノックで反応力のアップ

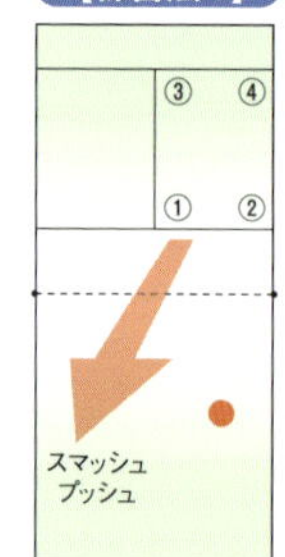

●ノッカーは右サイドから①･②･③･④のダブルスのサービスエリアに速いテンポでノックします。選手は後ろでスマッシュ、フワッと上げられたネット前のシャトルはプッシュ、とすべてクロスに打ちましょう。テンポの速いノックは打球後の反応を速くしなければミスが多くなります。この練習のポイントは右足（軸足）の使い方です。逆サイドからも同様に行いましょう。

【練習法5】 前と横のノックでフットワークの強化

●シングルスゲームのノータッチは、ほとんどがネット前とサイドの4方向です。シングルスを強くするには、この4ヶ所のフットワークの強化をしなければなりません。ノッカーはアンダーハンドかオーバーヘッドでランダムにノックしますが、オーバーヘッドのほうがより練習効果がアップします。注意したいのはネット前のノータッチを気にするあまり、ポジションを前にとりすぎないことです。

【練習法6】 後ろと横のノックでフットワークの強化

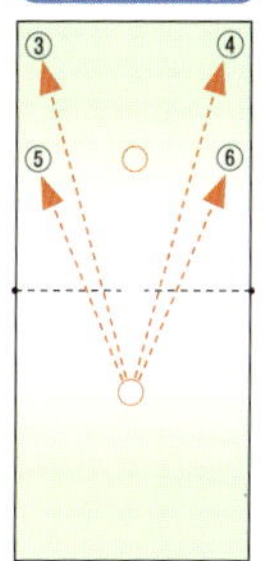

●シングルスのプレーをすると、コートは横より前後のタテのほうがかなり長いように感じます。実際のゲームでもクリアーで押される甘い返球のケースをよく目にします。クリアーのスピードで追い込まれるフォア奥とバック奥、スマッシュを打たれるフォア横とバック横の両サイドを強化しなければなりません。ノッカーはアンダーハンドかオーバーヘッドでノックしますが、両サイドはオーバーヘッドでノックするようにしましょう。

【練習法7】 シングルスコートのノックで2ヶ所に返球

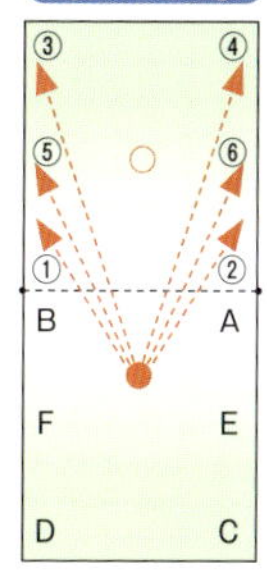

●ノッカーはシングルスコートの①〜⑥へアンダーハンドかオーバーヘッドでランダムにノックし、選手はAかDの2ヶ所のみ返球します。反対側のBかCの2ヶ所に返球する2通りで行いましょう。また、スマッシュでEかFを狙う3ヶ所に返球する練習方法もあります。中級レベルから上級レベルになるには、判断力がポイントになります。ゲームでは③から返球するとき、Aへドロップを打つかDへクリアーを打つかを瞬時に判断しなければなりません。この練習法は判断力の養成にも効果があります。

【練習法8】 シングルスコートのノックでクロスに返球

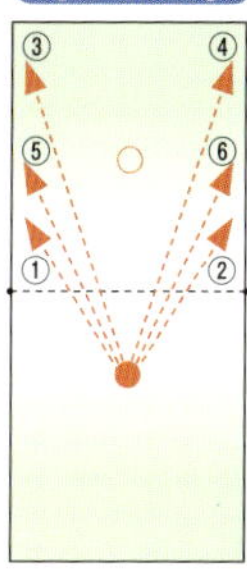

●ノッカーはシングルスコートの①〜⑥へアンダーハンドかオーバーヘッドでランダムにノックし、選手はすべてクロスへ返球します。①か②のネット前の苦しい体勢のときでも、クロスのロブかヘアピンを打たなければなりません。③か④の後ろの場合もクリアー、ドロップ（カット）、スマッシュをクロスに打ちましょう。クロスが打てればストレートは打てますし、スマッシュが打てればクリアーやドロップ（カット）が打てます。クロスも打てるがストレートに打つのと、ストレートしか打てないのでストレートに打つのでは、余裕が大きく違ってくるのです。

【練習法9】 シングルコートのノックでストロークを制限

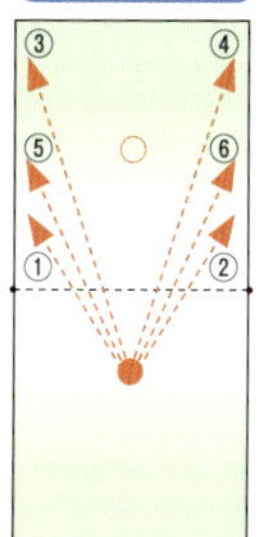

●ノッカーはシングルスコートの①〜⑥へアンダーハンドかオーバーヘッドでランダムにノックします。事前に前はヘアピン、後ろはクリアーなどストロークを指定し、選手はそのとおりに返球します。どんなに苦しい体勢でもドロップ（カット）やヘアピンで逃げてはいけません。後ろはドロップ（カット）、前はロブなどいろいろな制限パターンがあります。応用として後ろが2種類のストロークでネット前が1種類のストローク（その逆もあり）にすれば判断力の養成にもなります。

【練習法10】 打球後に前へのフットワークでシャトルを弾く

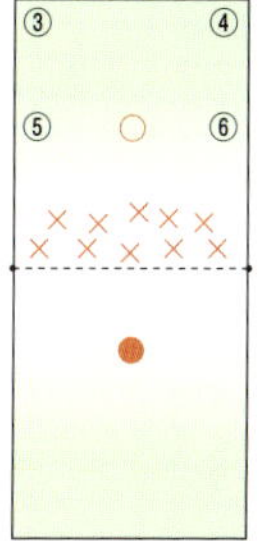

●ネットとショートサービスラインの間にシャトルを10個程度ランダムに置きます。ノッカーはアンダーハンドでランダムにフォア奥かバック奥に上げ、選手はフリーで返球します。打球後すぐに置かれたシャトルを弾き、ノッカーはタイミングを見計らいシャトルをノックします。シングルスはスマッシュしたあと、相手からストレートのショートリターンで返球される確率が非常に高いのですが、前に出るスピードが遅い選手を多く見かけます。ノッカーはテンポを考えながらノックするようにしましょう。ネット上に挟んだシャトルをプッシュで叩き落とす応用もあります。シャトルを弾く練習法は、コンパクトなロブのフォームづくりにも効果的です。

【練習法11】ダブルスの上げない練習

●ノッカーはアンダーハンドかオーバーヘッドでランダムにノックし、選手は後ろやネット前にできるだけシャトルを、クリアーやロブで上げないようにします。ドライブやハーフ球を多く使うのが練習目的です。弱いダブルスはシャトルを上げる逃げの頻度が多くなります。そのようなダブルスには、上げてよいのは「凧と天ぷら」のダブルス指導のジョークがあります。「上げる」の字は違いますが……。ノーロブがダブルスの理想なのです。

【練習法12】ダブルスの攻撃力の強化

後衛

前衛

●ノッカーはアンダーハンドでランダムにノックします。後衛はスマッシュかドライブ、前衛はプッシュ、ヘアピン、つなぎ球を使い分けましょう。ラケットの性能がよくなったので、最近のダブルスはレシーブ力が向上し、連打してもなかなか決定打になりません。図の帯線の部分でスマッシュをどう決めるか、どうレシーブするか、がポイントになります。

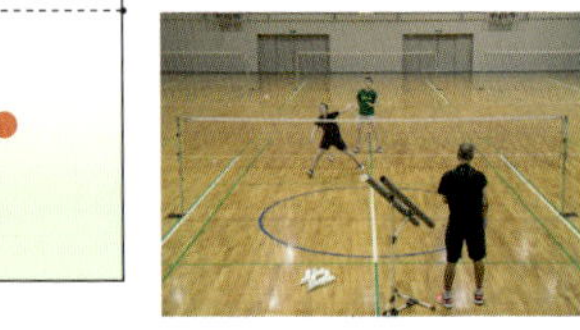

【練習法13】ダブルスの守備力の強化

●ノッカーはオーバーヘッドから選手のボディまわりをめがけて打ち下ろしのノックをします。選手は小さく・鋭い・弾くようなコンパクトなスイングでロングリターンやドライブリターンを打ち分けます。ノッカーはテンポよくノックし、ときどきネット前や後ろに打つようにしましょう。

【練習法14】左右へのカットスマッシュの打ち分け

カットスマッシュ（フォア）

カットスマッシュ（リバース）

●シングルスではフルパワーのスマッシュよりカットスマッシュが決まることが多くあります。このカットスマッシュを武器にできれば攻撃が多彩になります。フォアハンドのカットスマッシュは親指をこすり上げるようにし、リバースのカットスマッシュはグリップを緩めるようにして打ちます。ノッカーはネット前の選手にアンダーハンドでスマッシュが打ちやすい高さに上げ、選手はカットスマッシュで左右に打ち分けましょう。カットスマッシュは鋭くカットされると、金属音の高い音がします。

【練習法15】低い打点からヘアピンのコントロール

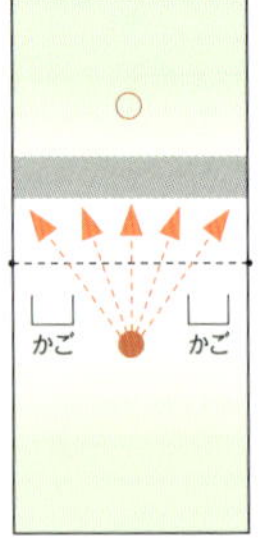

●高い打点でとらえたヘアピンのコントロールは難しくありませんが、シングルスゲームにおけるヘアピンの最大のポイントは、ひざより下の低い打点でどうコントロールするかです。ショートサービスラインの前にかごか箱を置き、選手はヘアピンをその中に入れるようにしましょう。ノッカーはオーバーヘッドからシャトルを打ち下ろし、苦しい体勢でヘアピンの返球をするような位置にノックします。自分のコートに頂点があり忍び込むような感じで相手コートにヘアピンを打てるようになりましょう。

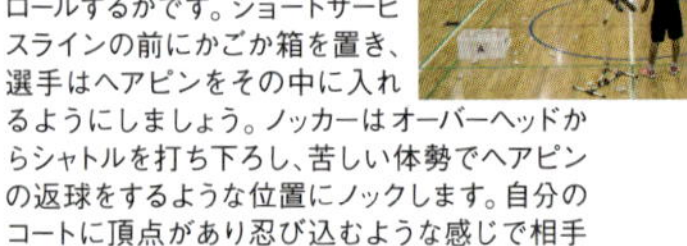

本書に協力していただいたみなさん ●敬称略

●後列左から鈴木杏奈、遠藤百華、千葉海峰乃、中静日向子、著者、大堀仁都美、岩橋若奈。前列左から藤田舞乃、大堀香奈、小針美香、小野寺奏瑛、遊佐栞那、上田実夢、金澤よし乃、遠藤朱理

●左から古川彩香、著者、市川楓華

●後列左から桐生来夢、羽田有理帆、著者、飯村梨衣子。前列左から杉和佳名、大内優歩、杉沙矢香、栗城沙耶香

●取材協力:尚志高等学校

◉著者紹介

竹俣 明［たけまた・あきら］

●1946年、北海道函館市生まれ。2004年、バドミントン強国・中国の人民体育出版社からバドミントン技術入門図解を刊行、バドミントンのノック練習器具を考案し特許取得、交渉術のエッセイを新聞に連載するなど、多彩で異色の経歴を持つ指導者。今では当たり前の技術になっているコンチネンタルグリップ、シャセのステップ、いろいろなステップ法、スピンネットの技術、多彩なフェイント、カッティングの技術などを紹介し普及させている実績もある。1974年の韓国を皮切りに中国・インドネシア・マレーシア・台湾など、アジアのバドミントン強国を数多く訪れ、それらの国の指導法とオリジナルな練習法をコーチングに取り入れている。そのユニークで独特な指導法に、全国でジュニアを中心に熱狂的なファンも多く、コーチングしたジュニア選手の中から、ナショナルチームや全国大会の優勝者を多数送り出している。バドミントン関係の著書とDVDを多数刊行し、現在は講習会やジュニアバドミントンスクールのヘッドコーチとして活躍中。

◉スタッフ

編集協力◆株式会社マーブルブックス
写真◆田川秀之
本文・カバーデザイン◆NORTON（周東良次＋南雲乃利子）

いちばんうまくなる！ バドミントンの新しい教科書

2016年 9月30日　第1刷発行
2017年10月20日　第3刷発行

著　者　竹俣　明
発行者　中村　誠
印刷所　図書印刷株式会社
製本所　図書印刷株式会社
製版所　株式会社キャップス
発行所　株式会社　日本文芸社
〒101-8407　東京都千代田区神田神保町1-7
TEL　03-3294-8931（営業）03-3294-8920（編集）
Printed in Japan　112160831-112171005　Ⓝ03
ISBN978-4-537-21406-2
URL　http://www.nihonbungeisha.co.jp

編集担当：三浦